DROIT PÉNAL ET DROITS DE L'HOMME À L'ÉPREUVE DE LA CYBERCRIMINALITÉ

Enjeux de la révolution numérique et nouvelles pistes de régulation de l'espace médiatique

Carlos Mupili Kabyuma

DROIT PÉNAL ET DROITS DE L'HOMME À L'ÉPREUVE DE LA CYBERCRIMINALITÉ

Enjeux de la révolution numérique et nouvelles pistes de régulation de l'espace médiatique

Préface de Mukanya Lusanga Franck Elias

L'Harmattan

5-7, rue de l'École polytechnique, 75005 Paris

www.harmattan.fr

ISBN : 978-2-336-48889-9
EAN : 9782336488899

Sigles et acronymes

A.P.C. : Approche par compétence:
AL : Alinéa
ART. : Article
BULL : Bulletin des arrêts
C.C. : Code civil
C.S.A.C. : Conseil supérieur de l'audiovisuel de la communication
CIL : Commission Informatique et libertés
CNDH-RDC : Commission nationale des droits de l'homme de la RDC
CP. : Code Pénal
CPP : Code de procédure pénale
CPRK : Centre Pénitentiaire et de Rééducation de Makala
D : Décret
D.-L.const. :Décret-loi constitutionnel
D.U.D.H. : Déclaration universelle des droits de l'homme
Dir. : Directive
D-L : Décret-loi
F.A.I. : Fournisseur d'accès internet
F.H. : Fournisseur d'hébergement
F.I.J. : Fédération internationale des journalistes
FARDC : Forces Armées de la république du Congo
GSM : Global system mobiles
I.P. : Internet Protocol
IRGN : Institut de recherche criminelle de la gendarmerie
J.O.RDC : Journal officiel de la République démocratique du Congo
J.O.Z : Journal officiel de la République du Zaïre

L.C.E.N. : Loi n° 2004-575 du 21 juin 2004 pour la confiance dans l'économie numérique

MONUSCO : Mission de l'Organisation des Nations Unies pour la stabilisation en République du Congo

N.T.I.C. : Nouvelles technologies de l'information et de la communication

OMEC : Observatoire des Médias Congolais

OMP : Officier du ministère public

ONG : Organisation Non Gouvernementale

ONU : Organisation des Nations Unies

OP.CIT : Opere citato (ouvrage précédemment cité)

OPJ : Officier de Police Judiciaire

OSC : Organisation de la société civile

PDSM : Programme de Développement du Secteur Médiatique

PNUD : Programme de Nations unies pour le Développement

RDC. : République démocratique du Congo

STRJD : Service juridique et technique de recherche juridique

T.I.C. : Technologies de l'information et de communication

TNT. : Télévision numérique terrestre

UNPC. : Union nationale de la presse congolaise

UDPS : Union pour la Démocratie et le progrès social

UE : Union Européenne

URL : Uniform Ressource Locator

In memoriam

A mon père Martin Kabuka et à ma mère Agathe Taluyamine ;
A ma sœur cadette Joséphine Kabuka Masanzi.

Dédicace

A mon épouse Anna Dorcas Diombi et à mes chers enfants Mupili Taluyamine Agathe, Mupili Saint-Esprit-Josée, Mupili Kabuka Martino, Mupili Mpenzi Françoise, Mupili Elisabeth ,Mupili Lukumbya Carlos II et Mupili Bikibyobe Précieuse.

Préface

Enjeux juridiques et pédagogiques associés au bouleversement de l'univers médiatique

Ecrire que la révolution numérique a profondément chamboulé l'univers médiatique ne constitue plus du tout une révélation. Maintenant, la question est davantage celle de savoir que faire face à tant de besoins, d'intérêts, de préoccupations et des valeurs contradictoires portés par les acteurs sociaux, en particulier ceux du monde juridique, d'une part, ceux très bruyants et fortement exigeants du système médiatique, d'autre part.

En effet, comment gérer au mieux des uns et des autres ce qu'ils ne sont pas disposés à céder sans se sentir lésés dans leur statut et dans leur rôle social ? Comment organiser l'appropriation sociale équitable des NTIC ? Que faut-il entreprendre pour couvrir le fossé grandissant de la fracture numérique inter sphérique et inter sociale ? Quelles stratégies pédagogiques, sociales pour assurer à tous –professionnels et simples usagers– une éducation idoine au droit de l'information, au bon usage des médias numériques en particulier, bref à la réunion des conditions nécessaires pour échapper au courroux légitime des gardiens du cadre normatif, garantir à tous la dignité humaine et la paix sociale ?

Nous retrouvons ici, avec un réel bonheur, la prise en charge de ces nombreuses préoccupations lancinantes dans un langage, un style d'écriture tantôt virevoltant et tantôt calme comme l'eau de mer, sinon comme la vie tout simplement. La révolution numérique, nous montre avec plus de clarté le Professeur Carlos Mupili Kabyuma, n'a manifestement épargné en dégâts collatéraux aucun secteur de la vie. Elle affecte de manière très visible les secteurs du commerce, de la santé. Elle embrase les stratégies militaires et, *at last but not least*, les pratiques de l'information et de la communication. L'auteur se penche ainsi sur les multiples bouleversements survenus dans ce dernier secteur. Il le fait avec des lunettes à la fois d'enseignant du droit, de premier responsable de la société civile congolaise, de producteur et consommateur régulier lui-même de l'information, à l'ère de l'ascendance grimpante des médias en ligne sur les médias traditionnels.

Forts de l'attractivité drainée par leur immédiateté et leurs singularités abondantes, par les facilités offertes de consultation et de conservation, les médias en ligne résistent jusqu'à présent merveilleusement aux nombreuses critiques suscitées par les différents revers dont ils sont drapés. Ils font le dos rond aux récriminations charriées notamment par les fake news, l'infobésité, la cybercriminalité multiforme et particulièrement les délits de presse. Ces derniers portant parfois sinon bien souvent cruellement atteinte à la dignité humaine, à la sécurité publique ou globalement à la paix sociale.

Selon une estimation d'IBM, il a été créé plus d'informations que dans toute l'histoire de l'humanité entre 2010 et 2012 déjà (Narcisse Nicolas, 2012). A chacun de comprendre où nous en sommes aujourd'hui depuis cette ancienne estimation. Tout un chacun est désormais producteur de contenu, un relais vers d'autres individus via les réseaux sociaux. Dorénavant, la conversation fait l'actualité et non l'inverse dans un monde hyperconcurrentiel, bruyant et gouverné par les idées, par l'information comme ressource stratégique cardinale dans une spirale soutenue par la triade *Sexe, Sport et Sang* (les fameux 3 S), où certains n'hésitent plus à franchir les barrières ultimes érigées par la société et le vivre ensemble pour sauvegarder la dignité humaine.

En fait, l'usage des médias comme instrument de chantage par exemple remonte à des temps immémoriaux. Nous en faisons nous-même le rappel dans nos différentes publications. Mais, le risque s'est démultiplié à l'ère du numérique. Avec les réseaux sociaux, les journalistes professionnels ont perdu la légitimité de l'information destinée à la masse. Leur statut persiste d'ailleurs à demeurer plus ou moins flou, malgré les efforts louables de conceptualisation engagés à travers le monde pour le sortir de cet état. Ils ne sont plus l'unique centre de production de l'information. Des messages peuvent être désormais diffusés de partout et par tous à l'adresse du grand public sans le respect des règles minimales associées au métier de l'information et de la communication.

Carlos Mupili Kabyuma souligne dans cet excellent ouvrage le défi pédagogique représenté par l'encadrement des innovations dans l'espace médiatique, les enjeux associés aux particularités que constituent l'ubiquité et l'immatérialité des nouvelles conditions de production, de diffusion et de réception des messages. Il évoque l'inadaptation actuelle ou le retard observé de l'offre pédagogique ainsi que du droit positif congolais sur la régulation des médias en ligne, sur la répression de la cybercriminalité. Il propose la mutualisation entre le droit pénal dans son rôle de sanctionner et la cyber éducation dans son rôle moralisateur sinon formateur, centré sur la dignité humaine afin de lutter efficacement contre un fléau à multiples têtes. Il suggère, en tant que pédagogue surtout, ce qu'il dénomme la « *didactisation* » des droits de l'homme à travers des contenus curriculaires à tous les niveaux de la chaîne de formation : secondaire et universitaire en particulier, et pourquoi pas dans la formation continue parascolaire.

Un historique de la législation congolaise en rapport avec le secteur numérique depuis une vingtaine d'années est offert opportunément au lecteur. Il est inclusif notamment de la loi-cadre n°13/2002 du 06 octobre 2002 sur les télécommunications, de l'Ordonnance-loi n°23/010 du 13 mars 2023 portant code du numérique ainsi que de l'Ordonnance-loi n°23/009 du 13 novembre

2023 fixant les modalités d'exercice de la liberté de presse, la liberté d'information et d'émission par la radio et la télévision, la presse écrite ou tout autre moyen de communication en République démocratique du Congo. Il en ressort que des progrès substantiels ont été certes engrangés et méritent d'être portés à la connaissance du plus grand nombre. Ce à quoi le présent ouvrage ne manque pas de contribuer.

Toutefois, beaucoup de difficultés demeurent comme en témoignent d'autres auteurs convoqués à cette occasion, mettant en exergue notamment les points d'achoppement suivants : prise en compte insuffisante du droit de la communication par la voie électronique, règles lacunaires sur le régime de la création de l'entreprise de presse en ligne, sur l'exercice des activités médiatiques et la surveillance des médias en ligne, sur les droits d'auteur ainsi que sur la gestion des fréquences aux bouquets TNT. La liste n'est pas évidemment exhaustive. Les chantiers en vue ou inachevés sont encore nombreux pour espérer contenir significativement la prolifération des messages de haine, de xénophobie, des images pornographiques, des messages d'atteinte à la vie privée des autres et d'atteinte à l'Etat à travers les médias numériques. Les abus commis via l'internet sont de plus en plus préoccupants. Ils interpellent le droit pénal dans sa mission de sanctionner impérativement des actes infractionnels.

Aussi, l'auteur s'interroge-t-il sur ce qu'il y a lieu de faire face à la révolution numérique mettant en péril le régime répressif actuel en matière des infractions de presse du fait de l'immatérialité et de l'ubiquité des cyberdélits de presse, de la présence incontrôlée de nouveaux prestataires, fournisseurs d'accès internet et fournisseurs d'hébergement en particulier. En effet, les responsabilités aussi bien civiles que pénales de ces derniers sont encore ignorées par le droit positif congolais. Or, nous rappelle Carlos Mupili Kabyuma, le droit pénal est de l'ordre public où le principe phare est la légalité des infractions ainsi que des peines.

On se souvient de la phrase de Gustave Le Bon, pour qui « *Un délit généralisé devient bientôt un droit* », ou inversement celle des anciens Romains, selon qui « *Nullum crimen, nulla poena sine lega* ». Autrement dit : « *Il n'y a aucun crime, aucune peine, sans loi* ». Ce principe de légalité des délits et des peines dispose ainsi qu'on ne peut être condamné pénalement qu'en vertu d'un texte pénal précis et clair, si bien que toute carence et confusion à ce sujet sont un boulevard tracé pour les potentiels criminels de tous les horizons. Comment justifier en effet la poursuite d'un journaliste pour un fait dont la loi n'a pas encore prévu le délit et la peine ? Cette poursuite serait ouvertement contraire au respect du principe de l'interprétation stricte de la loi pénale, quoiqu'en pensent notamment les tenants d'un courant de droit du numérique soutenant que le présent droit positif peut s'adapter à l'innovation numérique par banalisation. Le courant contraire est plutôt d'avis que le positivisme du droit est mis sérieusement en cause par la dématérialisation et l'ubiquité de l'internet, par l'anonymat prodigieusement offert aux cyberdélinquants, à telle enseigne qu'il faut absolument penser à une nouvelle discipline, en l'occurrence le cyber droit.

L'auteur souligne que la publication des messages en ligne est une des libertés fondamentales humaines, un droit fondamental garanti qui se heurte hélas à la protection obligatoire par l'Etat de droit relatif à la vie privée, à la dignité humaine, au respect dus à l'ordre public et à l'exigence des bonnes mœurs. L'internet, écrit-il, est un espace des libertés mais non de libertinage. D'où l'impératif de recourir notamment à la cyberéducation pour animer la morale sinon l'éthique des internautes en vue de la préservation de la dignité humaine.

Autre sujet de brulante actualité abordé dans ce passionnant ouvrage : le débat persistant sur la dépénalisation de délit de presse en RDC. Celle-ci est soutenue, réclamée à cor et à cri par plusieurs associations de défense des droits des journalistes. Il ne s'agirait pas tant, pour certains, d'enlever indistinctement tout risque possible de peine aux actes infractionnels posés le cas échéant par le journaliste dans l'exercice de sa profession, d'autant que le délit de presse est une infraction matérielle, mais plutôt de lui faire bénéficier de l'exception de vérité, sollicitée en dérogation à l'infraction de diffamation ou d'imputation dommageable. Ainsi, lorsque l'auteur d'une publication est poursuivi devant la justice pour diffamation ou imputation dommageable, le juge devrait se contenter de statuer sur la véracité des faits, indépendamment du préjudice causé.

Mais, la grande masse des professionnels des médias ne l'entend pas forcément comme tel et voudrait obtenir, pince sans rire (?), une exonération absolue aux manquements commis dans la pratique de leur métier. Celui-ci étant revêtu des parures d'une sublime mission sociale. Suivant le premier camp, il suffirait pour exonérer le journaliste que la preuve soit parfaite, complète et absolue, corrélative aux imputations ; qu'il puisse bénéficier de la bonne foi en remplissant les critères ci-dessous : légitimité du but poursuivi, absence d'animosité personnelle, prudence et mesure dans l'expression, « *qualité* » de l'enquête.

Dans l'architecture des solutions proposées face aux nombreux enjeux actuels liés à l'avènement du *« cybermonde »*, « *lieu étrange, en tout cas, qui n'est nulle part et partout* » (Papa Assane Touré, 2014), plus réel et moins utopique que le « *village global »* ou *« village planétaire* » de Mc Luhan (1977), Carlos Mupli Kabyuma est d'avis qu'il convient de ne pas chercher à réinventer la roue et de passer obligatoirement par la coopération internationale. Cela se justifie par le caractère international de la « cybercriminalité ». Ce caractère commande en effet une riposte appropriée de la communauté des Etats, qui doivent s'organiser au plan international de façon coordonnée, et donc concertée. « *L'articulation de réponses nationales au phénomène, encouragée par les documents pertinents de la société de l'information, est certes nécessaire. Mais elle serait dépourvue de sens si elle devait être exclusive* », nous dit-il avec insistance.

La cybercriminalité, constatons-nous avec lui, est immatérielle. Elle est comparable à une foudre capable de ravager l'humanité entière, de causer finalement plus de dégâts que la peste, le sida ou l'arme nucléaire. D'où l'invitation à une prise de conscience de la dimension transnationale du mal et de l'exigence d'une lutte proportionnelle. Un acte uniforme ou la coopération judicaire internationale sur le fond d'une maitrise de la technologie et surtout d'une cyberpédagogie sont absolument indispensables pour assurer la salubrité du cyberespace. Le personnel judicaire doit se mettre à la page au regard des enjeux soulevés par la révolution numérique. Il doit à la fois se concentrer dans la lutte contre la cybercriminalité, mais aussi veiller au respect des droits de l'homme dans la procédure pénale en particulier. Sur ces différents aspects, la *Convention de Budapest* du 23 novembre 2001 sur la lutte contre la cybercriminalité s'ouvre à tous les Etats du monde. L'adhésion de la RDC à cette convention, comme celle du Sénégal bien avant, sera une source d'énormes avantages sur le plan de l'armement juridique nécessaire face aux multiples enjeux décrits par l'auteur.

Au reste, il affirme que le régime répressif congolais accuse de sérieuses limites dans le traitement pénal des cyberdélits de presse tant sur le droit pénal de fond que sur le droit pénal de forme. Le niveau institutionnel et le niveau normatif sont pareillement mis en cause, de même que l'inaction probablement par découragement des victimes des cyberdélits de presse et de l'appareil judiciaire. Cette inaction constitue une autre paire de manche, particulièrement dans le domaine où certaines infractions peuvent être réprimées malgré tout par le régime existant.

L'ouvrage de Carlos Mupili propose avec expertise et talent la *didactisation* étendue des droits de l'homme, simultanément à la promotion du droit positif par l'intégration de nouveaux enjeux généra par la révolution numérique. Il en va de la réduction sensible des atteintes des droits fondamentaux commises par la cybercriminalité, à défaut d'en obtenir l'éradication. Il lance une alerte à ceux qui élaborent la loi et à ceux qui l'appliquent dans la jurisprudence sur la caractéristique surannée ainsi que lacunaire du régime normatif actuel en lien avec la presse en ligne. Il souligne l'urgence d'un débat doublement technique et légistique en vue de repenser le régime répressif des infractions de presse en ligne. Une mutualisation de la sanction pénale et de la cyberéducation est par ailleurs défendue pour décourager la cyberdélinquance dans toutes ses formes. Cela devrait conduire notamment à la construction d'une interdisciplinarité entre la Pédagogie, le Droit pénal de droits de l'homme et, devrais-je ajouter avec l'espérance de son accord : l'appropriation partagée d'abondantes ressources immatérielles et matérielles fournies par les Sciences de l'Information et de la Communication (SIC).

Après des considérations d'ordre général, l'ouvrage de Carlos Mupili Kabyuma, qui est issu de sa thèse de doctorat en Didactique des sciences juridiques à l'Université Nationale Pédagogique (UPN) de Kinshasa, présente l'espace médiatique et le régime de répression des cyberdélits de presse en RDC, leurs mécanismes de répression et, pour finir, la promotion de la cyberéducation en RDC. Il ouvre de nouveaux horizons pour des études sur la cyberpsychologie, la cyberpédagogie, la didactique de droit international des droits de l'homme, la conception de curriculum d'enseignement de droit du numérique à tous les niveaux, l'étude critique de l'éducation formelle et non formelle des droits de l'homme en RDC.

Autant d'apports positifs justifiant que nous puissions souhaiter vivement bon vent, à cet ouvrage intitulé judicieusement :

Droit pénal et Droits de l'homme à l'épreuve de la cybercriminalité.
Analyse des enjeux de la Révolution Numérique et
Nouvelles pistes de régulation de l'espace médiatique.

Pour le plus grand bien de tous.

Mukanya Lusanga Franck Elias
Professeur des universités
Formateur des formateurs (COMESA et
CNUCED) Coordonnateur Général de BCSCOM

Abstract

Online media tend to dominate traditional media by influencing more society that accepts it easily following their immediacy and exclusivity despite the setbacks of "fake news", infobesity and press cybercrimes by attacks on human dignity, property and the state.

The legitimacy of information intended for the masses is no longer exclusively the monopoly of professional journalists because social networks such as Facebook, Viber, Instagram, Youtube, Wattsapps offer any Internet user the opportunity to broadcast messages to the general public without respecting the rules of the art.

This digital revolution in the media sector provokes not only the technological challenge but also the legal challenge to frame this innovation with its particularities including ubiquity and immateriality especially since the Congolese positive law on the regulation of the online press and on the repression of cybercrime is not fully adapted to the digital revolution.

On this, the pooling between criminal law in its sanctioning role and cyber-education in its moralizing role centered on human dignity is envisaged to effectively fight against this scourge. Hence the didactization of human rights through curricular content, at all levels of schooling, would contribute to reducing it or putting an end to the violations of fundamental rights committed by cybercrime.

Keywords: Cyberspace, cyberpress beds, criminal law, cybereducation, digital revolution, human rights

Introduction générale

Ce livre se corse sur droit pénal et droits de l'homme à l'épreuve de la cybercriminalité. Une analyse des enjeux de la révolution numérique et nouvelles pistes de régulation de l'espace médiatique.

En effet, ces pages se justifient notamment par le fait que les concepts « cyberpédagogie et cyberéducation » ne sont pas familiers dans la langue française et dans le langage des pédagogues. Pour simplifier l'explication, il exprime tout simplement l'action pédagogique et éducative dans le cyberespace.

Le cyberdroit pénal est un nouveau concept lié au droit pénal adapté pour réprimer la cybercriminalité en relativisant le positivisme du droit comme costume épistémologique. Autrement dit, le cyberdroit pénal statue sur la réalité agissante que sur la réalité matérielle. En fait, le droit pénal ne réprime pas les personnes accusées de la sorcellerie soit de l'usage mystique de la foudre au nom de l'absence des preuves palpables dans la démonstration de l'élément matériel mais dans la répression contre les auteurs de la cybercriminalité, la souplesse est admise pour observer que les effets alors que la foudre présente aussi des effets palpables que ceux observés dans une cyberattaque.

Par ailleurs, le concept « cyberdélit de presse » exige des explications propres lorsqu'il s'agit du droit pénal congolais que dans le droit pénal français car, nulle part à ce jour, le législateur congolais ne fait usage de l'expression « cyberdélit de presse » mais plutôt de « délit de presse » qui signifie infractions par voie de la presse.

En fait, le « cyberdélit de presse », si nous voulons simplifier les choses, n'est qu'un comportement déviant ou antisocial dans le domaine de la presse commis dans le cyberespace, ou encore toute déviance commise par une publication pour le public en se servant des technologies de l'informatio0n et de la communication. Ses particularités liées à l'ubiquité et à l'immatérialité rendent le droit pénal suranné et appelle à penser au « cyberdroit pénal » qui serait un droit de punir adapté aux spécificités de la révolution numérique.

Le traitement pénal n'est pas aussi une expression usuelle en droit positif congolais, car le mot « traitement » est employé plus dans le domaine médical en terme de prescrire un traitement. Ce qui explique l'ensemble des moyens mis en œuvre pour soigner une maladie, un malade (Encyclopédie Encarta, 2014). Au sujet de notre étude, il s'agit plutôt d'un comportement, soit une manière d'agir de la justice en actionnant un ensemble d'opérations, de procédés destinés à établir la responsabilité pénale de l'auteur de cyberdélit de presse. Il s'agit d'interroger le droit pénal congolais sur les sanctions prescrites contre les cyberdélits de presse. C'est-à-dire qu'il faut analyser ce phénomène à travers le traitement qui lui est réservé.

Le respect de la dignité et de la valeur humaine, constituent la substance des Droits de l'Homme. Ces derniers jouissent, sur le plan international, d'une légitimité qui leur confère un poids moral incontestable et qui conduit les Etats et les Gouvernements membres des Nations Unies, à ratifier des traités et à se soumettre librement aux obligations contraignantes en la matière » (Exposé des motifs de la loi organique n° 13/011du 21 mars 2013 sur la CNDH-RDC).

Sur ce, le concept des droits de l'homme dans cette étude se résume par toutes les normes qui concurrent à la dignité humaine sous forme des prérogatives. La liberté, l'égalité et la non-discrimination constituent l'ossature des droits de l'homme quelle que soit la société. Cependant, la liberté d'expression et d'opinion est souvent encadrée car son exercice doit se faire dans le respect de l'ordre public et de bonnes mœurs.

Actuellement, il est constaté que les médias en ligne ont tendance à dominer sur les médias traditionnels par leurs capacités à influencer plus la société qui les accepte facilement à suite de leurs immédiateté et exclusivité malgré les revers des « fake news », de l'infobésité et des cyberdélits de presse.

La publication des images sans pudeur exhibant la nudité, devient une arme de chantage ou de règlement des comptes dont un membre du gouvernement congolais, sous Matata II, a perdu son poste. Les pasteurs de renom et les artistes musiciens chrétiens et mondains n'ont pas été épargnés. Les images pédopornographiques des écoliers du Collège Saint Georges circulant dans les réseaux sociaux ont créé un tollé et les enfants sanctionnés par l'autorité de tutelle. Cela n'a pas empêché que la même année, d'autres images pornographiques des étudiantes révoltent la conscience estudiantine dont une étudiante de l'Université Protestante du Congo, a été renvoyée par la décision du Comité de Gestion. Les images des victimes massacrées au nord Kivu dans le territoire de Beni et en Ituri par les combattants ADF-NALU et CODECO circulent librement dans les réseaux sociaux, sans oublier les multiples propos diffamatoires et injurieux dont sont victimes les autorités politiques, religieuses et militaires. Le cyberharcèlement contre les filles et des personnes mineures à travers les réseaux sociaux est devenu un phénomène social qui provoque aux victimes un sentiment de culpabilité, d'impuissance et de dévalorisation de leurs personnes jusqu'à perdre progressivement la confiance en elles, à souffrir des stress, de l'anxiété, de mauvaise humeur et de honte.

Les investigations relatives à l'avènement du numérique avec ses propriétés et particularités, provoquent la curiosité de plusieurs chercheurs dans presque tous les secteurs de la vie, à l'instar des médias en ligne, de la cybercriminalité, du commerce électronique, de l'administration en ligne, du télétravail, de la preuve électronique, des télécommunications, du vote électronique, etc.

La criminalité informatique avait interpellé l'Etat congolais et les chercheurs en droit pénal depuis plusieurs années. Déjà en 1987, l'Etat zaïrois avait pris une Ordonnance n°87/243 du 22 juillet 1987 portant règlementation de l'activité informatique en République du Zaïre en son article 12 alinéa 2 : « Toute manœuvre visant intentionnellement à détruire totalement ou partiellement la banque des données ou à s'approprier frauduleusement les informations qu'elle recèle, est punissable conformément à la législation pénale en vigueur » et l'article 19, l'ordonnance prévoit que : « Sans préjudice des peines prévues par les lois en vigueur, les infractions à la présente ordonnance sont punissables d'une amende de 50.000 à 100.000 zaïres ».

En 2002, le législateur congolais de l'époque siégeant à Lubumbashi, a élaboré la loi-cadre n°13/2002 du 06 octobre 2002 sur les télécommunications. Celle-ci est venue réguler non seulement le secteur des postes et de la télécommunication, mais aussi l'Internet avec un régime pénal très élargi contre la cybercriminalité.

Et récemment , l'Ordonnance-loi n°23/010 du 13 mars 2023 portant code du numérique qui vient d'entrer en vigueur vers mai 2023 mais on attend aussi la promulgation de l'autre Ordonnance-loi n°23/009 du 13 novembre 2023 fixant les modalités d'exercice de la liberté de presse, la liberté d'information et d'émission par la radio et la télévision, la presse écrite ou tout autre moyen de communication en République démocratique du Congo.

Les mutations observées dans le monde du journalisme ne manquent pas d'être remarquées en RDC, où les premiers quotidiens tentent de saisir les avantages de l'Internet en mettant en place, leurs sites internet d'une part, et l'apparition d'un phénomène des médias dans le Youtube et de la presse en ligne, une génération des médias non reconnue classiquement dans le secteur audiovisuel mais qui fonctionne par Internet sur base de support numérique, d'autre part.

Kodjo Ndukuma (2018, 2019), dans une étude sur les habitudes médiatiques des Congolais, évoque les résultats suivants :

- la Radio compte pour 68%, contre 72 % entre 2019 et 2018 ;
- la Télévision compte pour 47%, contre 48% dans la même période ;
- l'Internet compte pour 24% dans la constance ;

- les Chaînes câblées pour 16% contre 9% en très forte hausse entre 2019 et 2018 ;
- la Presse écrite pour 2% en 2019 contre 1% en 2018.

En 2017, sur 4,05 milliards internautes au monde, il y a 300 millions d'internautes africains et 13,5 millions d'internautes congolais. Le pays le plus peuplé aurait pu être Facebook à raison de 3 terriens sur 7 qui s'y trouvent.

L'auteur conclut que les technologies numériques bouleversent le modèle de fonctionnement de plusieurs secteurs, y compris celui des médias. La révolution, impulsée par le code binaire, concerne à la fois les habitudes professionnelles de traitement, de collecte et de diffusion de l'information, que leurs modes de consommations, avec des acteurs nouveaux d'«infomédiation ». À la base, le couplage de la numérisation et de l'Internet a transformé notre manière d'être, d'apprendre et de consommer. Nous vivons désormais dans une société de l'écran.

Le droit à l'information au public se présente comme un cadre générateur de plusieurs droits fondamentaux dont la promotion et la protection sont garanties par plusieurs instruments juridiques internationaux et régionaux ratifiés par la RDC, ainsi que des standards internationaux auxquels le pays a adhéré. Il s'agit de : la Déclaration Universelle des Droits de l'Homme du 10 décembre 1948 ; le Pacte International relatif aux Droits Civils et Politiques et la Charte Africaine des Droits de l'Homme et des Peuples du 27 juin 1981 et autres instruments analogues.

La RDC dispose d'une loi qui encadre la liberté de la presse mais sous l'insatisfaction des professionnels de la presse. Munkeni (2021) se plaint de l'inadéquation entre la loi en vigueur et la quête de l'idéal de liberté. Par ailleurs, entre inversion des valeurs et innovation sociale, le droit est mal à l'aise et peine à imposer sa vertu.

Cependant, la liberté de la presse, comme toutes les libertés, n'est pas sans limites. Le droit de la liberté dispose d'une vérité qui n'est jamais absolue, du fait qu'elle est toujours en conflit avec d'autres droits qui viennent fixer les bornes de son empire. Il en est ainsi par exemple du droit à l'honneur et du droit au secret de l'intimité, de la vie privée ; des impératifs de protection des intérêts de la justice, de la défense nationale, de la sûreté publique, etc. Ces limites définissent la frontière au-delà de laquelle on pénètre dans l'espace du délit de la presse.

Le passage demandé de la télévision analogique à la télévision numérique traduit comment la société d'information se retrouve maintenant dans un contexte où le monde devient un village planétaire sans frontières nationales car, avec la presse en ligne, la publication des articles atteint géographiquement le monde entier alors que la presse sur papier connait des difficultés de se consommer d'une province à une autre par défaut des moyens de distribution.

En outre, la question de conserver ou de retrouver des archives en papier étaient très difficiles mais avec l'internet, la conservation des articles et la recherche deviennent commodes.

Avec l'internet, le principe de territorialité des règles de droit peut s'avérer inefficace car les internautes se communiquent de tous les coins du monde sans tenir compte des frontières nationales.

Depuis maintenant plus d'une décennie, la gestion du cyberespace est devenue une nouvelle matière qui préoccupe les enseignants. Le cyberespace induit la nécessité d'envisager le droit en considérant un spectre plus large de normes. Il amplifie la nécessité de se donner les moyens d'anticiper les changements et leurs conséquences au plan du droit. Le contexte cyberspatial rend plus difficile de continuer de voir le droit selon des approches formalistes.

La légitimité de l'information destinée à la masse n'est plus le monopole des journalistes professionnels, car les réseaux sociaux offrent à tout internaute la possibilité de diffuser les messages au grand public sans le respect des règles de l'art.

Ces canaux de la communication dont Facebook, Viber, Instagram, Youtube, Wattsapps et autres ont servi, et continuent à servir, par exemple, d'amplificateur pour les appels aux manifestations contre la révision de la loi électorale du 19 au 21 janvier 2015 et les manifestations du 30 décembre 2017 pour réclamer les élections qui ont poussé l'Etat congolais à couper l'Internet.

Les difficultés apparaissent liées aux fonctionnalités de cette révolution numérique qui appellent à une reconfiguration des métiers et à une meilleure prise en compte des aspects numériques comme le droit de la communication par voie électronique, le régime de la création de l'entreprise de presse en ligne, les règles dans l'exercice des activités médiatiques et de la surveillance des médias en ligne, les droits d'auteurs sans oublier de la gestion des fréquences aux bouquets TNT, etc.

Les pratiques professionnelles non encore stabilisées commencent à émerger tout en interpellant le droit positif congolais dans son rôle régulateur et sanctionnateur. Certes, la révolution numérique n'échappe à aucun secteur, c'est le cas de celui de média en ligne qui connaît de nos jours, une évolution rapide du point de vue technologique mais malheureusement, qui ne suit pas l'évolution juridique.

Cependant, l'avènement de la société d'information, quoi qu'il apporte des avantages, du fait que l'internet offre à tout internaute la possibilité de devenir acteur indépendant mais sans parfois être un acteur vertueux, le constat est que certains internautes voire les journalistes ,profitent pour diffuser des contenus illicites en l'occurrence ,des messages de la haine, de la xénophobie, des images pornographiques, des messages d'atteinte à la vie privée des autres et d'atteinte à l'Etat. Les abus commis à l'internet constituent le revers de la médaille et ne cessent d'interpeller le droit pénal qui a la mission sanctionnatrice des actes infractionnels.

Certains objectifs ont été poursuivis dans le cadre de cette étude. En effet, en entreprenant cette étude, nous voulons poser les jalons de la didactisation des notions des droits de l'homme dans les curricula de formation à tous les niveaux de la scolarité, en vue de réduire les atteintes aux droits de l'homme commises par la cybercriminalité.

Dans la perspective juridique et pédagogique, nous visons en réalisant cette étude, d'atteindre les objectifs spécifiques ci-après :

- Evaluer l'efficacité de la Justice pénale congolaise dans la répression des cyberdélits de presse ;
- Indiquer la contribution de la didactique, comme branche séculaire de la pédagogie, pour suppléer la justice pénale congolaise contre les cyberdélits de presse.

Cette étude s'inscrit dans la perspective de rapprochement entre l'approche éducationnelle comme alternative à la préparation à une vie harmonieuse dans la société, le droit répressif qui vise les comportements interdits, les sanctions pénales organisées par l'appareil étatique et le journalisme qui défend la liberté d'expression ainsi que le droit fondamental d'informer à l'ère du numérique avec ses innovations sur les supports dont les réseaux sociaux qui prennent de l'ampleur sur les médias classiques suite à leur exclusivité et l'immédiateté.

- Sur ce, d'une part, cette étude vise à alerter ceux qui élaborent la loi et ceux qui l'appliquent dans la jurisprudence sur la caractéristique surannée et lacunaire du régime existant sur la presse en ligne. D'autre part, elle souligne le rôle de débat technique et légistique visant à repenser le régime répressif des infractions de presse en ligne qui se présente comme une urgence afin d'encadrer cette liberté d'expression et de la presse par une bonne législation à la hauteur de la révolution numérique.

Par ailleurs, cette étude démontre la nécessité d'une mutualisation de la sanction pénale et la cyberéducation pour décourager la cyberdélinquance dans toutes les formes afin de construire une interdisciplinarité entre la Pédagogie , le Droit pénal de droits de l'homme dans la lutte contre le phénomène des cyberdélits de presse qui viole les droits fondamentaux et portent atteinte à l'Etat.

A cet effet, la présente étude inscrite au carrefour des sciences pédagogiques et juridiques et orientée vers le cyberéducation et le droit du cyberspace, comporte un triple intérêt: scientifique, pédagogique et social.

Sur le plan scientifique, les résultats de cette étude offrent un contenu pluridisciplinaire qui sert de dialogue entre des spécialistes en sciences de l'information et de la communication, des juristes en droits de l'homme, en droit international et de droit pénal, des cyberjuristes, des pédagogues et didacticiens, des sociologues, des politologues, des ingénieurs en télécommunications afin de réguler le secteur des médias en ligne.

Sur le plan pédagogique, cette étude élabore un lien étroit entre la pédagogie et le droit pénal sur le champ du cyberespace. Elle contribue, à cet effet, à relever le déficit didactique dans la promotion de cadre juridique en vigueur. En outre, elle contribue aux mécanismes de la promotion de droit du cyberespace à travers des matières à insérer dans les programmes d'enseignements à tous les niveaux de scolarité voire dans l'éducation non formelle.

Sur le plan pratique, les résultats de cette étude permettront de livrer des informations à tout lecteur sur le cadre juridique relatif au droit du cyberespace. En plus, lesdits résultats qui renvoient dos à dos le droit pénal et la liberté d'informer, serviront d'éveil de conscience à l'Etat congolais pour proposer une bonne législation adaptée pour la lutte contre la cybercriminalité.

Certaines questions ont guidé ma réflexion. En effet, que faire face à la révolution numérique qui met en cause le régime répressif en matière des infractions de presse en vigueur à suite de l'immatérialité et l'ubiquité des cyberdélits de presse, mais aussi par la présence de nouveaux prestataires dont les fournisseurs d'accès internet et les fournisseurs d'hébergement ? Les responsabilités tant civiles que pénales, de ces derniers, sont ignorées par le droit positif congolais. Or, le droit pénal est d'ordre public où le principe phare est celui de la légalité des infractions et des peines (Article 1 du Code Pénal Congolais). Comment alors justifier une poursuite pénale d'un journaliste pour un fait dont la loi n'a pas encore prévu le délit et la peine et dans le respect du principe de l'interprétation stricte de la loi pénale ?

Devant tous les cas d'atteinte à la dignité humaine dont les victimes et les auteurs sont aussi les mineurs à éduquer, que prévoit le droit pénal congolais et la pédagogie pour éradiquer ou réduire les effets pervers du cyberespace et des cyberdélit de presse ?

Face aux difficultés qu'éprouvent les mécanismes de répression contre les cyberdélits de presse publiés dans les sites, les blogs, les réseaux sociaux sous cette nouvelle forme de criminalité sans que le droit pénal fasse appel à la Pédagogie pendant une décennie, les interrogations majeures ci-après sont soulevées afin de trouver des réponses dans cette étude :

- La Justice pénale congolaise est-elle efficace pour réprimer les cyberdélits de presse ?
- Quelle analyse critique peut-on émettre sur le droit pénal congolais relatif aux cyberdélits de presse ?
- Comment la pédagogie peut-elle suppléer à la justice pénale contre les cyberdélits de presse ?

Toutes ces questions sont centrées autour de la question principale suivante : la didactisation des droits de l'homme, à travers les contenus curriculaires de formation à tous les niveaux de la scolarité, peut-elle contribuer à réduire ou à mettre un terme aux atteintes des droits fondamentaux commises par la cybercriminalité ?

Comme hypothèse notamment, la prise en compte des aspects éthiques comme fondamentaux des droits de l'homme dans l'élaboration des curricula ou des matières transversales à enseigner à tous les niveaux de scolarité, constitue une alternative d'anticipation de la réduction des effets pervers des cyberdélits de presse, de la cyberattaque et de la cybercriminalité . D'où, la nécessité d'imaginer un nouveau logiciel pédagogique avec comme la cyberéducation comme objet de cette nouvelle forme de la Pédagogie adaptée dénommée Cyberpédagogie.

Comme limite, il y a un débat d'ordre épistémologique dont d'une part, un courant de droit du numérique veut soutenir que le droit positif existant peut s'adapter à l'innovation numérique par banalisation, tandis que l'autre courant de cyberdroit soutient que le positivisme du droit est mis en cause par la dématérialisation et l'ubiquité de l'internet, et qu'il faut penser à une nouvelle discipline.

Autre limite, je ne vais pas davantage m'y attarder car tout au long de mon étude, je vérifie l'efficacité du régime en vigueur face aux messages illicites publiés dans les médias en ligne, les sites, les blogs, les réseaux sociaux avec l'aspect de cette nouvelle forme de criminalité essentiellement caractérisée par l'immatérialité de son objet, sa nature planétaire et par l'anonymat qu'elle offre à ses cyberdélinquants.

Je n'ai pas non plus la prétention d'épuiser le débat sur le Droit pénal et droits de l'homme à l'épreuve de la cybercriminalité. Analyse des enjeux de la révolution numérique et nouvelles pistes de régulation de l'espace médiatique. Les apports des autres sont souhaitables pour enrichir et compléter ma réflexion.

Ma démarche est réflexive et critique, enrichie par l'expérience de terrain. La démarche participative incluant les questions soulevées par les étudiants ont contribué à l'approfondissement de la question.

Mon texte est structuré en deux parties. La première a pour matrice les considérations générales et l'espace médiatique en République Démocratique du Congo. La seconde partie porte sur le système de répression et de cyberéducation face aux cyberdélits de presse

Partie I
Considérations générales et espace médiatique en RDC

La première partie de cet ouvrage porte sur les considérations générales et l'espace médiatique en République Démocratique du Congo.

Aux cours de ces dernières années, l'internet est en train de révolutionner nos manières de vivre et de faire car le téléphone devient incontournable dans la vie de chaque personne. Manquer un téléphone surtout celui de smartphone qui contient plusieurs options, est désormais considéré comme une retraite dans le désert par ailleurs celui qui est au désert ou seul dans sa maison avec un smartphone connecté à l'internet, ne se sent plus isolé car il est dans le cyberespace en interaction avec la société. Il peut demander de l'argent et l'envoyer comme il peut animer une réunion soit participer à un colloque en dehors du pays sans visa. Ce qui veut dire que la vie dans le cyberespace est un reflet du monde physique mais notre étude se focalise plus sur la publication des messages au public dans le cyberespace en observant les professionnels des médias et les autres internautes qui s'offrent la possibilité de diffuser les messages bruts sans le respect de la dignité humaine.

La révolution numérique a touché tous les secteurs de la vie, le secteur médiatique de la RDC n'a pas échappé où nous vivons la prolifération des médias en ligne créés et animés par des professionnels des médias ; mais aussi, par les arrivistes qui ternissent même l'image de la presse en ligne.

Certes, l'internet est un espace de liberté d'expression et d'opinion, mais cette liberté devrait être encadrée juridiquement car le cyberespace n'est pas anomique.

Cette première partie sur les considérations générales et espace médiatique en RDC comprend deux chapitres dont d'une part les cadres conceptuel et théorique (Chapitre 1), et d'autre part, l'espace médiatique en RDC (chapitre II).*

Chapitre I
Cadres conceptuel et théorique

Ce chapitre a pour pierre de touche le cadre conceptuel et théorique. Il comprend le cyberespace, le cyberdélit de presse, la cybercriminalité et enfin les repères théoriques sur la cyberpédagogie et la cyberéducation.

1.1. Cyberespace

Dans le cadre de cette étude, nous retenons quelques définitions du cyberespace:

- Le deuxième terme cyberspace ou cybermonde désigne « un lieu imaginaire appliqué métaphoriquement au réseau internet et dans lequel les internautes qui naviguent s'adonnent à des activités diverses. C'est donc un environnement virtuel dans lequel se déroule la transmission des informations via internet, qui est considéré comme un moyen de communication»(Benhamou,2001).
- Le cyberespace désigne « le monde virtuel dans lequel on se plonge à un réseau informatique et surtout, internet, le réseau des réseaux »(http://www.linternaute.com/dictionnaire/fr/definition/cyberespace/).
- Pour PICOTTE, le cyberespace c'est «l'espace virtuel des ordinateurs reliés entre eux par des réseaux télématiques. Le droit considère le cyberespace comme un milieu global d'intérêt puisqu'il forme un environnement dans lequel se produisent des événements qui entraînent des conséquences juridiques diverses » (Picotte, 2012).

En effet, le cyberespace est considéré comme le reflet de la planète physique dans le virtuel, donc le monde virtuel sans barrières frontalières nationales et qui oblige les internautes à devenir des « cyber citoyens »dans le cybermonde.

Il est important de préciser la définition du cyberdélit de presse.

1.2. Cyberdélit de presse

Ce terme « cyberdélit de presse » n'est pas reconnu dans la législation congolaise sauf le délit de presse qui signifie les infractions commises par voie de la presse conformément à l'article 74 de la loi fixant les modalités d'exercice de la liberté de la presse de 1998 qui définit le délit de presse comme « toute infraction commise par voie de la presse écrite ou audiovisuelle ».Ce qui explique que les délits de presse ne sont pas nécessairement des infractions personnelles mais plutôt matérielles, donc, toute personne sans dérogation de son auteur ,peut commettre un délit de presse. Le délit de presse n'est pas une infraction propre aux professionnels des médias car il suffit que l'acte de publication et l'intention coupable soient réunis de manière cumulative, pour prouver un délit de presse. En effet ,le cyberdélit de presse est un délit de presse par voie électronique(Mupili,2016) et n'est qu'une partie de la cybercriminalité dans le secteur de la communication en ligne. Tout cyberdélit de presse est une cybercriminalité mais l'inverse n'est pas vrai.

Que dire de la cybercriminalité ? Tel est l'objet du point suivant.

1.3. La cybercriminalité

Il s'agit de définir la cybercriminalité, ses caractéristiques, la classification des cybercriminels, la classification de la cybercriminalité

1.3.1. Les définitions de la cybercriminalité

La cybercriminalité est aussi appelée criminalité informatique soit cyberdelinquance.

La cybercriminalité apparaît comme une nébuleuse, d'autant plus difficile de cerner qu'elle renvoie à des procédés techniques essentiellement évolutifs maîtrisés par les seuls initiés et que peinent à cerner les dispositifs statistiques traditionnels. Le concept même de cybercriminalité prête à équivoque.

En RDC, la cybercriminalité ne signifie pas directement une infraction mais plutôt un acte antisocial ou un comportement déviant car seule la loi définit un comportement infractionnel. Par ailleurs, parmi les comportements déviants ou antisociaux de la cybercriminalité, on reconnaît qu'il y a ceux qui sont érigés en infraction mais d'autres ne les sont pas à défaut de la loi mais demeurent les actes antisociaux.

La cybercriminalité comme les autres mots précédés par « cyber » sont empruntés à un roman de science-fiction de William GIBSON(1984), dans lequel il utilisa le concept de *cyberespace* pour désigner un espace utopique et abstrait où circule l'information.

Le préfixe « cyber » serait emprunté au terme « cybernétique » créé à partir du grec *Kubernésis* ou *kubernân* qui signifie « l'action de diriger ou de gouverner »(Mupili,2016).

Le terme sera repris pour la première fois en 1948 par l'un de ses pères fondateurs, Norbert WIENER, dans son ouvrage intitulé « *Cybernetic or control and communication in the machine* » en français c'est : « Cybernétique ou contrôle et communication dans une machine » qui voulait signifier, par cyber, la science nouvelle destinée à couvrir tous les phénomènes mettant en jeu des mécanismes de traitement de l'information…soit « la science des analogies maîtrisées entre organismes et machines »(idem).La cybernétique étudie les interactions entre systèmes gouvernants et systèmes gouvernés.

A vrai dire, William GIBSON est considéré comme le pionnier du lexique foisonnant des *cybermots* dont, notamment *cybercriminalité, cyberespionnage, cyberterrorisme, cyberpolicier, cybervigilance, cybercafé, cyberespace*..., pour désigner un fait, un acte ou une activité réelle qui se transposerait dans l'espace virtuel du Net(Chawki,2015).

Dans le langage courant, ces infractions soit les actes antisociaux, lorsqu'ils sont commis au moyen d'un système d'information et de communication, sont dites *"cyber-escroqueries(par exemple)*, pour les distinguer de mêmes infractions commises par les moyens traditionnels.

Si ces cyberinfractions relèvent, ordinairement, du régime du droit pénal général *(cf. l'exemple droit pénal allemand)*, certains systèmes juridiques, notamment le droit français, aggravent les sanctions encourues pour certaines d'entre elles lorsqu'elles sont commises par le moyen d'un système d'information (cf .droit pénal français).

L'ordonnance loi n°23/010 du 13 mars 2023 portant Code du numérique en RDC définit la cybercriminalité comme : « *ensemble des infractions pénales spécifiques liées aux technologies de l'information et de la communication telles que définies par la présente ordonnance-loi, ainsi que celles prévues dans d'autres lois particulières, dont la commission est facilitée ou liée à l'utilisation des technologies* » (article 2 point24). Cependant, selon mon analyse, cette définition légale congolaise présente une lacune puisqu'elle confond la cybercriminalité à l'ensemble des infractions liées aux TIC alors que la cybercriminalité est vaste. La cybercriminalité comprend tous les comportements déviants liés aux TIC mêmes ceux qui ne sont pas encore pris en compte par le législateur comme faisant partie des infractions. C'est pourquoi, je dis que toute infraction liée aux TIC est une cybercriminalité mais l'inverse n'est pas vrai.

Après la déception de la définition légale congolaise, je peux alors interroger la doctrine sur la définition de la cybercriminalité.

La cybercriminalité continue à faire couler beaucoup d'encre mais j'ai choisi quelques définitions afin que nous soyons tous fixés sur une même compréhension, à savoir :

- Pour la mission de l'Organisation de Coopération et de Développement Économiques (l'OCDE), la cybercriminalité renvoie à *"tout comportement illégal ou contraire à l'éthique ou non autorisé qui concerne un traitement automatique de données et/ou de transmission de données"*.
- Pour les Nations Unies, elle a trait à *"tout comportement illégal faisant intervenir des opérations électroniques qui visent la sécurité*

des systèmes informatiques et des données qu'ils traitent" ; de telles définitions, trop partielles, ne couvrent, toutefois pas, l'ensemble des infractions concernées, comme la pédopornographie. *C*'est la définition donnée par les U.S.A. et le Royaume-Uni ; mais se focaliser sur l'accès ne permet pas de rendre compte de toute la cybercriminalité, ne serait-ce que lorsqu'elle prend la forme d'une diffusion des données ou des comportements illicites (Publication des nations unies,1995).

- Quant à Emmanuel DADOUD, « la cybercriminalité regroupe les infractions anciennes, liées aux formes de criminalité traditionnelle qui ont pu et su évoluer avec les nouvelles technologies de l'information et de la communication et des infractions nouvelles, liées aux systèmes d'information et de traitement automatisé des données et qui sont apparues avec le développement des réseaux informatiques, et notamment d'internet » (Dadoud,2013).
- Selon l'Office Central de Lutte Contre la Criminalité liée aux technologies de l'information et de la communication du Ministère de l'intérieur en France, la cybercriminalité est un mot générique désignant « l'ensemble des infractions pénales susceptibles de se commettre sur les réseaux de télécommunication en général et plus particulièrement sur les réseaux partageant le protocole TCP/IP, appelés communément internet ».

Eu égard à toutes ces définitions, celles-ci sont en fait légion mais aucune ne s'est véritablement imposée, comme à une quantification exhaustive, deux difficultés qui contribuent au sentiment de flou que suscite ce concept et donc à son appréhension. Selon moi, *la cybercriminalité est tout comportement antisocial ou infractionnel dont l'informatique est considérée comme objet (cible) ou moyen (support) de la commission de la déviance.*

Par ailleurs, il sied de préciser ce qui suit pour la cybercriminalité :

- Primo, il s'agit de toute infraction ou tout comportement antisocial impliquant l'utilisation des technologies informatiques. C'est l'ensemble de comportements antisociaux ou illégaux intéressant l'informatique et les télécommunications tant sur le plan des matériels que des logiciels. C'est une criminalité, ayant l'ordinateur pour objet ou pour instrument de perpétration principale.
- Secundo,« la cybercriminalité ne définit pas à elle seule une infraction, mais un ensemble d'atteintes aux biens ou aux personnes commises via l'utilisation de nouvelles technologies »(Lemoine,2012).
- Tercio, le point commun essentiel qui unit l'ensemble de ces définitions est le fait que le mode de commission de l'infraction se

fait ou se passe *souvent* à distance, sans contact physique entre l'auteur et la victime en assurant une certaine impunité à son auteur, qui bénéficie, le plus souvent, d'un anonymat fortement protégé et de l'externalité qui résulte de la localisation des serveurs et du lieu de stockage des données des principaux prestataires d'Internet.

Les lignes suivantes déterminent les caractéristiques de la cybercriminalité.

1.3.2. Caractéristiques de la cybercriminalité

Le droit pénal accorde une importance particulière aux éléments de fait. En effet, le droit pénal se construit à partir des faits culpeux c'est-à-dire qu'il tient compte des conditions, des circonstances de temps, de lieu, de climat, du nombre des participants à l'acte coupable en question, de la personnalité du délinquant, de son âge, de son sexe. Tous ces éléments sont déterminants pour le droit pénal. Car, ils jouent un rôle très important dans la qualification, la poursuite, la procédure, la fixation, l'appréciation de la responsabilité pénale. C'est ce caractère factuel qui fait que, parmi les disciplines juridiques, le droit pénal spécial soit celle qui ne s'exprime que par la voie judiciaire : C'est le droit judiciaire par excellence (Akele, Sita, Ngoy, 2004).

L'étude des éléments constitutifs de l'infraction informatique démontre à quel point les technologies nouvelles bousculent les outils traditionnels d'appréhension de la criminalité et de droit pénal. C'est la spécificité technique de droit pénal spécial. Les trois caractéristiques de la cybercriminalité sont : l'élément légal, l'élément matériel et l'élément moral.

- L'élément légal

Le droit pénal de fond repose sur un principe cardinal qui est celui de la légalité des délits et des peines. "*Nullum crimen, nullum poena, sine lege*" écrivait Foerbach au XIX siècle en écho à la théorie de Beccaria (www.caprioli.-avocat.com).

Autrement dit, aucune sanction ne peut être envisagée à l'encontre d'un individu, si elle n'était pas prévue antérieurement à la commission des faits qui lui sont reprochés. L'infraction doit reposer sur une incrimination que la loi définit expressément le comportement illicite.

Il en résulte l'exigence d'une interprétation stricte de la loi, qui interdit au juge le recours à toute interprétation analogique de la loi pénale : la loi ne peut punir que ce qui est expressément prévu.

A noter que l'élément légal : C'est la base légale, le siège légal de l'infraction. Sans élément légal, il n'existe pas d'infraction. On doit donc le rechercher systématiquement dans toute infraction. C'est le principe de la légalité criminelle consacré dans l'article 17 de la Constitution.

Or, la cybercriminalité repose sur l'exploitation des "technologies" dont la nouveauté prend en défaut la prévisibilité des textes existants, le législateur n'ayant pu les prévoir avant que ces technologies n'aient été découvertes.

Mieux, le développement rapide de nouvelles technologies s'accompagne d'un développement tout aussi rapide des innovations de nature criminelle, qui accentuent le décalage entre la législation pénale et l'activité criminelle. Il est donc essentiel de contrôler, d'anticiper le développement de nouvelles technologies et de leur utilisation abusive par la rédaction de textes ayant une large portée prospective (Joce,2002).

Ces textes doivent en effet être suffisamment larges pour englober les technologies à venir tout en étant suffisamment précis pour respecter le principe de prévisibilité valable en droit pénal. Et, de ce point de vue, le principe de légalité peut rapidement devenir un handicap à la capacité d'anticipation du législateur qui doit redoubler d'imagination (Mupili, 2016).

La cybercriminalité s'affranchit des contraintes géographiques et des frontières nationales. Souvent, l'auteur de l'infraction se trouvera en dehors du ou des territoires sur lequel se produiront les effets de l'infraction (Villenfagne et Dusollier,2000) .Or, la loi, et en particulier la loi pénale ,est attachée à la territorialité en raison du caractère national des autorités de poursuites. Il s'ensuit inéluctablement un problème de conflit de souveraineté. (Grabosky cité par Mupili,2016)

De ce fait, conscient de la menace transnationale, la réponse au problème posé par la cybercriminalité doit être envisagée au niveau international, à travers des instruments juridiques internationaux qui permettent une action concertée et coordonnée de différents États pouvant être impliqués par la commission de l'infraction.

D'où il faut prendre en compte de la théorie de résultats pour suppléer à la théorie des lieux.

La convention de Budapest sur la lutte contre la cybercriminalité procède de cette logique coopérative et internationale.

- L'élément matériel

Un autre particularisme de cybercriminalité a trait à l'élément matériel de l'infraction. Pour Akele, l'élément matériel est l'élément qui spécifie l'acte, le comportement, l'abstention prohibée(2004).Nous considérons l'élément matériel comme *est l'élément sur lequel l'infraction prend corps et se développe.*

Mais il faut retenir que le droit spécial évolue parce que, de plus en plus, on se trouve en face d'infractions immatérielles, virtuelles. C'est le cas de la cybercriminalité.

Je peux considérer traditionnellement cet élément comme un indice indispensable à la détermination de la volonté criminelle. Il permet l'identification de l'auteur et la localisation de l'infraction nécessaire à la poursuite. Or, l'infraction informatique qui vise l'atteinte à la sécurité des systèmes d'information se situe dans un univers purement électronique. L'atteinte en question peut donc consister en une opération purement logique sans manipulation physique. Cette dématérialisation de l'élément matériel a pour conséquence de compliquer les opérations de localisation de l'infraction et d'identification de l'auteur (10è Congrès des nations unies,2000).

A ceci, s'ajoute le problème de la volatilité des données électroniques qui peuvent être modifiées, effacées en quelques secondes rendant ainsi les enquêtes pénales singulièrement difficiles. Cette singularité de l'infraction informatique exige également la création de procédures inédites pour faire face efficacement à cette mutation criminologique (Kevin cité par Mupili,2016).

- L'élément moral

Selon Akele, l'élément moral c'est l'élément intentionnel, la volonté, la tension, la pulsion psychologique qui détermine l'auteur de l'infraction(2004).

La cybercriminalité autrement dit l'infraction informatique est une infraction intentionnelle. De cette exigence, on déduit deux conséquences. D'une part, l'auteur doit avoir agi "sans droit", et d'autre part, il doit avoir agi délibérément et en connaissance de cause. Cette exigence procède du fait que le comportement incriminé n'est pas toujours punissable en soi. Il peut notamment être justifié légalement ou conventionnellement. Ce sera le cas des exceptions légales classiques (consentement, légitime défense ou nécessité), mais aussi des cas où d'autres principes ou intérêts excluent toute responsabilité pénale.

Ainsi, les activités légitimes et ordinaires inhérentes à la conception des réseaux ainsi que les pratiques d'exploitation ou de commerce légitimes et ordinaires ne rentreront pas dans le champ de l'incrimination, les personnes agissant dans ce cadre étant considérées comme des "personnes autorisées".

Enfin, toutes les infractions informatiques doivent être commises de façon "intentionnelle" pour que la responsabilité pénale de l'auteur soit engagée. Le caractère intentionnel est un élément très important dans la détermination de la responsabilité pénale en raison de l'implication des prestataires de services (Mupili,2016).

Eu égard à ces trois premiers éléments constitutifs d'infraction, dans le droit pénal classique, il faut ajouter un quatrième élément qui les supplante tous : c'est l'élément évaluant, l'élément axiologique.

C'est à ce niveau que la psychologie pénale intervient. Chaque infraction apparaît donc comme l'expression d'une valeur et d'une contre-valeur. Il est très éclairant pour le juge qui se trouve devant les infractions informatiques dont on décrit l'absence d'un cadre légal et réglementaire peut se servir de la valeur sociale protégée.

La question qu'on peut se poser est de savoir quel intérêt de cet élément évaluant ?

L'intérêt de l'élément évaluant réside dans le fait qu'il éclaire l'interpellation et l'analyse de l'ensemble de l'infraction. Quand on connaît la valeur protégée d'une infraction, on se fixe ainsi un cadre d'analyse et d'interprétation de l'infraction conforme à la volonté du législateur au domaine qu'il a délimité. Ceci relève du domaine non seulement de la philosophie du droit mais aussi de la théorie du Droit.

La question fondamentale est notamment celle de savoir comment classifier les cybercriminels ? Telle est la pierre de touche des lignes suivantes.

*1.3.3 .C*lassification des cybercriminels

Le stéréotype du cyberdélinquant dans l'imaginaire populaire reste celle d'un Adam MITNIK violant le système de sécurité de la NSA. Un programmeur informatique génial, bidouilleur curieux qui n'a d'autre but que de faire évoluer ses connaissances et celles des autres en décelant les vulnérabilités des systèmes réputés inviolables (https:// news.bbc.co.uk).

Bien qu'il n'y ait pas de portrait-robot du cybercriminel, le service interministériel français chargé de la sécurité des systèmes informatiques, présente une classification assez fiable de cette population que nous reprendrons à notre compte. Il s'agit de pirates, des fraudeurs , des espions et des terroristes.

- Les pirates

Kalina(2014) distingue dans cette catégorie les deux profils distincts en fonction de leur motivation et de leurs méthodes utilisées :

- Le hacker

Pour Alix Desforges et Enguerrand Deterville (2014), ce terme anglais désigne le pirate informatique. La notion se décline du « hacker éthique », celui qui teste légitimement la résistance des réseaux, au cybercriminel.

Il est individu curieux, qui cherche à se faire plaisir. Pirate par jeu ou par défi, il ne nuit pas intentionnellement et possède souvent un code d'honneur et de conduite. Plutôt jeune, avec des compétences non négligeables, il est patient et tenace.

- Le cracker

Pour Kalina(2014),le cracker est plus dangereux que le hacker. Il cherche à nuire et montrer qu'il est le plus fort. Souvent mal dans sa peau et dans son environnement, il peut causer de nombreux dégâts en cherchant à se venger d'une société - ou d'individus - qui l'a rejeté ou qu'il déteste. Il veut prouver sa supériorité et fait partie de clubs où il peut échanger des informations avec ses semblables.

Les pirates possèdent rarement des moyens importants : assez fréquemment, il s'agira d'un micro-ordinateur associé à un modem ou à un minitel, sauf s'ils utilisent des relais pour perpétrer leurs attaques. Leur population, tend à s'accroître car les compétences en informatique se répandent et les Systèmes Informatiques sont de plus en plus nombreux. Les pirates communiquent par l'intermédiaire des revues spécialisées et vont jusqu'à s'organiser en clubs comme le Chaos Computer Club.

➢ Fraudeurs

Selon Kalina(2014) tout dépend de la manière d'opérer, les fraudeurs se répartissent en deux catégories avec des compétences similaires :

❖ fraudeur interne

Il possède de bonnes compétences sur le plan technique, il est de préférence informaticien et sans antécédents judiciaires. Il pense que ses qualités ne sont pas reconnues, qu'il n'est pas apprécié à sa juste valeur. Il veut se venger de son employeur et chercher à lui nuire en lui faisant perdre de l'argent. Pour parvenir à ses fins il possède les moyens mis à sa disposition par son entreprise qu'il connaît parfaitement.

❖ fraudeur externe

Il bénéficie presque toujours d'une complicité, volontaire ou non, chez ses victimes, il cherche à gagner de l'argent par tous les moyens. Son profil est proche de celui du malfaiteur traditionnel. Parfois lié au grand banditisme, il peut attaquer une banque, falsifier des cartes de crédit ou se placer sur des réseaux de transfert de fonds, et si c'est un particulier il peut vouloir fausser sa facture d'électricité ou de téléphone.

➢ Espions ou Cyberespions

Ils travaillent pour un État ou pour un concurrent. Choisis pour leur sang-froid et leur haut niveau de qualification, ils sont difficiles à repérer.

❖ Espion d'État

On entend par un espion de l'Etat, un professionnel, entraîné, rompu à toutes les techniques, il dispose de nombreux moyens d'attaque et d'une importante puissance de calcul. Il peut aller jusqu'à acquérir, légalement ou non, une copie du système qu'il veut attaquer pour l'analyser et l'étudier sous toutes ses coutures. Il est patient et motivé. Il exploite les vulnérabilités les plus enfouies d'un Système Informatique car elles seront les plus difficiles à détecter et il pourra les utiliser longtemps. Il sait garder le secret de sa réussite pour ne pas éveiller les soupçons et continuer son travail dans l'ombre.

Les Cyberespions, eux réalisent des intrusions afin de s'approprier des informations stratégiques et économiques. Ces attaques sont principalement commanditées par des Etats, alliés ou non de la RDC. En parallèle, le cyberespionnage économique *(vol de données par un concurrent)* constitue aussi une menace majeure.

❖ Espion privé

On entend par un espion privé, un ancien espion d'État reconverti, il a moins de moyens mais aussi une bonne formation.

➢ Cyberterroristes ou "hacktivistes"

Moins courant, le cyberterrorisme est aidé dans sa tâche par l'interconnexion et l'ouverture des réseaux. Un terroriste est très motivé, il veut faire peur et faire parler de lui. Ses actions se veulent spectaculaires accompagnées toujours par la terreur. L'étude des éléments constitutifs de l'infraction informatique démontre à quel point les technologies nouvelles bousculent les outils traditionnels d'appréhension de la criminalité.

A ce jour, il n'y a aucun consensus sur une définition légale mondiale du terrorisme sauf en survolant plusieurs définitions du terrorisme, il y a deux éléments à retenir à savoir : d'une part, un acte infractionnel pour provoquer la terreur ou la peur, et d'autre part, toute revendication auprès des pouvoirs publics et privés pour les pousser à faire ou à ne pas faire.

Dans le monde virtuel, les cyberterroristes sont animés par des idéologies extrémistes, qui utilisent Internet, de manière plus intensive depuis quelques mois, comme une tribune et un moyen de radicalisation. Ils font recours, par exemple, à des forums islamiques dédiés et de plus en plus sécurisés compte-tenu du niveau technique élevé de leurs développeurs, pour diffuser leur propagande, recruter et échanger des informations opérationnelles. Suite au *"Printemps arabe"*, la propagande islamiste s'est aussi répandue via les réseaux sociaux, tels Facebook, Twitter et Youtube, chaque groupe armé et chaque brigade possédant désormais un compte qu'il alimente par "l'actualité" en provenance du terrain. Ces cyberterroristes se distinguent par des cyberattaques contre les sites importants de l'Etat soit des entreprises publiques que privées pour pousser l'autorité publique à faire ou à ne pas faire selon leurs revendications.

Il est important de préciser la classification de la cybercriminalité dans les pages qui suivent.

1 .3.4. La classification de la cybercriminalité

La classification, communément admise, est celle qui fut proposée par l'institut Stamford en 1976 qui distingue deux sous catégories de cybercriminalité : la cybercriminalité où l'informatique est l'objet du délit, et la cybercriminalité où l'informatique est le moyen du délit. La première de ces sous catégories encore appelée "délit informatique stricto sensu visent toute atteinte à la sécurité des systèmes et réseaux informatiques ou des données informatiques (www.l'investigateur.info).

Selon la section I de la convention de Budapest qui reprend cette classification les atteintes à la sécurité des réseaux et des données informatiques recouvrent notamment les actes déviants suivants :

a) L'accès illégal ;

b) L'interception illégale de donnée ;

c) L'atteinte à l'intégrité du système ;

d) L'atteinte à l'intégrité des données ;

e) L'abus de dispositif ;

f) La falsification informatique ;

g) La fraude informatique.

La deuxième sous-catégorie concerne la cybercriminalité où l'informatique n'est qu'un moyen de commission d'une infraction classique. Il s'agit de la commission d'infractions classiques qui se retrouvent grandement facilitées par la rapidité, l'anonymat qu'offrent les nouvelles technologies de l'information.

Il s'agira entre autres, sans que cette liste ne soit considérée comme exhaustive, du chantage, du vol, de l'escroquerie, du sabotage ou de l'espionnage.

Ce point aborde sans plus des détails sur la catégorie des actes déviants dont les T.I.C sont l'objet des cyberdélits et sur la catégorie des actes déviants dont les T.I.C sont des moyens pour faciliter la commission de cyberdélit.

1.3.4.1. La catégorie des actes déviants dont les TIC sont l'objet des cyberdélits

Cette catégorisation tirée de la Convention de Budapest fait partie du droit pénal matériel dont la justice a besoin pour faire face au défi juridique provoqué par le défi de l'évolution technologique. C'est ainsi que « 1.la section 1 de la Convention (articles 2 à 13) a pour objet d'améliorer les moyens de prévenir et de réprimer la criminalité informatique en fixant une norme minimale commune permettant d'ériger certains actes en infractions pénales.

J'évoque l'accès illégal, l'interception illégale de données informatique, l'atteinte à l'intégrité des données informatiques, l'atteinte à l'intégrité du système, les abus de dispositif, la falsification ou le faux informatique et la fraude informatique.

- Accès illégal

Il y a un accès illégal au sens de l'article 2 de la convention *«l'accès intentionnel et sans droit à tout ou partie d'un système informatique»*, *«infraction commise soit en violation des mesures de sécurité, dans l'intention d'obtenir des données informatiques ou dans une autre intention délictueuse, ou soit en relation avec un système informatique connecté à un autre système informatique».*

A noter que l'élément matériel de l'infraction est «le forçage d'un dispositif d'accès sécurisé» et l'élément moral, c'est la conscience de s'affranchir de l'autorisation du maître du système

L'accès ou le maintien «frauduleux» est un délit intentionnel. L'intention résulte en l'espèce de la conscience de s'introduire dans un espace privé, sans droit, ni autorisation préalable du Maître du système (Rapport explicatif de la convention n°51).

Dans la plupart des cas l'élément moral s'induira aisément a posteriori du mobile de l'intrus.

L'Ordonnance-loi n°23/010 du 13 mars 2023 portant code du numérique en RDC le qualifie « de l'accès et du maintien illégal » en disposant à son article 332 que : « *Quiconque accède ou se maintient intentionnellement et sans droit, dans l'ensemble ou une partie d'un système informatique, avec une intention frauduleuse est puni d'une peine de servitude pénale de trois à cinq ans et d'une amende de cinquante millions à cent millions de francs Congolais ou de l'une de ces peines seulement.»*

Il y a aussi l'interception illégale de données informatiques à signaler.

- Interception illégale de données informatiques

Il y a l'infraction d'interception illégale au sens de l'article 3 de la convention, *"l'interception intentionnelle et sans droit, effectuée par des moyens techniques, de données informatiques, lors de transmissions non publiques, à destination, en provenance ou à l'intérieur d'un système informatique, y compris les émissions électromagnétiques provenant d'un système informatique transportant de telles données informatiques".*

Notons que l'élément matériel, est l'interception non autorisée de la communication vise de capter, d'enregistrer, de détourner des communications à destination au sein d'un système informatique et la collecte non autorisée de données nominatives qui consiste à recueillir, rassembler et enregistrer les données recueillies après leur interception ainsi que son élément moral auquel il s'agit ici du « *caractère frauduleux, déloyal, illégal*» du moyen utilisé pour la commission de l'infraction.

L'Ordonnance-loi n°23/010 du 13 mars 2023 portant code du numérique en RDC réprime l'interception illégale des données informatiques en la qualifiant « des atteintes aux données d'un système informatique » à l'article 334 : « *est puni d'une servitude pénale de cinq à dix ans et d'une amende de cinquante à cent millions de franc Congolais, celui qui intercepte, divulgue, utilise, altère ou détourne intentionnellement et sans droit par des moyens techniques, des données lors de leur transmission non publique à destination ,en provenance ou à l'intérieur d'un système informatique, y compris les émissions électromagnétiques provenant d'un système informatique transportant de telles données. »*

Constitue aussi une infraction l'atteinte à l'intégrité des données informatiques.

➢ Atteinte à l'intégrité des données informatiques

L'article 4 de la convention incrimine le "*fait, intentionnel et sans droit, d'endommager, d'effacer, de détériorer, d'altérer ou de supprimer des données informatiques, la répression de l'infraction peut être conditionnée à la réalisation de «dommages sérieux*».

De ce point de vue, l'infraction d'atteinte à l'intégrité des données peut se recouper avec celle d'atteinte à l'intégrité du système. Malgré tout, la convention en fait deux incriminations distinctes pour tenir compte de l'ampleur des conséquences, car l'endommagement d'un système est autrement plus préjudiciable que celle d'un fichier.

Au terme des principes directeurs fixés par la convention, l'élément matériel de l'infraction d'atteinte à l'intégrité des données peut résulter de : l'endommagement, la détérioration, l'effacement, la suppression ou l'altération des données informatiques.

L'élément moral sera établi si d'une part, la personne a « agi sans droit », et d'autre part, si elle a agi intentionnellement dans la volonté de nuire.

Je signale en outre comme infraction l'atteinte à l'intégrité du système.

➢ Atteinte à l'intégrité du système

L'article 5 de la Convention définit l'atteinte à l'intégrité du système : *«l'entrave grave, intentionnelle et sans droit, au fonctionnement d'un système informatique, par l'introduction, la transmission, l'endommagement, l'effacement, la détérioration, l'altération et la suppression de données informatiques»*. Cette disposition vise expressément le sabotage informatique. Elle entend réprimer l'entrave intentionnelle à l'usage légitime de systèmes informatiques, y compris de systèmes de télécommunications, en utilisant ou en influençant des données informatiques.

L'intérêt juridique protégé par cette incrimination est la disponibilité des systèmes informatiques pour les usagers et les exploitants. Il s'agit d'une véritable menace et attaque de réseaux informatiques.

L'élément matériel, c'est l'entrave par "introduction ou transmission" des programmes hostiles et L'élément moral, c'est Idem que le précédent.

En RDC, l'article 337 de l'Ordonnance-loi n°23/010 du 13 mars 2023 portant code du numérique dispose que : « *est puni d'une servitude pénale de cinq à dix ans et d'une amende de deux cents millions à deux cent cinquante millions de franc Congolais ou de l'une de ces peines seulement, celui qui, intentionnellement et sans droit, directement ou indirectement, provoque par tout moyen technologique une interruption du fonctionnement normal d'un système informatique. »*

Il convient de signaler les abus de dispositif au point suivant.

➢ Abus de dispositif

Un abus de dispositif au sens de l'article 6 de la convention : « "*a. la production, la vente, l'obtention pour utilisation, l'importation, la diffusion ou d'autres formes de mise à disposition i. d'un dispositif, y compris un programme informatique, principalement conçu ou adapté pour permettre la commission de l'une des infractions établies conformément aux articles 2 – 5 ci-dessus ; ii. d'un mot de passe, d'un code d'accès ou des données informatiques similaires permettant d'accéder à tout ou partie d'un système informatique dans l'intention qu'ils soient utilisés afin de commettre l'une ou l'autre des infractions visées par les articles 2 – 5 ; et b. la possession d'un élément visé aux paragraphes (a) (1) ou (2) ci- dessus dans l'intention qu'il soit utilisé afin de commettre l'une ou l'autre des infractions visées par les articles 2 – 5. Une Partie peut exiger en droit interne qu'un certain nombre de ces éléments soit détenu pour que la responsabilité pénale soit engagée".*

L'article 6 ne saurait être interprété comme imposant une responsabilité pénale lorsque la production, la vente, l'obtention pour utilisation, l'importation, la diffusion ou d'autres formes de mise à disposition mentionnées au paragraphe 1 du présent article n'a pas pour but de commettre une infraction établie conformément à l'Article 2 à 5 de la présente Convention, comme en cas d'essais autorisés ou de protection d'un système informatique ».

Chaque Etat peut se réserver le droit de ne pas appliquer le paragraphe 1 du présent article, à condition que cette réserve ne porte pas sur la vente, la distribution ou toute autre mise à disposition des éléments mentionnés au paragraphe 1 (a)(2).

Par la convention, l'élément matériel, ce sont d'une part, la diffusion de programmes ou d'outils conçus en vue de la commission d'une infraction informatique et d'autre part, la possession ou la détention de programmes ou d'outils conçus en vue de la commission d'une infraction informatiques. Le fait de détenir ou de posséder indûment des mots de passe, des codes d'accès ou des données informatiques permettant d'accéder à tout ou partie d'un système informatique dans l'intention qu'ils soient utilisés afin de commettre une infraction informatique.

L'élément moral selon le texte du principe directeur vise expressément le fait de diffuser ou de posséder "sans droit" et de "façon intentionnelle" des programmes ou outils permettant la commission d'infractions informatiques.

En RDC, l'article 338 de L'Ordonnance-loi n°23/010 du 13 mars 2023 portant code du numérique dispose que : « *Quiconque aura, intentionnellement et sans droit, produit, vendu ,importé, exporté, diffusé ou mis à disposition sous une autre forme, un quelconque dispositif ou équipement électronique ,y compris des données ou des programmes informatiques, principalement conçu ou adapté pour permettre la commission d'une ou plusieurs infractions prévus dans la présente ordonnance-loi, sera puni d'une peine de servitude pénale de deux à cinq ans et d'une amende de deux cents cinquante millions à cinq cents millions de francs Congolais ou de l'une de ces peines seulement* ».

La falsification ou le faux informatique constitue un infraction à ne pas ignorer.

- Falsification ou faux informatique

L'article 7 de la convention incrimine, *"l'introduction, l'altération, l'effacement ou la suppression intentionnels et sans droit de données informatiques, engendrant des données non authentiques, dans l'intention qu'elles soient prises en compte ou utilisées à des fins légales comme si elles étaient authentiques, qu'elles soient ou non directement lisibles et intelligibles".*

L'élément matériel ce sont d'une part, l'introduction, l'altération, la modification, l'effacement non autorisée de données

L'introduction" non autorisée des données exactes ou inexactes crée une situation qui correspond à la fabrication d'un faux document. Il en ira ainsi de la fabrication d'un faux numéro de carte bancaire qui permettant malgré tout de retirer de l'argent dans un distributeur automatique de billet[1]authentique et d'autre part, la modification des effets juridiques attachés au contenu

Ces manipulations doivent avoir pour conséquences, de fausser l'appréciation d'une situation juridique. Le terme « à des fins légales » dans le texte de la convention, vise également à des transactions et documents juridiques qui sont légalement pertinents. Il en sera notamment ainsi, de l'imitation ou de la falsification d'une signature électronique qui créerait des effets indus à l'égard du véritable titulaire de la signature ou de la suppression, la modification d'un e-mail ou de tout autre document contractuel transmis par la voie électronique qui serait susceptible de modifier radicalement l'issue d'un procès.

---

[1]] L'opération de police judiciaire lancée le 06 mai dernier, sous le de code de "*Callidus*", dans huit pays de l'Union européenne (Italie, Suède, Danemark, Pologne, Norvège, Malte, Pays-Bas et France) contre la pédopornographie sur Internet, procède de cette logique. Conduite par les dix membres de l'atelier COSPOL-Cybercriminalité (*Compréhensive Opérationnel Stratégie Plan for Police*) : Italie, Suède -pays pilote-, Irlande, Royaume-Uni, Danemark, Pologne, Norvège, Malte, Pays-Bas et France) et soutenue par Europol et Interpol, l'opération compte une centaine « d'objectifs ». Consulter le compte rendu sur http://cyberpolice.over-blog.com/index_blog.php

L'élément moral, c'est l'intention frauduleuse ou le dessein de nuire étant déductible de la conscience de fausser l'appréciation juridique d'un document.

En RDC, l'Ordonnance-loi n°23/010 du 13 mars 2023 portant code du numérique à son article 339 précise que : « *Quiconque commet un faux en introduisant, intentionnellement et sans droit, dans un système informatique ou un réseau de communication électronique, en modifiant, en altérant ou en effaçant des données qui sont stockées, traitées ou transmises par un système informatique ou un réseau de communication électronique ,et par là modifie la portée juridique de telles données, est puni d'une servitude pénale de trois à cinq ans et d'une amende de vingt millions à cinquante millions de franc Congolais, ou l'une de ces peines seulement* ».

La fraude informatique est répréhensible qu'il faut bien le souligner dans les lignes suivantes.

➢ Fraude Informatique

Il y a une fraude informatique au sens de la convention, "*le fait intentionnel et sans droit de causer un préjudice patrimonial à autrui par :*

a) *l'introduction, l'altération, l'effacement ou la suppression de données informatiques,*

b) *toute forme d'atteinte au fonctionnement d'un système informatique, dans l'intention, frauduleuse ou délictueuse, d'obtenir sans droit un bénéfice économique pour soi-même ou pour autrui*". La révolution technologique a multiplié les possibilités de commettre des infractions économiques telle que la fraude, notamment l'escroquerie aux cartes de crédit. Les actifs représentés ou gérés par des systèmes informatiques (fonds électroniques, dépôts) sont devenus la cible de manipulations au même titre que les formes traditionnelles de propriété.

Les infractions informatiques étudiées plus haut (accès illégal, interception illégale, atteinte à l'intégrité des données, atteinte à l'intégrité du système, falsification informatique) vont être dictées dans la plupart par la volonté d'en tirer un gain indu au détriment de celui qui en est la victime.

L'incrimination de fraude informatique vise non pas la protection du système en tant que tel mais la protection de la propriété d'autrui. Elle a pour vocation de sanctionner toute manipulation informatique visant un transfert illicite de propriété. De ce point de vue, cette infraction couvre une bonne partie de l'activité criminelle informatique (rapport explicatif n°91).

L'élément matériel fait allusion à :

-L'introduction, l'altération, l'effacement ou la suppression de données informatiques,

(Voir infra chapitre "Atteinte à l'intégrité des données «Chapitre 6 "Falsification ou faux informatique")

- L'atteinte au fonctionnement d'un système informatique

(Voir infra Chapitre "L'atteinte l'intégrité du système")

-Le préjudice causé à autrui sans droit

Les manipulations informatiques frauduleuses ne sont incriminées ici que si elles occasionnent directement à autrui, un préjudice économique ou matériel et si le délinquant a précisément agi dans l'intention d'obtenir un avantage économique illégitime pour lui-même ou pour autrui. L'expression 'préjudice économique ou matériel' correspond à une notion très large qui englobe l'argent, les immobilisations corporelles ou incorporelles ayant une valeur économique. L'infraction doit être commise "sans droit", et l'avantage économique doit être obtenu sans droit.

L'élément moral est d'apprécier la volonté d'obtenir un avantage indu pour soi ou pour autrui.

L'infraction doit être commise «intentionnellement» avec pour but de porter illégitimement atteinte à la propriété d'autrui. Il en sera ainsi de la plupart des infractions informatiques motivées par l'appât du gain. On pense notamment à la fabrication de la fausse carte de crédit, de l'escroquerie en ligne ou simplement du téléchargement non autorisé de fichiers musicaux sur internet.

En droit positif congolais, l'ordonnance-loi portant code du numérique à son article 340 dispose que : « Quiconque aura, intentionnellement et sans droit, causé ou cherché à causer préjudice à autrui avec l'intention de procurer un avantage économique illégal à soi-même ou à un tiers, sera puni d'une peine de servitude pénal de cinq à dix ans et d'une amende de cinquante à cent millions de franc congolais :

1. S'il a introduit sans système informatique, en modifiant, altérant ou effaçant les données qui sont stockées, traitées ou transmises par un système informatique ;

2. S'il perturbe le fonctionnement normal d'un système informatique ou des données y contenues. »

Il convient de signaler les infractions classiques facilitées par les TIC au points suivant.

1.3.4.2. Les infractions classiques facilitées par les TIC

Il s'agit de délits traditionnels adaptés à l'évolution des nouvelles technologies. Leur commission ne nécessite pas en soi, le recours à des réseaux électroniques, mais leur utilisation a pour effet d'en démultiplier l'ampleur et l'efficacité, tout en conférant à l'auteur l'assurance d'un anonymat certain. Cette mutation criminologique incline le législateur à revoir les définitions de ces délits soit de renforcer son régime répressif pour sanctionner efficacement ces comportements déviants des nouvelles technologies.

Sans examen approfondi, on passe en revue les atteintes aux personnes, les atteintes aux biens et les atteintes aux institutions de l'Etat.

➢ Atteintes aux personnes

Ce sont les infractions ayant pour objet les données à caractère personnel et autres infractions ordinaires contre la personne mais dont la commission est rendue possible par la rapidité, l'ubiquité et l'anonymat qu'offrent les T.I.C. Les atteintes aux personnes sont traditionnellement les atteintes aux mineurs et à la vie privée et le racisme, la xénophobie et autres atteintes aux personnes. On peut les citer comme :les injures ,les diffamations ,les faux bruits, la pédopornographie, l'incitation à la haine, la xénophobie, le racisme, l'atteinte à la vie privée ont trait à la santé, à la sexualité ou aux histoires de famille, le droit à l'image.

Le droit congolais garantit le respect à la vie privée depuis la Constitution jusqu'à la loi. L'article 31 de la Constitution de la RDC dispose que : « Toute personne a droit au respect de sa vie privée et au secret de la correspondance, de la télécommunication ou de toute autre forme de communication. Il ne peut être porté atteinte à ce droit que dans les cas prévus par la loi ». Elle est complétée par l'article 52 de la loi cadre n°013/2002 du 16 octobre 2002 sur les télécommunications qui insiste sur la protection de correspondance privée : « le secret de correspondances émises par la voie de télécommunications est garanti par la loi. Il ne peut être porté atteinte à ce secret que par l'autorité publique, dans les seuls cas de nécessité d'intérêt public prévus par la loi et dans les limites fixées par celle-ci ». Par ailleurs,« L'exploitant public, les exploitants concessionnaires des services publics de télécommunications et les autres fournisseurs du service de télécommunications ainsi que les membres de leur personnel, sont tenus de respecter le secret des communications. »(Article 53, idem). Ensuite l'article 54 de la loi complète : « sont interdits: l'interception, l'écoute, l'enregistrement, la transcription et la divulgation des correspondances émises par voie des télécommunications, sans autorisation préalable du Procureur Général de la République; l'émission des signaux d'alarme, d'urgence ou de détresse, faux ou trompeurs; l'émission des signaux et communications de nature à porter atteinte à la sûreté de l'Etat ou qui seraient contraires à l'ordre public ou aux bonnes mœurs ou qui constitueraient un outrage aux convictions d'autrui ou une offense à l'égard d'un Etat étranger » . Les autres modalités sont bien précisées par les articles 55, 56, 57, 58, 59, 60. La loi-cadre sus-évoquée réprime un certain nombre de comportements à l'occasion de l'usage des télécommunications. Cette répression est prévue aux articles 69, 70, 71, 72, 73, 74, 75, 76, 77, 78 et 79.

Ce qu'il faut bien voir, c'est l'atteinte aux biens constitue une infraction.

➢ Atteintes aux biens

Il s'agit de la cybercriminalité qui porte atteinte directement aux biens sur le plan de la qualité ou la quantité .Voici quelques cas : les nouvelles formes d'appropriation frauduleuse facilitées par les technologies de l'information, le transfert frauduleux de fonds, le vol de temps machine, le téléchargement non autorisé, les formes de l'escroquerie en ligne

- Nouvelles formes d'appropriation frauduleuse facilitées par les technologies de l'information

Le rapport explicatif de la convention apporte une lumière très importante sur le vol de données informatiques et l'infraction traditionnelle de vol qui repose sur la soustraction des biens meubles surtout quantifiables alors que le terme générique de vol des données recouvre plusieurs situations distinctes faisant référence à l'appropriation frauduleuse de données. C'est notamment le cas de la copie sans autorisation de fichiers ou données. Le terme couvre aussi la lecture sans autorisation du fichier. Pour se faire, dans le sens classique l'utilisation du terme vol est juridiquement impropre car s'agissant de données immatérielles, elles ne peuvent faire l'objet d'une soustraction au sens traditionnel du terme. Ici, la victime ne perd rien matériellement. Ce qu'il perd, c'est simplement la possession exclusive des données.

Actuellement en France, le vol, selon « les articles L. 311-1 et suivants du code pénal qui disposent du vol, à savoir la soustraction frauduleuse de la chose d'autrui, sont susceptibles d'appréhender les biens immatériels dans la mesure où le code pénal considère comme tel la soustraction frauduleuse d'énergie. Toutefois, le texte de l'article L. 311-2 énonce que celle-ci est assimilée au vol et donc qu'il ne s'agit pas exactement de vol. En effet, s'agissant d'informations ou de données, cibles privilégiées des mécanismes viraux malicieux, la solution est toute autre.

Le droit pénal appréhende correctement le vol d'information à travers le vol de son support, qu'il s'agisse d'une soustraction de la chose permanente ou qu'il s'agisse d'une appréhension frauduleuse pendant le temps nécessaire à la reproduction de l'information (Cass.crim, « Logabax » 8janvier 1979).

Mais le vol d'information, lui, est encore inconnu car, si des arrêts ont pu laisser penser le contraire (Cass.crim 12janvier 1989,Bull,crim n°14), le vol ne s'applique qu'à une chose « matérielle susceptible d'appréhension [physique] par l'auteur du vol » et le « vol d'information » ne peut être appréhendé par la loi pénale qu'à travers le vol de son support matériel. » (CA. Grenoble 04 mai 2000).

Par conséquent, ni le « vol » de temps machine, ni le « vol » de bande passante ne peut être appréhendé par cette disposition.

Il y a aussi le transfert frauduleux de fonds à souligner.

- Transfert frauduleux de fonds

Larguier évoque ainsi le vol dans le cas de transfert frauduleux de fonds, c'est à dire la possibilité de détourner des fonds en manipulant l'ordinateur d'une banque ou d'un organisme financier afin qu'il crédite indûment un "compte bidon" ouvert au nom du cyberdélinquant; ou encore le fait de se faire délivrer des fonds grâce à une fausse carte de crédit(cité par Mupili,2016).

Il est important de signaler le vol de temps machine dans les pages suivantes.

❖ Vol de temps machine :

On évoque également le vol à propos de l'utilisation frauduleuse de la machine d'autrui. C'est notamment le cas lorsque des pirates après une intrusion prennent le contrôle d'une machine et s'en servent à l'insu du propriétaire légitime pour réaliser des attaques contre des machines cibles (Article 313.1 Code pénal français).

Les lignes ci-dessous évoquent le téléchargement non autorisé comme une infraction.

❖ Téléchargement non autorisé

On évoque encore le vol à propos de téléchargement non autorisé de logiciels.

Toutes ces hypothèses traduisent de nouvelles tendances du transfert illicite de propriété. Elles ne peuvent en principe être juridiquement assimilées au vol, en raison du principe de légalité qui postule à une interprétation stricte et rigoureuse de la loi pénale.

Quelles sont les formes de l'escroquerie en ligne ?

❖ Les formes de l'escroquerie en ligne :

Il s'agit du social engineering ou l'usage de fausse qualité en ligne, du *Scam* ou 419, le phishing, le Cyberjeux : Loterie internationale en ligne, l'usurpation d'identité et hameçonnage. La fraude à la carte bancaire, l'abus de confiance en ligne, l'extorsion des fonds et le chantage en ligne, la menace de divulgation des vulnérabilité et des données à caractère personnel, la menace d'atteinte au système, des atteintes à la propriété intellectuelle en ligne, les atteintes aux institutions de l'Etat

- Le social engineering ou l'usage de fausse qualité en ligne. Le terme d'«ingénierie sociale» (en anglais «*social engineering*») désigne l'art de manipuler des personnes afin de contourner des dispositifs de sécurité. Il s'agit ainsi d'une technique consistant à obtenir des informations de la part des utilisateurs par téléphone, courrier électronique, courrier traditionnel ou contact direct. L'ingénierie sociale est basée sur l'utilisation de la force de persuasion et l'exploitation de la naïveté des utilisateurs en se faisant passer pour une personne de la maison, un technicien, un administrateur, etc.[2]

  Il y a aussi le *Scam* ou 419.

[2]En Grande Bretagne, une enquête de AOL UK révèle un de taux de 1 britannique sur 20, soit 2000 internautes ont subi une perte financière consécutive à cette arnaque

- Le *Scam* ou 419. Le «*Scam*» («*ruse*» en anglais), est une pratique frauduleuse d'origine africaine, consistant à extorquer des fonds à des internautes en leur faisant miroiter une somme d'argent dont ils pourraient toucher un pourcentage. Cette arnaque est issue du Nigeria. Ce qui lui vaut également l'appellation «419» en référence à l'article du code pénal nigérian réprimant ce type de pratique. L'arnaque est classique : vous recevez un courrier électronique de la part du seul descendant d'un riche africain décédé il y a peu. Ce dernier a déposé plusieurs millions de dollars dans une compagnie de sécurité financière et votre interlocuteur a besoin d'un associé à l'étranger pour l'aider à transférer les fonds. Il est d'ailleurs prêt à vous reverser un pourcentage non négligeable si vous acceptez de lui fournir un compte pour faire transiter les fonds[3] .

En répondant à ce type de message l'internaute, s'enferme dans un cercle vicieux pouvant lui coûter quelques centaines d'euro s'il mord à l'hameçon et même la vie dans certains cas.

J'évoque aussi le phishing au point suivant.

- *Le phishing* (contraction des mots anglais «*fishing*», en français pêche, et «*phreaking*», désignant le piratage de lignes téléphoniques) est une technique frauduleuse utilisée par les pirates informatiques pour récupérer des informations (généralement bancaires) auprès d'internautes. La technique du *phishing* est une technique d'«ingénierie sociale» c'est-à-dire consistant à exploiter non pas une faille informatique mais la «faille humaine» en dupant les internautes par le biais d'un courrier électronique semblant provenir d'une entreprise de confiance(www.e-prevention.org).

Le mail envoyé par ces pirates usurpe l'identité d'une entreprise (banque, site de commerce électronique, etc.) et les invite à se connecter en ligne par le biais d'un lien et de mettre à jour des informations les concernant dans un formulaire d'une page web factice aux couleurs du site original en prétextant par exemple une mise à jour du service, une intervention du support technique, etc. Dans la mesure où les adresses électroniques sont collectées au hasard sur Internet, le message a généralement peu de sens puisque l'internaute n'est pas client de la banque de laquelle le courrier semble provenir. Mais sur la quantité des messages envoyés il arrive que le destinataire soit effectivement client de la banque. Ainsi, par le biais du formulaire, les pirates réussissent à obtenir les identifiants et mots de passe des internautes ou bien

[3]Voir à ce sujet, communiqué de presse du forum des droits sur l'Internet, 27 janvier 2005, "Le phishing une nouvelle arnaque sur Internet, première condamnation en France", disponible à l'adresse www.foruminternet.org Pour la décision, Affaire Rhamnacée M c/ Crédit Lyonnais et autres, TGI Paris 13 septembre 2004, disponible à la même adresse.

des données personnelles ou bancaires (numéro de client, numéro de compte en banque, etc.) (Articles 312-10 et 312-1 du Code pénal français).

Grâce à ces données les pirates sont capables de transférer directement l'argent sur un autre compte ou bien d'obtenir ultérieurement les données nécessaires en utilisant intelligemment les données personnelles ainsi collectées[4].

Il ne faut oublier le Cyberjeux : Loterie internationale en ligne .

- Cyberjeux : Loterie internationale en ligne

Il s'agit d'un jeu en ligne consistant à exploiter la cupidité de la victime[5] qui reçoit un courrier électronique indiquant qu'elle est l'heureux gagnant du premier prix d'une grande loterie d'une valeur de plusieurs (centaines de) milliers d'euro. Pour empocher le pactole il suffit de répondre à ce courrier.

Je signale au point suivant l'usurpation d'identité et hameçonnage.

❖ Usurpation d'identité et hameçonnage

Notons qu'il n'existe pas de définition universellement acceptée de ce qui constitue une usurpation d'identité. Malgré le caractère fluctuant de l'usage de cette notion, on attend communément par « usurpation d'identité » des infractions pénales qui consistent à obtenir et à utiliser de façon frauduleuse (à son insu et sans son consentement) les données personnelles d'une autre personne. Le terme « fraude de l'identité » est parfois employé comme synonyme, bien que cette notion englobe également le fait d'utiliser une fausse identité, qui n'est pas forcément réelle.

Les renseignements personnels d'une personne réelle ou fictive peuvent être utilisés à mauvais escient pour commettre de nombreux actes illicites. La présente note d'orientation ne traite cependant que des usurpations d'identité liées à la fraude. Cela peut impliquer l'appropriation frauduleuse d'informations relatives à l'identité (par exemple nom, date de naissance, adresse actuelle ou adresses antérieures) d'une autre personne à son insu et sans son consentement. Ces renseignements personnels sont ensuite utilisés pour obtenir des biens et services en son nom.

Ces types d'agissements peuvent prendre plusieurs formes comme le « phishing »,le « pharming »,le « spear phishing »,le « spoofing » ou toute autre conduite analogue visant, par exemple, à obtenir de mot de passe ou d'autres clés d'accès, souvent par le biais de courriers électroniques ou de sites web falsifiés.

---

[4]A propos du chiffre noir de la cybercriminalité, Thierry Breton, "Chantier sur la lutte contre la cybercriminalité, rapport remis au Ministre de l'intérieur le 25 février 2005

[5] AFP Tokyo 27 février 2004, également disponible à l'adresse zdnet.fr/actualites/internet/0,39020774,3943347,00.htm

L'usurpation d'identité est un véritable fléau qui touche les gouvernements, les entreprises et les citoyens. Ce phénomène mine la confiance dans les technologies de l'information.

En droit positif congolais, l'ordonnance-loi portant code du numérique dans son article 351 dispose que : « *Est puni d'une servitude pénale d'un an ou à cinq ans et d'une amende de vingt millions à cent millions de Franc congolais, quiconque usurpe, par hameçonnage, phishing ou tout autre moyen, intentionnellement et sans droit par le biais d'un système informatique, l'identité d'autrui, une ou plusieurs données permettant de s'attribuer faussement et de manière illicite l'identité d'autrui dans le but de troubler sa tranquillité, de porter atteinte à son honneur, à sa considération ou à ses intérêts.* »

Je signale la fraude à la carte bancaire.

❖ De la fraude aux cartes bancaires

L'article 353 de l'Ordonnance-loi portant code du numérique prévoit une peine de servitude pénale de deux à cinq ans et d'une amende de cinquante à cinq cents millions du Francs congolais ou l'une de ces peines seulement, le fait pour toute personne de :

« 1.*contraidire ou de falsifier une carte de paiement ou de retrait au moyen d'un ou sur un réseau de communication électronique ou un système informatique ;*

2.faire usage, en connaissance de cause, d'une carte de paiement ou de retrait contrefaite ou falsifiée au moyen d'un ou sur un réseau de communication électronique ou un système informatique ;

3 .accepter, en connaissance de cause, de recevoir un paiement au moyen d'une carte de paiement contrefaite ou falsifiée au moyen d'un ou sur un réseau de communication électronique ou un système informatique. »

Il y a aussi l'abus de confiance en ligne comme infraction.

❖ Abus de confiance en ligne

L'évolution de la jurisprudence française (Cass. Crim 30 mai 1996, Bull. Crim. 1996, n° 224, p. 625) s'est infléchie et elle a, peu à peu, reçu ces biens immatériels dans le champ de l'article L. 314-1 du Code Pénal et a admis, en premier lieu, les valeurs mobilières au titre d'un écrit constitué par l'inscription en compte, puis un numéro de carte bancaire, retenant que les « dispositions de l'article 314-1 s'appliquent à un bien quelconque et pas seulement à un bien corporel»(Cass. Crim. 14 novembre 2000, Bull. Crim. 2000, n°342, p. 1014). Toutefois, en dehors des hypothèses marginales ou une donnée a été confiée à un tiers et que celle-ci se trouve détruite par un organisme informatique viral, nous voyons mal les interactions qui pourraient exister entre l'abus de confiance et ces derniers.

Comme autre abus, il convient de signaler l'extorsion des fonds et le chantage en ligne.

❖ Extorsion des fonds et le chantage en ligne

Le chantage est défini comme le fait d'obtenir, en menaçant de révéler ou d'imputer des faits de nature à porter atteinte à l'honneur ou à la considération, soit une signature, un engagement ou une renonciation, soit la révélation d'un secret, soit la remise de fonds, de valeurs ou d'un bien quelconque.

L'article 84 Code pénal congolais dispose: « Est puni de servitude pénale de cinq à vingt ans et d'une amende qui peut être portée à deux mille zaïres celui qui a extorqué, à l'aide de violences ou de menaces, soit des fonds, valeurs, objets mobiliers, obligations, billets, promesses, quittances, soit la signature ou la remise d'un document quelconque contenant ou opérant obligation, disposition ou décharge ».Cette infraction classique peut être facilitée par les TIC et le juge appliquera la loi.

L'extorsion est définie, elle, comme le fait d'obtenir par violence, menace de violences ou contrainte soit par une signature, un engagement ou une renonciation, soit par la révélation d'un secret, soit la remise de fonds, de valeurs ou d'un bien quelconque[6].

Ces deux infractions connaissent également une fortune particulière avec l'utilisation de nouvelles technologies.

Le chantage en ligne peut prendre deux formes : la menace de révélation de failles sécuritaires ou la menace de sabotage du système.

La menace de divulgation des vulnérabilités est une infraction.

❖ La menace de divulgation des vulnérabilités.

A mesure que se développe la société de l'information les entreprises deviennent plus dépendantes des systèmes d'information pour leur fonctionnement.

Dans cette configuration la sécurité devient un critère fondamental du choix des cocontractants. Telle entreprise ou tel individu n'acceptera de commercer avec tel autre qu'à la condition que l'entrée en contact avec elle ne devienne pas un facteur de vulnérabilité.

De plus en plus, des normes et des standards de sécurité sont définis au niveau international pour garantir la fiabilité des systèmes d'information. Dans ce contexte, toutes les entreprises deviennent hypersensibles pour ne pas dire frileuses à la révélation des vulnérabilités réelles ou supposées dans leur

[6]http://www.zdnet.fr/actualites/technologie/0,39020809,39177350,00.htm

système de sécurité. En effet, une révélation de ce type est susceptible de ruiner un modèle économique[7].

Au fur et à mesure que la valeur sécuritaire se renforce comme critère essentiel de la fiabilité des entreprises opérant dans le cyberespace, les cybercriminels trouvent un moyen d'extorquer des fonds à des entreprises ou des individus en les menaçant d'atteinte à la confidentialité, à la disponibilité, ou à l'intégrité de leur système d'information.

Je parle des menaces de divulgation de données à caractère personnel.

❖ Menaces de divulgation de données à caractère personnel

"*L'affaire Universal Cd*".

Dans cette affaire un pirate agissant depuis l'Europe de l'Est, détourne sur le site universe.cd 300.000 numéro de cartes bancaires en piratant le site de *cd universe*.

Il exige 100.000 dollars en échange de la restitution de la liste des numéros. La société victime refuse de céder et, le pirate met partiellement à exécution sa menace diffuse le jour de noël 1999, 25.000 numéros de cartes bancaires sur Internet.

"*L'affaire Softbank*"

Le site japonais d'e-banking, après piratage de sa base de données, les données personnelles de 4,5 millions de ses clients sont volés. Il lui est réclamé une rançon de 28 millions de dollars.

L'affaire fait scandale au Japon, et le Président de ladite société s'excuse auprès des clients et promets des dédommagements. Les pirates seront arrêtés en février 2004.

Le point suivant porte sur la menace d'atteinte au système.

❖ Menace d'atteinte au système

"*L'affaire BetCBSPORTS.com*"

Ce site anglais de paris sportif en ligne reçoit un mail rédigé dans les termes suivants : "*Vous avez trois choix, vous pouvez négocier avec nous avant le début des attaques. Vous pouvez négocier avec nous pendant les attaques.*

Vous pouvez nous ignorer et voir couler votre business".

En juillet 2004, 3 maîtres chanteurs d'origine russe sont arrêtés. Ils sont soupçonnés d'avoir fait chanter plusieurs sites de paris en ligne aux USA, en GB et dans les caraïbes. "*L'affaire Google*"

En mars 2004, Google reçoit un mail de la part d'un individu qui avait conçu un logiciel capable de paralyser son système de publicité et de mettre à

---

[7] Communiqué du département de la justice USA, disponible à l'adresse, http ://www.usdoj.gov/usao/can/press/html/2004_03_19_bra

néant son modèle économique. Il menace de détruire l'entreprise si elle ne lui verse pas 100.000 dollars de rançon.

En outre, il propose ses services en tant que consultant en sécurité informatique. Michael B. auteur présumé sera arrêté par le FBI. Il ne se passe plus un jour sans qu'une entreprise fasse l'objet d'une tentative d'extorsion en ligne. Il y a aussi des cas des atteintes à la propriété intellectuelle en ligne comme je le signale au point suivant.

❖ Le cas spécifique des atteintes à la propriété intellectuelle en ligne

L'article 10 de la convention vise à cet effet, l'incrimination de deux situations : les atteintes à la propriété littéraire et artistique et les atteintes aux droits voisins.

- Les atteintes à la propriété intellectuelle
  - ✓ contrefaction d'écrits, de composition musicale, de destin, de peinture ou de toute autre production imprimée ou gravée ;
  - ✓ logiciel non autorisé ou contrefaisant, édition, publication ou communication d'un logiciel contrefaisant ;
  - ✓ reproduction, représentation ou diffusion d'une œuvre de l'esprit en violation de droit d'auteur ;
  - ✓ contrefaçon d'un logiciel ;
  - ✓ captation d'une œuvre cinématographique ou audiovisuelle ;
  - ✓ altération de protection d'une œuvre ;
  - ✓ abus des moyens altérants la protection d'une œuvre ;
  - ✓ suppression ou modification d'élément d'information relative au régime des droits afférents à une œuvre ;
  - ✓ abus des moyens de suppression ou de modification d'information relative à une œuvre ;
  - ✓ implantation, distribution et mise à disposition du public d'une œuvre dont l'information est supprimée ou altérée.

Que retenir des atteintes aux droits connexes à la propriété intellectuelle ?

- Les atteintes aux droits connexes à la propriété intellectuelle
  - ✓ diffusion ou reproduction d'une prestation, d'un phonogramme, d'un vidéogramme ou d'un programme réalisé sans autorisation de l'artiste ou du producteur ;
  - ✓ importation ou exportation de phonogramme ou de vidéogramme réalisé sans autorisation de l'artiste –interprète ou de de producteur ;
  - ✓ défaut de rémunération de la copie privée, de la communication publique et de télédiffusion des phonogrammes ;

- ✓ altération de la protection d'une interprétation, d'un phonogramme, d'une vidéogramme ou d'un programme ;
- ✓ atteintes aux droits garantis sur les dessins et modèles ;
- ✓ contrefaction de marques de fabrique.

Je signale les atteintes aux institutions de l'Etat au point suivant.

- ➢ Les Atteintes aux Institutions de l'Etat,,

Il y a le cyberespionnage, le fantasme du cyberterrorisme

- ❖ Du cyberespionnage

Il s'agit de l'espionnage dans le cyberespace ou en faisant recours aux TIC.

En RDC, l'Ordonnance-loi portant code du numérique à son article 371 dispose que : « Sera puni d'une servitude pénale de cinq à quinze ans et d'une amende de cinq milliards à dix milliards de Francs congolais, ou de l'une de ces peines seulement, quiconque, ayant l'intention ou sachant que l'infraction profite à un gouvernement étranger ou une entreprise étrangère, à un intermédiaire étranger, ou à un agent étranger quantifié d'espion par le biais d'un système informatique :

1.vole,ou,sans autorisation, s'approprie, prend, emporte, ou cache, ou frauduleusement, ou de façon factice, ou par supercherie, obtient soit une information de nature à porter atteinte à la sécurité et sureté de l'Etat tel que prévu par les dispositions pénales soit un secret commercial ou industriel ;

2 .sans autorisation,copie,duplique,illustre,dessine,photographie,télécharge,modifie, deetruit,photocopie,reproduit,transmet,livre,envole,adresse par courrier, communique ou cède un secret commercial etc. »

Les lignes suivantes évoquent le fantasme du cyberterrorisme

- ❖ Le "fantasme du cyberterrorisme

Le terrorisme est définit comme "*tout fait opéré en relation avec une entreprise individuelle ou collective ayant pour but de troubler gravement l'ordre public par l'intimidation ou la terreur*".

- Le terrorisme à l'ère du numérique
- Tout comme il facilite l'activité des entreprises légitimes, le cyberespace s'approche à être un formidable outil de communication pour les entreprises terroristes après l'attentat de l'Al-Qaïda aux USA.
- Les cyberattaques contre les sites des institutions publiques(le site de la CENI, des sites de la banque centrale, les sites de l'armée et de la Police).

Il me paraît important de parler des repères théoriques sur la cyberpédagogie et la cyberéducation au point ci-dessous.

1.4. Repères théoriques sur la cyberpédagogie et la cyberéducation

Sont traités ici de la pédagogie à la cyberpédagogie, de l'éducation à la cyberéducation sur la dignité humaine et enfin l'éducation et l'instruction.

1.4.1. De la pédagogie à la cyberpédagogie

Je parle de la pédagogie, la cyberpédagogie et la cyberpsychologie.

1411. De la pédagogie

L'origine de la pédagogie remonte de la présence de l'homme en société. Car, de tout temps, on a éduqué les enfants ou les humains. Ceci revient à confirmer que de tout temps il y a eu des pédagogues, c'est-à-dire, des personnes élaborant une pensée de l'éducation à partir de leur propre pratique d'éducateur (Kabala, 2022).

Il existe donc toujours, depuis que le monde est monde, des praticiens-théoriciens de l'action éducative, comme on les définit aujourd'hui. Cependant, faute d'écriture, leurs traces ont été perdues avant l'Antiquité (Vellas, www.lepole.education).

Faire l'histoire de la pédagogie, c'est devoir d'abord faire celle de la notion de «pédagogie », car celle-ci a changé de sens au cours des siècles. Tout cela est dû à l'histoire des idées, des institutions éducatives et à l'évolution des connaissances sur lesquelles les penseurs de l'éducation s'appuient.

Le mot pédagogie tire son origine de la Grèce antique « paidagogós ». Au début, le terme était composé par paidos qui signifie « enfant » et par gogía qui signifie, « accompagner, mener ou conduire ».

Dans l'Antiquité grecque, le pédagogue était une personne adulte, généralement un esclave, qui accompagnait l'enfant à l'école afin d'éviter de mauvaises rencontres. Il portait ses affaires, mais aussi lui faisait réciter ses leçons et l'aidait à faire ses devoirs. En effet, celui qui pratique la pédagogie est appelé « pédagogue ».

En tant qu'un art, la pédagogie est définie comme l'art d'éduquer, de conduire les enfants au savoir, une conception rappelant l'origine du travail du pédagogue de l'Antiquité grecque. Mais c'est Socrate (Vème siècle avant J.-C) qui est considéré comme la figure tutélaire de la naissance de la pédagogie.

En tant que science, au-delà de multiples définitions que l'on peut retrouver, la pédagogie est définie comme la science ayant pour objet, l'éducation. Elle rassemble les méthodes et pratiques d'enseignement requises pour transmettre un savoir (connaissances), un savoir-faire (capacités) ou un savoir-être (attitudes).

La pédagogie de la modernité a été fondée (le père) par Comenius. Il composa sa Didactica Magna (Grande Didactique) entre 1628-1632. Il donna à la pédagogie la définition suivante : un art universel de tout enseigner à tous.

D'après Cuq cité par Masandi (2021), l'étymologie du mot pédagogie est d'origine grecque et signifie « le fait de conduire l'enfant à l'école », puis de le diriger ; au sens éducatif du mot, le terme actuel s'est considérablement éloigné pour prendre des valeurs d'extension diverses, parmi lesquelles on peut distinguer quatre niveaux principaux de signification :

- Dans la vie quotidienne, la pédagogie est la caractéristique de celui qui est pédagogue, qu'il soit enseignant institutionnel ou pas : d'où des énoncés apparemment paradoxaux comme « cet enseignant manque de pédagogie », ou « ce technicien est pédagogue ». Être pédagogue c'est ici un comportement, appuyé sur la faculté d'expliquer, de faire assimiler certaines connaissances ou contraintes. Par rapport à ce premier niveau de signification, il ressort qu'on ne s'improvise pas pédagogue, mais qu'il s'agit plutôt de la capacité à faire assimiler des connaissances et cette capacité, cette aptitude se traduit dans le comportement. Cela nous conduit à conclure que tout enseignant n'est pas forcément pédagogue et que certains pédagogues ne sont pas nécessairement des enseignants institutionnels, tout dépendant de l'aptitude de chacun à faire assimiler des connaissances.
- Un deuxième niveau donne au terme, le sens de manières d'enseigner, qui inclut aussi bien la méthode et les techniques d'enseignement : on parlera d'une pédagogie de l'oral, de la grammaire ou de la lecture autant que des fiches pédagogiques destinées à guider l'action de l'enseignant, action est guidée par des méthodes et techniques et conçue selon la matière à enseigner. Ainsi, l'écrit ne s'enseignera pas de la même manière que l'oral, la lecture de la même manière que la dictée, etc. Être un bon pédagogue signifie alors avoir la capacité d'appliquer les méthodes et les techniques indiquées pour l'enseignement/apprentissage de telle notion.
- A un troisième niveau, pédagogie prend le sens de réflexion sur l'école, l'enseignement, l'action éducative. Ces réflexions prennent forme dans des théories pédagogiques issues de différents courants. Ici, il est question de penser l'école, son organisation, ses responsabilités, son action. Et selon la conception de chaque courant et probablement selon la société dont est issue l'école, celle-ci reçoit diverses missions et doit accomplir diverses tâches. L'action de l'école est donc évaluée en fonction des devoirs qui lui sont dévolus et des missions qu'elle est censée accomplir.

- Au quatrième niveau, le plus général, la pédagogie englobe tout ce qui a trait à l'action éducative auprès de l'enfant. Quand il s'agit d'une action orientée vers l'adulte, l'on parle de l'andragogie Le terme pédagogie est souvent précisé par des adjectifs ou des compléments de nom. Le domaine de la technique propose par exemple la pédagogie par ateliers, ou la pédagogie « expérimentale », « non directive » ou « de soutien », relèvent plutôt du domaine de la méthode, tandis que pédagogie « différenciée », « institutionnelle » ou « par objectifs » se place dans celui de la théorie.

Plusieurs auteurs, poursuit l'auteur, mettent au centre de cet ensemble de significations la relation entre enseignant et enseigné, retournant ainsi au sens étymologique.

Il est vu dans la pédagogie des savoirs positifs concernant les études, c'est-à-dire la façon pour l'enseignant de permettre aux élèves d'apprendre. Plus largement, le modèle de Legendre (1988) appelle « relations pédagogiques » les relations entre sujet en position d'apprentissage et agent (enseignant par exemple).

L'action pédagogique ne peut donc être envisagée qu'en présence de deux acteurs : l'enseignant ou guide et l'apprenant ou s'auto-éduquant.

A travers ce condensé, nous retenons que la pédagogie s'est constituée progressivement comme science. De l'empirisme tâtonnant, la pédagogie est arrivée à la systématisation scientifique. Le pédagogue, quant à lui, est passé du statut d'esclave devant accompagner l'enfant dans ses déplacements, de le conduire à l'école et de lui apprendre ses leçons à la maison au statut du maître, c'est-à-dire de l'enseignant institutionnel.

Aussi, il s'observe que ce n'est pas seulement le statut du pédagogue qui évolue et qui change positivement, mais aussi et surtout celui de l'enfant. En effet, l'enfant qui était considéré comme l'image du péché, on est arrivé, au XVIIe siècle, à l'idée d'une pureté originelle de l'enfance. Une refonte totale se fait donc sentir jusqu'à la conception de la diversité des pédagogues selon l'objectif et le milieu éducatif. Ce qui signifie que l'action pédagogique ne devait pas être conçue comme statique et identique en tout temps et en tout lieu. Elle doit plutôt tenir compte de l'objectif que s'est fixé la société en rapport avec le type d'homme à former selon le besoin de la société. Un autre élément à retenir et sur lequel nous reviendrons, c'est ce lien qui s'établit entre la pédagogie et la didactique.

D'après Masandi (2021), le terme de pédagogie a souvent été opposé ou confondu avec celui de didactique. En fait, un enseignant se doit de prendre en compte ces deux dimensions dans le processus d'enseignement-apprentissage. La didactique concerne principalement la relation maître-savoir, la transposition des concepts pour élaborer leur transmission, les démarches de l'enseignant pour identifier les obstacles liés à la discipline et leur franchissement.

La pédagogie est plus centrée sur la relation maître-élève, sur la prise en compte des facteurs inhérents à l'élève. Ces deux dimensions sont donc en constante interaction.

Selon Houssaye (2014), la pédagogie concerne l'ensemble de méthodes et de techniques d'enseignement (impositive, active...) destinées à assurer, dans les meilleures conditions possibles, la communication ou l'appropriation du savoir, en fonction des données de la psychologie et de la physiologie enfantine.

Que dire sur la cyberpédagogie?

1412. De la cyberpédagogie

Le préfixe « cyber » (emprunté à la langue anglaise) est l'abrégé de « cybernétique » servant à former des mots liés aux nouvelles techniques de communication utilisant l'Internet ; des composés en rapport avec le multimédia, le numérique, l'Internet ou le web.

Dans l'expression française, la cyberpédagogie s'appelle le téléenseignement ou l'enseignement à distance. Il s'agit d'une modalité du processus d'enseignement-apprentissage qui se caractérise par la délocalisation spatio-temporelle. C'est-à-dire l'enseignant et l'apprenant ne sont pas face à face, en plus, les cours ont lieu en différé (asynchrone).

Autrement dit, pour réaliser l'enseignement et l'apprentissage, l'on utilise les technologies de l'information et de la communication (TIC), comme l'usage des ressources mises en ligne, de forums ou de messageries électroniques (Kouatar, 2021).

De ce fait, ce type d'enseignement, appelé également télé-enseignement ou apprentissage en ligne, permet de se former sans avoir besoin de se rendre dans un établissement scolaire, supérieur ou universitaire. Il est réalisé sans la présence physique d'un enseignant. Les apprenants ont donc accès à tout moment à leurs cours sous différents formats à l'aide de l'internet.

La salle de classe étant dématérialisée, le processus d'enseignement par l'enseignant et d'apprentissage par l'apprenant se passe à travers un dispositif numérique.

Cette approche définitionnelle est restrictive de la cyberéducation qui est au-delà de l'enseignement-apprentissage de l'école car elle prend toutes les dimensions de la vie humaine et sociale.

Dans cette acception, la cyberpédagogie est comprise comme une pédagogie appliquée dans le cyberespace. Une pédagogie appropriée dans un espace où les relations humaines sont digitalisées.

Deux points ont retenu mon attention : le fondement de la cyberpédagogie d'une part, et d'autre part, la cyberpédagogie et technopédagogie.

- Fondement de la cyberpédagogie

Le fondement de la cyberpédagogie doit partir de besoin qu'a le cyberespace sur l'immoralité et la délinquance juvénile qui grandissent sans intervention pédagogique à part quelques avertissements de la répression judiciaire très timides.

Certes, le pédagogue devrait aussi connaître comment se comporte l'enfant dans le cyberespace car, la connaissance sur l'enfant doit précéder son éducation. Car certains enfants bien éduqués avec les valeurs dans le monde physique mais qui se comportent maladroitement dans le cyberespace pour raison d'imitation soit d'un libertinage retrouvé dans une nouvelle société sans surveillance des parents, sous influence d'une éducation diffuse et libertaire.

Ce besoin d'activité éducative interpelle la Pédagogie comme science à mener de façon approfondie les études pour sauver la jeunesse qui prend aussi de temps dans les échanges en ligne. L'internet offre aux êtres humains une vie dématérialisée dans le cyberespace en provoquant le mutisme et l'autisme.

L'on observe souvent deux conjoints au salon ou dans le véhicule qui passent plus temps sans dialoguer puisque l'un ou tous deux est ou sont en communications avec les internautes qui vivent au pays ou à l'étranger. L'infidélité ne demande plus que le conjoint s'absente de la maison car un silence de plus de dix minutes suffit pour accomplir son forfait par chat, par appel audio ou vidéo.

Les murs de chambres ou des clôtures des maisons n'empêchent plus les enfants à jouer avec les enfants délinquants soit de former l'amitié avec des terroristes ou des cybercriminels ou de suivre les films pornographiques « enfants non admis ».

L'Internet a démystifié les frontières physiques. La sexualité en ligne vient sauver la libido des obsédés sexuels sous surveillance car par un isolement et un simple clic sur son smartphone ou ordinateur suffisent pour satisfaire un besoin sexuel dans un bureau ou une chambre bien fermée . L'infidélité en ligne ou l'impudicité en ligne échappent aux interdits des pasteurs-prédicateurs.

Les réseaux sociaux sont devenus des tribunes par excellence pour diffamer, insulter et offenser les autorités politiques et les amis en ligne sans remord. Personne n'est à l'abri des messages qui portent atteinte à l'honneur et à la vie privée, même le président de la république ainsi que les autorités religieuses et militaires sont victimes par les auteurs parfois réservés si c'était dans le monde physique.

Rien n'atteste que celui qui outrage une autorité ou une personne amie du forum Wattsapps peut le faire en face d'elle car il se cache souvent derrière son ordinateur par une fausse identité.

Que retenir sur la cyberpédagogie et technopédagogie ?

- Cyberpédagogie et technopédagogie

Pour retracer le fondement de la cyberpédagogie, nous disons avec Kaoutar et Ahmed (2021) que la cyberpédagogie sous l'approche de technopédagogie est partie de l'enseignement à distance (EAD) par correspondance.

Cette modalité d'enseignement est née avec l'invention de la poste. Par la suite, dès qu'une nouvelle technologie (l'internet) permettait de faciliter la communication, elle était introduite pour enrichir l'enseignement à distance. Cela s'est produit avec la radio, le téléphone, la télévision, les satellites.

Chaque fois, l'on pensait que le nouveau moyen disponible allait révolutionner les pratiques et permettre une augmentation de la clientèle, une amélioration de la qualité pédagogique et une meilleure productivité du processus d'apprentissage.

Comme l'a montré Cuban (2021), l'apparition d'une nouvelle technologie dans le contexte éducatif vise d'abord à améliorer certains aspects de l'apprentissage ou à en faciliter l'accès.

Dans les années 1980, l'enseignement à distance va connaître un essor graduel mais très variable d'une institution à l'autre et avec des moyens tout modestes au début.

La technopédagogie autrement appelée « pédagogie technologique est considérée comme une science qui étudie les méthodes d'enseignement intégrant les technologies de l'information et de la communication. Elle offre à la communauté enseignante, le soutien et les services lui permettant d'enrichir sa pédagogie et son enseignement » (Kabala, 2021).

La technopédagogie se sert des moyens de la technologie numérique à l'instar de de l'ordinateur, le Smartphone, le vidéoprojecteur, le tableau blanc interactif, le pointeur baladeur, les plateformes et logiciels spécifiques. C'est une technologie numérique au service de l'enseignement scolaire et qui obéit aux normes en construction. Les technologies d'aide remplissent principalement deux fonctions :

- D'une part, aider l'élève à apprendre comment exécuter la tâche et ;
- D'autre part, pallier une difficulté dans une tâche particulière. Par exemple, écouter une version numérique d'un livre est une façon de contourner une difficulté, et suivre à l'écran les mots en surbrillance lus à voix haute par l'ordinateur permet de renforcer l'identification de nouveaux mots.

Pour les élèves ayant des technologies d'aide, le recours à ces technologies est associé à de nombreux bénéfices, notamment à :

- ✓ une amélioration du rendement scolaire ;
- ✓ une amélioration de la qualité de l'expérience scolaire ;
- ✓ une amélioration de l'enthousiasme pour l'école ;
- ✓ une perception plus positive de soi ;
- ✓ un sentiment de compétence accru et ;
- ✓ une augmentation du temps passé à la réalisation d'une tâche.

C'est important de faire remarquer que la technopédagogie résout plusieurs problèmes notamment de capacité d'accueil de salles de classe, de distance physique entre l'enseignant et l'apprenant qui exige un déplacement difficile lié au vol et au visa de voyage, etc.

Cependant, son revers est que la RDC doit des infrastructures adéquates à l'instar de courant électrique et la connexion internet de haut début en permanence pour optimiser les avantages de la technologie d'aide.

La question du numérique dans l'éducation n'est pas nouvelle (…), elle a été abordée à travers les problématiques de l'individualisation, de l'apprentissage des langues, des jeux sérieux, du travail collaboratif, ou encore récemment de la pédagogie universitaire.

Dans ce contexte, la cyberpédagogie devient une opportunité (peut-être même une exigence) pour faire face à la rareté des ressources, à l'escalade des coûts et à la généralisation de l'accès à des sources d'apprentissage plus efficaces et plus prisées jadis réservées à une minorité. Plus encore, dans les périodes d'épidémies ou autres situations inédites tels que les embouteillages constatés particulièrement dans la ville Kinshasa, la cyberpédagogie est une alternative efficace pour assurer la continuité pédagogique comme c'était le cas lors de cette crise sanitaire engendrée par la COVID-19.

A la lumière de ce qui précède, nous renchérissons avec Kabala (2021) qui fait savoir que, l'usage de la cyberpédagogie, à l'instar du télétravail, offre plusieurs avantages particulièrement dans l'enseignement et l'apprentissage. Il s'agit notamment de (du):

- ✓ la flexibilité, c'est-à-dire, l'enseignant a la possibilité d'enseigner ou de participer à une réunion à distance à partir de son domicile ou d'autres lieux. De même, l'apprenant peut acquérir des connaissances à partir de son domicile, le lieu du travail ou d'autres lieux propices à l'apprentissage.
- ✓ gain du temps: l'enseignant et l'apprenant peuvent poursuivre la formation pendant le confinement ou un jour de grève des transports.
- ✓ gain financier : la cyberpédagogie permet d'économiser ou d'utiliser à d'autres fins les frais de transports pour aller enseigner ou

apprendre. Ces frais représentent aujourd'hui un réel défi. En outre, l'accès aux ressources numériques est onéreux.

Pour tout dire, la cyberpédagogie ou l'enseignement à distance se présente actuellement comme une alternative pour élargir l'accès à la formation et en réduire le coût (Bowen, 2012 ; Deming et al., 2015). C'est pourquoi, la délocalisation spatio-temporelle, la flexibilité, le coût réduit, l'accès faciles aux nombreuses ressources...sont autant des raisons solides qui appuient et justifient le recours à la cyberpédagogie.

Enfin, dans notre étude, la « technopédagogie » est une science qui s'intéresse au dispositif numérique de l'enseignement à distance par contre la cyberpédagogie signifie tout simplement « la pédagogie appliquée dans le cyberespace ».La technopédagogie s'intéresse au contenant et la cyberpédagogie s'intéresse au contenu de l'action éducative. Les lignes qui suivent portent sur la cyberpsychologie.

1.4.1.3. La cyberpsychologie

Par extension, la cyberpsychologie se définit comme étant la psychologie qui a pour objet d'étude « les effets du cyberespace sur le comportement humain et la société en général». (Grand Dictionnaire de la langue française, 2000). De plus, ce champ d'étude entend par cyberespace un espace psychologique, c'est-à-dire un espace transitionnel ou une simple extension du monde psychique d'un individu. (http://w3.uqo.ca/cyberpsy/index.php/la-cyberpsychologie/).

Mais pour comprendre la cyberpsychologie, il sied de définir une notion qui l'a beaucoup influencé, c'est la réalité virtuelle. Celle-ci se définit comme étant « l'application qui permet à l'utilisateur de naviguer et d'interagir en temps réel avec un environnement en trois dimensions généré par un ordinateur » (Pratt, Zyda, & Kelleher, 1995).Aujourd'hui, les applications de la technologie d'environnements virtuels incluent le design architectural, les jeux fantaisistes, les simulations de vol d'avions et le matériel éducationnel incluant des « visites » dans le corps humain. La réalité virtuelle peut s'avérer très utile pour la psychologie et ce, tant dans le domaine expérimental que clinique.

Ainsi, la cyberpsychologie offre aux chercheurs en psychologie la possibilité de mieux contrôler une foule de variables susceptibles d'affecter les résultats à différentes mesures. La mise sur pied de laboratoires utilisant la réalité virtuelle dans le domaine de la psychologie, tel que le *Laboratoire de Cyberpsychologie de l'UQO.* A noter que la réalité virtuelle et la thérapie virtuelle sont deux concepts relativement récents dans le domaine de la santé mentale. Néanmoins, Blade et Padgett(2002) prouvent que les processus imputables à leur état actuel ont été mis en marche il y a très longtemps en relevant quelques faits historiques intéressants :

- ✓ 1956 : Morton Heilig, producteur de films, a développé « *Sensorama* », un appareil permettant de visionner un film en trois dimensions, alors que plusieurs sens sont stimulés (p. ex. stéréophonie, vibrations, odeurs).
- ✓ 1961 : Philco a développé probablement le premier casque virtuel, permettant de voir « à distance » via une caméra vidéo (Kalawsky, 1993) ;
- ✓ 1963 : La technologie reliée à la création d'environnements virtuels générés par ordinateur débuta lorsque Ivan Sutherland a développé le premier système graphique interactif appelé « *Sketchpad* », au Massachusetts Institute of Technology (MIT). Ce système pouvait créer des dessins précis d'ingénierie pouvant être manipulés, dupliqués et emmagasinés ;
- ✓ 1968 : Ivan Sutherland s'est joint à David Evans pour construire un casque virtuel à l'Université du UTAH. Daniel Vickers a équipé un casque d'un appareil de suivi des déplacements. Peu après, Thomas Furness a développé un casque virtuel appelé « *visually coupled system* » au Wright-Patterson Air Force Base.
- ✓ 1977 : Thomas Zimmerman a inventé un des premiers gants virtuels commercialisés qui s'appelait le « *DataGlove* » (issus des recherches de VPL) et qui était opéré à partir d'un langage de programmation développé par Jaron Lanier. De plus, Kit Galloway et Sherri Rabinowitz ont créé la même année un espace virtuel avec le « *Satellite Arts Project* », implantant la vision d'Arthur C. Clark et Marshall McLuhan, en interconnectant les gens via la communication électronique. À l'intérieur de leur espace virtuel appelé « *Hole in Space* », ils avaient installé un écran vidéo large et des caméras dans des espaces publics de la ville de New York et de Los Angeles pour créer un système de vidéoconférence. Une décennie plus tard, ils ont créé le « *Electronic Café* » (http://www.ecafe.com/) à Santa Monica (Californie) permettant la vidéoconférence sur une base individuelle ;
- ✓ 1979 : Les chercheurs du MIT ont développé le « *spatial data management systems* ». De plus, Scott Fisher, un des chercheurs du MIT, a développé le système stéréoscopique utilisant un casque virtuel ;
- ✓ 1980 : le Defense Advanced Research Project Agency (DARPA) a fondé un simulateur d'un jeu de guerre appelé « *Simulation Networking* » ou SIMNET. L'évolution de ce jeu a permis à des centaines de soldats de s'asseoir dans des simulateurs de tanks, hélicoptères et de bombardiers afin de tester leurs habiletés de combat entre eux, un peu comme dans un jeu vidéo très réaliste ;

- ✓ 1984 : La création du film« *The Last Starfighter* » par Jonathan R. Betuel a permis l'émergence des scènes d'action au cinéma avec des graphiques informatisés permettant de sauver des millions de dollars en coûts de production de films. William Gibson a aussi écrit le roman de science-fiction « *Neuromancer* » qui a permis l'introduction du terme maintenant omniprésent « cyberspace » ou « cyberespace » ;
- ✓ 1985 : Jaron Lanier et Jean-Jacques Grimaud ont fondé VPL Research pour produire des interfaces de haute qualité. Lanier a introduit à ce temps le terme « virtual reality » ou « réalité virtuelle ». VPL Research est devenu populaire pour avoir commercialisé le premier gant virtuel « *DataGlove* » et le « *EyePhone* ». Malheureusement, cette compagnie a vécu plusieurs difficultés financières et Lanier ainsi que ses produits ont essentiellement disparus. De plus, le groupe de chercheurs du Dr Frederick Brooks Jr. a débuté des expérimentations avec la perception 3D de molécules à l'Université de la Caroline du Nord. Dans la décennie à suivre, leur projet s'est développé et a été appelé « Nanomanipulator », où la personne portait un casque virtuel connecté électroniquement à un microscope électronique ;
- ✓ 1994 : Apparition des premiers systèmes de téléchirurgie ;
- ✓ 1996 : La création d'environnement virtuel est devenue plus facile le langage VRML (Virtual Reality Modeling Language). Finalement, dans une application très publicisée sur les environnements virtuels, des astronautes pouvaient désormais s'entraîner pour faire des réparations sur le télescope spatial Hubble, utilisant un simulateur d'environnements virtuels construit par le Goddard Space Flight Center ;
- ✓ 1998 : La plupart des interfaces de la réalité virtuelle sont désormais accessibles au grand public (http://w3.uqo.ca/cyberpsy/index.php/historique-de-la-realite-virtuelle/).

Il convient de relier de l'éducation à la cyberéducation avec la dignité humaine. Tel est l'objet du point suivant.

1.4.2.De l'éducation à la cyberéducation sur la dignité humaine

J'évoque la notion de l'éducation, la cyberéducation et la dignité humaine

1421. Notion de l'éducation

Le métier d'éduquer un enfant doit être fait par un éducateur qualifié d'autant que soigner un malade se fait par un médecin. Selon Ouattara, « les questions de santé sont surtout adressées aux médecins, au personnel soignant, à celui ou celle qui a été formé pour soigner, pour guérir un mal ou pour apaiser la souffrance d'un patient ».

Il est rejoint par Guillot (2006) qui affirme : « Puisque l'éducation comme soin du mal d'ignorance vise la libération, la sécurité et la préservation de la dignité de l'individu-enfant, elle promeut la non-violence entre l'éducateur, l'éducatrice et l'éduqué-e qui est dit vulnérable, fragile et faible. Cette vision s'éclaire de l'autorité de bientraitance éducative, constructrice, et non purement destructrice ». Kant (2004), conclu en disant que l'homme n'est éduqué que par des hommes et par des hommes qui ont également été éduqués ».

L'éducation est un concept qui a fait couler beaucoup d'encre et salive mais quelques définitions sont sélectionnées selon leur proximité à notre étude.

Etymologiquement le mot « éducation » vient du mot latin « *educatio* » qui veut dire « élevage, éducation » et du verbe latin « ex-ducere, » qui signifie guider, conduire hors.

Pour Platon, l'éducation, « ce sont les influences que l'homme reçoit de son milieu social en particulier, soit sous l'effet d'une culture, ou instruction, méthodique, soit sans culture et pour ainsi dire au hasard ».

C'est aussi l'art de former une personne spécialement un enfant ou un adolescent, en développement ses qualités physiques, intellectuelles et morales, de façon à lui permettre d'affronter sa vie personnelle et sociale avec une personnalité suffisamment épanouie (www.Cnrtl.fr).

L'éducation a pour but de développer au maximum le potentiel de l'enfant et de lui offrir un maximum de chances de participer pleinement et de façon responsable à la vie d'une société libre(http://docstore.ohchr.org).

Dans notre étude, l'éducation est définie comme toute activité de transformation exercée sur l'être humain afin qu'il soit utile à soi-même, à sa famille et à sa société.

Selon toupie Dictionnaire, « l'éducation est l'action de développer un ensemble de connaissances et de valeurs morales ,physiques, intellectuelles, scientifiques... considérées comme essentielles pour atteindre le niveau de culture souhaitée. L'éducation permet de transmettre d'une génération à l'autre la culture nécessaire au développement de la personnalité et à l'intégration sociale de l'individu » en ajoutant que : « L'éducation de l'enfant et de l'adolescent repose sur la famille, l'école, la société, mais aussi sur des lectures personnelles et sur l'usage des médias comme la télévision ou Internet » (https://www.toupie.org/Dictionnaire/Education.htm).

Le dictionnaire politique jette une expression qui ouvre une fenêtre à la cyberéducation « usage des médias comme la télévision ou Internet ».

Que dire sur la cyberéducation et la dignité humaine ?

1422. La cyberéducation et la dignité humaine

La cyberéducation peut avoir autre compréhension mais dans cette étude, elle s'intéresse à toute activité éducative qui s'exerce dans le cyberespace en tenant compte de multitudes culturelles.

Chaque société vise une éducation qui rime avec ses valeurs et ses mœurs, ce qui arrive curieusement qu'une bonne éducation dans une société X est une mauvaise éducation dans une société Y.

Pour Durkheim cité par Goglin (2002), « l'éducation est sociale. Il n'existe pas de société sans éducation. Chaque société se représente un idéal pour l'individu. C'est cet idéal qui est le pôle de l'éducation. L'éducation est le moyen de préparer l'enfant à sa propre existence. Elle revient à une socialisation ». Exemple, un kamikaze palestinien est considéré comme un terroriste en Israël mais un héros en Palestine.

De ce fait, nous pensons que le droit en droits de l'homme est une éducation universelle pour l'humanité car il se résume par toute norme qui prône la dignité humaine. Celle-ci peut être l'objet de la cyberéducation contre les cyberdélits de presse.

Par ailleurs, la constitution congolaise ne se limite pas à offrir la gratuite de l'enseignement primaire aux enfants aux établissements publics mais elle impose à l'Etat congolais une matière précise à enseigner en ses termes : « Les pouvoirs publics ont le devoir de promouvoir et d'assurer, par l'enseignement, l'éducation et la diffusion, le respect des droits de l'homme, des libertés fondamentales et des devoirs du citoyen énoncés dans la présente Constitution. Les pouvoirs publics ont le devoir d'assurer la diffusion et l'enseignement de la Constitution, de la Déclaration universelle des droits de l'homme, de la Charte africaine des droits de l'homme et des peuples, ainsi que de toutes les conventions régionales et internationales relatives aux droits de l'homme et au droit international humanitaire dûment ratifiées.

L'Etat a l'obligation d'intégrer les droits de la personne humaine dans tous les programmes de formation des forces armées, de la police et des services de sécurité » *(*Article 45 alinéa 5,6 et 7).

Donc, l'enseignement de droit en droits de l'homme est garanti par la Constitution et aucune réforme de curricula ni de programmes scolaires ne peut se déroger malheureusement sur terrain, les acteurs de l'éducation trainent à intégrer les programmes de l'éducation de droit en droits de l'homme.

Selon Kabala (2021), au sens large, l'éducation est l'action d'éduquer. Ceci signifie développer chez quelqu'un les connaissances et les aptitudes intellectuelles, sociales, spirituelles et physiques en vue de le rendre utile à lui-même et à la société.

D'après notre étude, l'éducation concerne toute activité humaine exercée sur l'enfant dans le but d'épanouir ses aptitudes cognitives, sociales, spirituelles et physiques afin qu'il soit très utile à soi-même, à sa famille et à l'Etat.

Partant de cette définition, on peut l'opérationnaliser avec l'éducation de la dignité humaine dans le cyberespace.

- ✓ Aptitudes intellectuelles :

L'enseignant donne la capacité à acquérir des connaissances sur la dignité humaine, à les comprendre, à les conserver, à les reproduire, à agencer correctement un raisonnement, à innover, etc. C'est le niveau d'acquisition des savoirs cognitifs par l'apprenant qui peut réciter les instruments de droit en droits de l'homme.

- ✓ Aptitudes sociales :

La cyberéducation sur la dignité humaine vise la capacité à interagir harmonieusement avec d'autres personnes dans le cyberespace, les réseaux sociaux ; à vivre et à travailler avec d'autres personnes dans la convivialité ; à occuper efficacement des postes où la communication et l'esprit d'équipe sont essentiels.

Cela sous-entend un travail de dépouillement de la nature, de transformation profonde de l'humain, de retournement de son âme vers l'en-haut et, donc, d'abandon de son infériorité ignorante en vue de sa reconversion totale dans la culture de droits de l'homme. C'est le niveau de savoirs vivres dans la société dans le respect de la dignité humaine comme boussole sociale.

- ✓ Aptitudes spirituelles :

La cyberéducation basée sur le respect des droits de l'homme donne la capacité à être réellement libre de toutes formes d'influence de cultures illicites de la cybercriminalité c'est-à-dire être libre de tout ce que vous devez faire et ne devez pas faire parce que les autres internautes publient des messages outrageants ou diffamatoires.

Tant que vous ne serez pas libre de tout cela, vous ne pourrez pas entendre votre voix intérieure (conscience). Selon Levinas (1995), « Éduquer, c'est préparer, prévenir et soigner; c'est prendre soin de l'autre; c'est se soucier de lui, d'elle; c'est aussi penser ou envisager positivement son sort ».

- ✓ Aptitudes physiques :

La cyberéducation sur la dignité humaine doit tenir compte de la capacité d'effectuer un travail en fonction de son état de santé. Une éducation qui prône les conditions ergonomiques pour la sécurité des utilisateurs des outils informatiques. Par exemple, le téléphone portable cause des dangers chez les jeunes comme la fatigue, les troubles du sommeil, le stress, l'anxiété car les enfants sont plus sensibles aux ondes que les adultes (https://clg-lesdeuxpins-frontignan.ac-montpellier.fr).

Quelle démarcation faire entre l'éducation et l'instruction ?

1.4.3. Education et instruction

L'instruction est souvent confondue à l'éducation et vice versa. D'ailleurs, dans le langage vulgaire, est éduqué est celui qui a des diplômes et celui qui n'a pas étudié à l'école, on l'impute d'avoir raté l'éducation. C'est qui n'est pas vrai car « Instruire » est l'ensemble des activités visant la transmission de connaissances en vue du développement intellectuel de la personne instruite. Par exemple, communiquer aux étudiants ce que l'on entend par la Déclaration universelle des droits de l'homme dans l'objectif d'enregistrer et de reproduire les articles et les dispositions.

Par contre, « éduquer » est une notion plus large. Elle consiste à considérer la personne éduquée (étudiant) comme une personne dans son intégralité, c'est-à-dire, en plus de du développement intellectuel, se servir de la Déclaration universelle des droits de l'homme dans la vie sociale dans la promotion et dans la protection.

C'est prendre en compte les aspects affectifs et psychomoteurs. En plus de fournir des connaissances, l'éducation enrichit la culture, l'esprit, les valeurs et tout ce qui nous caractérise en tant qu'êtres humains. Que retenir du cadre théorique ?

2. Cadre théorique

Les doctrines pénales peuvent être regroupées en doctrine de la défense sociale ; la doctrine de la non-intervention et les doctrines néo-classiques (Manasi, 2020).

La défense sociale, d'une part, se préoccupe de protection sociale et, d'autre part, se nourrit des idées nouvelles qui humanisent le sort du délinquant. Elle envisage son traitement et les possibilités de sa réinsertion dans la société et tente de concilier la protection sociale et l'amélioration individuelle (Thys, 1955). Elle considère que la défense de la société doit passer par celle de l'homme dans ses possibilités de relèvement (Nyabirungu, 2007).

L'Ecole de la non-intervention postule que le droit pénal et la justice pénale devraient intervenir le moins possible, voire pas du tout. Il faudrait remplacer les sanctions pénales par les mesures non répressives de caractère civil, administratif, social, etc.

A ce niveau, il est utile d'évoquer les principes généraux du droit pénal qui orientent le raisonnement de tout juriste pénaliste dont le principe de la légalité criminelle et celui de l'interprétation stricte de la loi pénale.

Le principe de la légalité est le rempart contre l'arbitraire du pouvoir (Akele, 2004). Il constitue par ailleurs, l'une des garanties essentielles de la liberté individuelle, le citoyen est protégé contre l'arbitraire du juge, car il peut connaitre à l'avance ce qui est défendu et à la peine à laquelle il s'expose en ce faisant (Coulibaly, 2003).

Le principe de la légalité criminelle a aussi une valeur constitutionnelle. Ce principe s'impose au législateur lui-même ; en conséquence, celui-ci saurait violer la légalité par exemple en promulguant des lois expressément rétroactives ou ne laissant aux tribunaux d'organiser la procédure. Ce principe s'impose non seulement au juge ou à l'administration mais aussi au législateur lui-même.

Par ailleurs, la justification du principe est un élément important car elle résume les idées créatrices de ce principe et explique ses fondements. Elle met en détail de manière précise les attentes par rapport à cette règle ».

D'après Akele (2004), la qualification est une question primordiale en droit pénal spécial à cause du principe de la légalité des délits et des peines. Le juge doit tenir compte des incriminations et des sanctions prévues par la loi. Pour cela, il doit respecter certaines règles pour qualifier les faits. C'est ainsi qu'il doit rechercher la qualification exacte des faits poursuivis. Autrement dit, il doit confronter les faits avec le texte qui incrimine pour vérifier et établir que les éléments constitutifs de l'infraction se trouvent bien réunis dans le cas d'espèce. La qualification légale est institutive, prescriptive, créatrice du texte incriminateur et par ce fait même de l'incrimination.

La qualification judiciaire, elle, est une opération par laquelle l'autorité judiciaire fait correspondre les faits qui paraissent antisociaux à la qualification légale de telle sorte que l'intervention de la sanction pénale suppose l'existence préalable d'un texte de loi.

La qualification judiciaire ne peut être, en vertu du principe de la légalité, qu'une opération déclarative tendant à identifier les agissements criminels et à constater que les conditions requises par la loi sont réunies pour l'intervention de la sanction pénale.

Ensuite, lorsque les faits paraissent répréhensibles, l'autorité judiciaire recherche le texte incriminateur et, après l'avoir découvert, elle procède à l'isolement de la qualification légale susceptible d'être retenue pour le cas d'espèce.

Selon Akele (2004), la loi pénale est d'interprétation stricte. Elle n'autorise pas le juge à créer des infractions ou des sanctions, ni à prononcer des peines supérieures ou maximum prévues par les textes.

Or, la cybercriminalité repose sur l'exploitation des technologies dont la nouveauté prend en défaut la prévisibilité des textes existants, le législateur n'ayant pu les prévoir avant que ces technologies n'aient été découvertes.

Alors comment remédier à cette situation où le développement rapide des technologies s'accompagne aussi de l'évolution innovante et accélérée de nature criminelle qui présente le décalage entre la législation pénale et l'activité criminelle.

De ce point de vue, le principe de légalité peut objectivement devenir un handicap à la capacité d'anticipation du législateur qui doit redoubler d'imagination.

Cependant, l'interprétation téléologique (du grec telos, qui signifie « loin ») selon Akele(2004) recherche donc l'esprit de la loi et permet d'atténuer la rigueur de la méthode littérale axée sur la lettre.

Cette méthode dite déclarative de volonté se fonde sur l'intention déclarée ou présumée du législateur faisant prédominer l'esprit de loi sur la lettre lorsque celle-ci a trahi celui-là. Cette interprétation permet de donner à la loi toute son ampleur, c'est-à-dire plein effet à la volonté législative.

C'est faisant si la loi est claire, précise et traduit exactement la volonté de son créateur, le juge doit s'y conformer rigoureusement. Il est aussi évident que les progrès scientifiques et modalités de la vie moderne ne doivent pas paralyser l'action du juge.

C'est ainsi qu'il est admis qu'il doit non pas procéder à une interprétation analogique, mais appliquer une méthode d'interprétation qui lui permet de résoudre les cas nouveaux ignorés au moment de l'élaboration de la loi, en donnant toute l'ampleur à la volonté du législateur qui ,intellectuellement, aurait visé toutes ces hypothèses s'il avait connu ces progrès de la société contemporaine(Akele cité par Mupili,2016). Dans ce cas, l'élément axiologique doit orienter le juger qui doit chaque fois rechercher la valeur sociale protégée. C'est ainsi que le droit du numérique se construit progressivement avec les jurisprudences qui ont tenu compte de cet élément axiologique à chaque fois que la justice se retrouve devant un litige dont la loi est lacunaire dans la méthode littéraire.

Chapitre II
Espace médiatique en République Démocratique du Congo

Ce second chapitre porte sur l'espace médiatique en République Démocratique du Congo.

En effet, l'espace médiatique a évolué avec internet. Auparavant il se limitait à la presse écrite et à l'audiovisuel mais ceux-ci sont désormais bousculés par les médias en ligne qui s'invitent sans parfois le respect des règles conventionnelles existantes. Sans pour autant décrire l'usage des technologies numériques dans les médias, ce chapitre présente le système médiatique congolais dans un espace médiatique où les différents acteurs sont interdépendants pour construire ensemble la liberté d'informer le public et qui s'inscrit dans le droit à une bonne information dans le respect de la dignité humaine. Ce chapitre aborde aussi des questions juridiques mais dans l'aspect encadrement de la liberté de la presse et d'un exposé de la règlementation applicable au fonctionnement des médias sans oublier les droits et devoirs du journaliste à l'ère du numérique en s'inspirant du droit comparé qui peut servir de lege ferende avant la révision de régime de la presse.

Ce chapitre comprend trois sections dont la première s'articule sur le fondement juridique de la liberté de presse et d'encadrement des médias, l'espace médiatique congolais à l'ère du numérique et l'adaptation aux règles innovantes des médias en ligne.

2.1. Le fondement juridique de la liberté de la presse et d'encadrement des médias en RDC

Cette section qui consiste à présenter la source juridique de la liberté de la presse qui comprend d'une part, les instruments juridiques régionaux et internationaux ratifiés par la RDC, et d'autre part, les instruments juridiques nationaux qui règlementent le fonctionnement des médias congolais.

2.1.1. Instruments juridiques internationaux liant la RDC

Les instruments juridiques internationaux liant la RDC sont :

- ✓ La Déclaration universelle des droits de l'homme.
- ✓ Le Pacte international relatif aux droits civils et politiques du 16 décembre 1966.

- ✓ L'Intervention du Comité des droits de l'homme des Nations Unies.
- ✓ La Charte africaine des droits de l'homme et des peuples.

2.1.1.1. Déclaration universelle des droits de l'homme

Adoptée par l'Assemblée générale des Nations unies dans sa résolution 217 A (III) du 10 décembre 1948, la DUDH, dont la RDC est partie prenante pour l'avoir ratifiée, stipule que : « Tout individu a droit à la liberté d'opinion et d'expression, ce qui implique le droit de ne pas être inquiété pour ses opinions et celui de chercher, de recevoir et de répandre, sans considération de frontières, les informations et les idées par quelque moyen d'expression que ce soit »(Article 19 de la Déclaration universelle des droits de l'homme).

Le même article 19 garantit aussi la liberté de collecter, de diffuser des informations, ainsi que le droit pour d'autres, il s'agit bien du public ou du droit du public à l'information de recevoir ces informations en toute liberté. Il y a aussi le pacte international relatif aux droits civils et politiques du 16 décembre 1966.

2.1.1.2. Pacte international relatif aux droits civils et politiques du 16 décembre 1966

Adopté par l'Assemblée générale des Nations Unies, le Pacte international relatif aux droits civils et politiques, entré en vigueur le 23 mars 1976. Cet instrument juridique, contrairement à la déclaration universelle de 1948, il a une autorité supérieure à celle de la loi et partante, demeure directement applicable en droit interne.

Reprenant en substance, les termes de la Déclaration de 1948, le pacte international stipule que : « Nul ne peut être inquiété pour ses opinions. Toute personne a droit à la liberté d'expression ; ce droit comprend la liberté de rechercher, de recevoir et de répandre des informations et des idées de toute espèce, sans considération de frontières, sous une forme orale, écrite, imprimée ou article, ou par tout autre moyen de son choix (…) » (Article 19 de Pacte international des droits civils et politiques).

Cependant, l'article 19 du Pacte international de 1966 donne une précieuse précision en matière de liberté d'expression. Aux termes de paragraphe trois de ce texte, en effet, il est expressément indiqué que : « L'exercice de liberté prévus au paragraphe deux du présent article comporte des devoirs spéciaux et des responsabilités spéciales. Il peut en conséquence être soumis à certaines restrictions qui doivent toutes fois être expressément fixées par la loi et qui sont nécessaires :

- au respect des droits ou de la réputation d'autrui ;
- à la sauvegarde de la sécurité nationale, de l'ordre public, de la santé ou de la moralité publique ».

Les lignes suivantes portent sur l'intervention du Comité des droits de l'homme des Nations Unies.

2.1.1.3. Intervention du Comité des droits de l'homme des Nations Unies

Le Pacte international de 1966 organise la possibilité de saisir le Comité des droits de l'homme des Nations Unies. Cette procédure permet à tout individu estimant que l'un quelconque de ses droits tels que garantis par le Pacte international a été violé et non respecté et à condition d'avoir épuisé toutes les voies de recours internes, de solliciter l'intervention du Comité. Pour autant, la décision du Comité se limitant à une simple constatation, elle n'a aucune valeur juridictionnelle propre, ce qui limite quelque peu la portée juridique du Pacte de 1966.

Il convient de rappeler la africaine des Droits de l'homme et des peuples.

2.1.1.4. Charte africaine des Droits de l'homme et des peuples

La Charte est un texte fondamental sur les droits et libertés fondamentaux de la région et qui a été adoptée par les Chefs d'États africains réunis au sein de l'Organisation de l'Union Africaine (OUA devenu Union Africaine) depuis le 27 juin 1981.

La Charte affirme que : « Toute personne a droit à l'information. Toute personne a le droit d'exprimer et de diffuser ses opinions dans le cadre des lois et règlements » (Article 9 de la charte africaine des droits de l'homme et des peuples).

En 15 points, la Déclaration des principes sur la liberté d'expression en Afrique est une avancée considérable dans la normalisation de la liberté d'expression sur le continent africain.

Cette Déclaration qui peut être envisagée comme une mesure d'application de la Charte, aborde aussi bien les questions de la presse écrite que celles de l'audiovisuel.

Ce qu'il faut bien voir, c'est qu'il y a aussi des instruments juridiques nationaux d'encadrement des médias en RDC comme analysé au point suivant.

2.1.2.Instruments juridiques nationaux d'encadrement des médias en RDC.

La liberté d'informer, la liberté d'expression et d'opinions sont des droits garantis par la Constitution et d'autres textes légaux et règlementaires. Par ailleurs, le corpus juridique congolais est bien fourni dans l'encadrement du fonctionnement des médias congolais même s'il est suranné avec le contexte de l'internet.

2.1.2.1. Constitution de la République Démocratique du Congo

La constitution consacre la liberté d'informer, la liberté d'expression et d'opinion en ses termes : « Toute personne a droit à la liberté de pensée, de conscience et de religion. Toute personne a le droit de manifester sa religion ou ses convictions, seule ou en groupe, tant en public qu'en privé, par le culte, l'enseignement, les pratiques, l'accomplissement des rites et l'état de vie religieuse, sous réserve du respect de la loi, de l'ordre public, des bonnes mœurs et des droits d'autrui. La loi fixe les modalités d'exercice de ces libertés » (Article 22 de la Constitution).

L'article 23 dispose que : « Toute personne a droit à la liberté d'expression. Ce droit implique la liberté d'exprimer ses opinions ou ses convictions, notamment par la parole, l'écrit et l'image, sous réserve du respect de la loi, de l'ordre public et des bonnes mœurs » en ajoutant à l'article 24 : « Toute personne a droit à l'information. La liberté de la presse, la liberté d'information et d'émission par la radio et la télévision, la presse écrite ou tout autre moyen de communication sont garanties sous réserve du respect de l'ordre public, des bonnes mœurs et des droits d'autrui. La loi fixe les modalités d'exercice de ces libertés. Les médias audiovisuels et écrits d'Etat sont des services publics dont l'accès est garanti de manière équitable à tous les courants politiques et sociaux. Le statut des médias d'Etat est établi par la loi qui garantit l'objectivité, l'impartialité et le pluralisme d'opinions dans le traitement et la diffusion de l'information ».

Que retenir de la loi n°96-002 du 22 juin 1996 fixant les modalités de l'exercice de la liberté de presse (J.O.Z., n° spécial, août 2001) ?

2.1.2.2.Loi n°96-002 du 22 juin 1996 fixant les modalités de l'exercice de la liberté de presse (J.O.Z., n° spécial, août 2001)

La loi sur la presse de 1996 dispose à son article 8 que : « toute personne a droit à la liberté d'opinion et d'expression, il faut entendre le droit d'informer, d'être informé et d'avoir ses opinions se sentiments et de les communiquer sans aucune entrave quel que soit le support utilisé... ». Cette loi est réputée d'avoir plus d'avancé que les précédentes vu le contexte de la Conférence nationale souveraine et l'avancé de l'AFDL. Le PDSM salue d'un autre côté les tournures assez positives et sur lesquelles le plaidoyer pourrait s'appuyer en vue de la rendre plus apte à favoriser le développement du secteur médiatique congolais. Ainsi, nous pouvons citer :

- ✓ La consécration du principe de la liberté comme base en matière de communication audiovisuelle (bien que dans la plupart des cas cette loi ne détermine pas clairement l'étendue de l'exercice de la presse écrite ;
- ✓ L'établissement et la fixation de l'étendue de la responsabilité de l'Etat dans le domaine des médias, à savoir :
- L'obligation d'assurer et de rendre effectif le droit à l'information ;
- L'obligation pour l'Etat d'octroyer des aides indirectes à toutes les entreprises de presse au titre des tarifs préférentiels dans le domaine des importations des matières nécessaires à la production et la

distribution des informations, notamment du papier, des équipements et des films ;

- L'obligation pour l'Etat de consentir des subventions sous forme d'aides indirectes aux médias requérant qui consacreraient au moins 50% de leurs programmes aux émissions culturelles, éducatives et sociales. Cette assertion devrait s'appliquer prioritairement aux radios communautaires et associatives dont les conditions de fonctionnement, les moyens d'actions et de financement ne leur permettent pas de supporter les taux des taxes et autres frais imposés par les pouvoirs publics ;
- L'obligation de faire fonctionner les médias de l'Etat dans l'indépendance, la neutralité et le respect du principe de l'égalité de tous devant la loi et l'Etat ne devrait pas les pousser, en aucune circonstance, à compromettre l'exactitude et l'objectivité de l'information.

Le Titre III de la loi met en place un arsenal juridique détaillé régissant la communication audiovisuelle. Il s'agit des conditions d'exploitation en matière de radiodiffusion et de télévision, des programmes des entreprises audiovisuelles et du droit de réponse.

Je souligne aussi la loi organique n° 11/001 du 10 janvier 2011 portant composition, attribution et fonctionnement du Conseil Supérieur de l'Audiovisuel et de la Communication.

2.1.2.3.Loi organique n° 11/001 du 10 janvier 2011 portant composition, attribution et fonctionnement du Conseil Supérieur de l'Audiovisuel et de la Communication

Article 8 de la loi organique sur le CSAC dispose que « Le Conseil a pour mission de garantir la liberté de la presse, de l'information et de tout autre moyen de communication des masses ; d'assurer la protection de la presse ».

Que retenir de l'ordonnance –Loin°81-012 du 2 avril 1981 portant statuts des journalistes œuvrant en République du Zaïre. (J.O.Z., n° 8, 15 avril 1981) ?

2.1.2.4. L'Ordonnance –Loin°81-012 du 2 avril 1981 portant statuts des journalistes œuvrant en République du Zaïre. (J.O.Z., n° 8, 15 avril 1981)

Le Programme de Développement du Secteur Médiatique(PDSM) a fait une bonne analyse sur l'aperçu de cette loi n°81/012 portant statut des journalistes en République Démocratique du Congo qui institue un cadre organisationnel et fixe les règles et conditions d'accès y compris d'exercice de la profession des médias, aussi bien pour les journalistes indépendants que pour ceux des organes de presse. Aux termes de cette loi, l'Union de la presse du Zaïre (UPZa), actuellement l'Union nationale de la presse congolaise(UNPC), Syndicat des journalistes, est seule habilitée à octroyer la carte de presse et organiser le recrutement des nouveaux venus dans la profession. Cependant, avec la prolifération des médias en ligne sur Youtube chaque internaute derrière son ordinateur s'improvise webjournaliste et distribue ses liens dans les différents forums des Wattsapps sans être reconnu par l'UNPC qui a des difficultés matérielles d'autant qu'il ne contrôle pas le Fournisseur d'hébergement.

Alors que cette loi subordonne l'accès à la qualité de journaliste professionnel à l'obtention de la carte de presse auprès de l'UPZa (à l'issue d'un congrès de la presse tenu en 2004, l'UPZa est devenue Union Nationale de la Presse du Congo en se dotant des statuts d'une ASBL) et institue deux modes de recrutement à savoir sur concours et sur titre. En général, il est fait sur concours mais lorsqu'il s'agit des journalistes professionnels et des candidats diplômés d'une école de journalisme, il est fait sur titre (RDC/Revue de la Législation/Juin 2012/Albany Associates).Par ailleurs, il convient de reconnaître comme point positif dans cette loi, la reconnaissance de deux modes de recrutement, à savoir : le recrutement sur concours et le recrutement sur titre. A notre avis, le stage professionnel devrait prévaloir pour mieux s'assurer des critères de compétence, d'aptitude, de probité morale ,de ponctualité et de méritocratie qui sont les valeurs indispensables dans l'exercice du métier de journaliste.

Les pages suivantes se centrent sur l'ordonnance N°81-050 du 2 avril 1981 portant création et statuts d'un établissement public dénommé Office de radiodiffusion et de télévision. (J.O.Z., n° 8, 15 avril 1981, p. 41) .

2.1.2.5. Ordonnance N°81-050 du 2 avril 1981 portant création et statuts d'un établissement public dénommé Office de radiodiffusion et de télévision. (J.O.Z., n° 8, 15 avril 1981, p. 41) .

L'examen de cette ordonnance prouve que l'objectif principal est de créer l'Office de Radio Diffusion et de Télévision (OZRT) qui sera rebaptisée la Radiotélévision Nationale Congolaise(RTNC).Cette loi a aussi pour but de définir le statut de la RTNC. Cette loi s'applique seulement à la RTNC, la Chaîne d'Etat. L'article 1 prévoit la création de la RTNC, un établissement public. L'article 2 dispose que la RTNC dispose de son siège à Kinshasa et exerce ses activités sur toute l'étendue du territoire national à travers des directions ou stations régionales.

L'article 3 de l'ordonnance dispose que la RTNC est chargée :

- ✓ d'exploiter le service publique de radio diffusion et de télévision ;
- ✓ d'informer, de former et d'éduquer la population ; et
- ✓ de créer, promouvoir les productions cinématographiques et autres s'y rapportant.

La RTNC fonctionne avec les moyens de trésor public en vertu de l'article 18.Son budget entant qu'une chaine de l'Etat doit être soumis à l'approbation de l'autorité de tutelle qui est le Ministre de l'information et presse.

L'article 8 dispose que le conseil d'administration comprenne 9 administrateurs parmi lesquels :

- ✓ le président délégué général ;
- ✓ deux secrétaires généraux ;
- ✓ un représentant du département de l'Information ;
- ✓ un représentant du département du Portefeuille ; et
- ✓ un représentant de l'association de parents.

Le représentant de l'association des parents a un mandat renouvelable de cinq ans.

Aux termes de l'article 10, le conseil d'administration a les pouvoirs les plus étendus pour poser tous les actes d'administration, et de disposition en rapport avec l'objet social de la RTNC.

En vertu de l'article 11, le Comité de Gestion veille à l'exécution des décisions du conseil d'administration et s'assure, dans la limite des pouvoirs qui lui ont été délégués, la gestion des affaires courantes.

En fait, un média de service public est un média audiovisuel, c'est-à-dire une télévision, une radio ou même un site internet d'information destiné à servir l'intérêt général en priorité. Avec une programmation indépendante, ce média peut être financé par des abonnements de ses téléspectateurs ou auditeurs, par l'Etat ou encore par certains revenus publicitaires. Pour être ainsi reconnu, ce média jouit d'une autonomie éditoriale et managériale dans la création de ses programmes de diffusion.

Au point suivant, je parle du décret n°09/62 du 03 décembre 2009 fixant les statuts d'un Établissement public dénommé Radiotélévision Nationale Congolaise, en sigle « RTNC ».

2.1.2.6. Décret n°09/62 du 03 décembre 2009 fixant les statuts d'un Établissement public dénommé Radiotélévision Nationale Congolaise, en sigle « RTNC »

Cet acte règlementaire consacre les statuts d'un Établissement public dénommé « Radiotélévision Nationale Congolaise », en sigle « RTNC » et sur base de la définition énoncée précédemment, la RTNC est un établissement public à caractère socioculturel ayant pour mission d'assurer le service public de radiodiffusion et de télévision conformément aux dispositions légales et réglementaires en vigueur. A cet effet, la RTNC a pour tâches notamment :

- ✓ de couvrir les activités politiques, économiques et sociales ;

- ✓ d'élaborer et de mettre en œuvre tout programme d'action et toute production audiovisuelle en matière de radiodiffusion et de télévision ;
- ✓ de mener toute étude ou tout sondage visant l'amélioration qualitative de la radio et de la télévision à l'échelle nationale, régionale et internationale ;
- ✓ de réaliser la production nationale des programmes artistiques et éducatifs ;
- ✓ de produire et coproduire des œuvres et documents audiovisuels, de les commercialiser et de les diffuser sur les antennes et par tous autres moyens audiovisuels, tant dans le pays qu'à l'étranger, pour contribuer au rayonnement de la culture et de la civilisation congolaises ;
- ✓ d'assurer la production cinématographique et d'en assurer la commercialisation ;
- ✓ de conclure toute convention pour la production ou l'échange des programmes avec les administrations ou organismes intéressés ;
- ✓ de vulgariser les activités et les programmes d'actions des institutions de la République Démocratique du Congo. (http://www.kasmedia.org).

Les lignes ci-dessous ont pour objet l'arrêté ministériel N°04/MIP/020/96 du 26 novembre 1996 portant mesures d'application de la loi 96-002 du 22 juin 1996 fixant les modalités de l'exercice de la liberté de la presse pour les entreprises de presse audiovisuelle (Ministère de l'Information et de la Presse).

2.1.2.7. Arrêté ministériel N°04/MIP/020/96 du 26 novembre 1996 portant mesures d'application de la loi 96-002 du 22 juin 1996 fixant les modalités de l'exercice de la liberté de la presse pour les entreprises de presse audiovisuelle (Ministère de l'Information et de la Presse) ;

Cet arrêté ministériel est un règlement d'application qui fixe les mesures d'application de la loi 96-002 du 22 juin 1996 sur la presse en lui consacrant des détails complémentaires pour effectivité.

L'article 1 dispose qu'il soit ouvert au bureau du Ministre de l'information et presse (en abrégé« le Ministre ») un registre de déclaration préalable à l'exploitation des stations de radiodiffusion et des chaînes de télévisions. Une disposition qui souffre avec la prolifération des médias en ligne qui s'improvisent dans l'espace médiatique sans autorisation préalable.

L'article 2 dispose que la déclaration préalable soit conforme à l'article 57 de la loi 96-002 du 22 juin 1996 fixant les modalités d'exercice de la liberté de presse ainsi qu'au cahier de charge également joint au présent arrêté. Les points saillant du cahier des charges sont les suivants :

Les charges concernant la programmation et la diffusion (Paragraphe 3) :

- ✓ l'exploitant est responsable du contenu de ses émissions. Les émissions diffusées doivent viser l'information, l'éducation et la distraction de l'auditeur et du téléspectateur ;
- ✓ l'exploitant doit s'engager d'éviter la diffusion des émissions, films ou documentaire dont le contenu s'avère contraire aux lois, ou qui porte atteinte aux bonnes mœurs et/ou à la sécurité du pays ;
- ✓ les informations à caractère politique doivent être adressé avec impartialité et objectivité ;
- ✓ toute chaîne privée est libre de prendre en relais les émissions d'informations diffusées par les médias publiques ;
- ✓ la station de radiodiffusion et de télévision privée a l'obligation de réserver au moins 50% des programmes de sa grille à la diffusion des émissions d'intérêt local. Il est important de retenir que le même article reconnaît à la même station le droit de posséder le droit de diffusion pour les 50% des programmes restants ;
- ✓ les chaînes privées n'ont pas le droit de diffuser des émissions de propagande politique en faveur d'un quelconque courant de pensée ;
- ✓ les chaînes de télévision doivent s'engager à préserver, en toute circonstance, l'intérêt des jeunes, des adolescents, conformément à la charte universelle du Droit de l'Enfant. C'est pour cette raison que ce même article interdit aux stations de diffuser des films pour adulte avant22 heures. Après 22 heures, le film doit porter la mention « Film pour Adulte » ; et les chaînes de télévision n'ont pas le droit de programmer les films de rediffusion avant 22 heures.

Cet acte réglementaire évoque la charte universelle du Droit de l'enfant dans le besoin de protéger les enfants surtout les mineurs de certains contenus en fixant les limites des heures de diffusion, ce qui est une bonne chose au contexte du moment où l'internet n'était pas encore à la portée de nos enfants à travers leurs téléphones. Aujourd'hui cette volonté de protéger les enfants des films ou des émissions qui portent atteinte à l'éducation sociale est confrontée à plusieurs difficultés de l'innovation numérique : d'une part, les chaines diffusées sur le bouquet Canal + qui sont confrontées au problème de décalage d'heures et de culture .C'est le cas de chaines de NOVELAS et des films nigérians qui font des rediffusions à la matinale en violation de cet arrêté. D'autre part, les chaines thématiques des mineurs de Canal Salt des dessins animés qui véhiculent les idées de la sexualité et de l'homosexualité contraires aux bonnes mœurs et à l'ordre public. Après examen, cet arrêté est suranné et doit être adapté.

J'évoque à présent l'ordonnance-Loi 81-52 du 2 avril 1981 portant sur le statut d'un établissement publique dénommé Agence Congolaise de Presse.

2.1.2.8. Ordonnance-Loi 81-52 du 2 avril 1981 portant sur le statut d'un établissement publique dénommé Agence Congolaise de Presse

L'ordonnance loi qui est entrée en vigueur le 15 avril 1981 avait pour but la création d'un établissement public dénommé « Agence Congolaise de Presse » en sigle « ACP ».

L'ACP a son siège social à Kinshasa (Article 2) et ses agences ou bureaux peuvent être ouverts en tout autre lieu de la république, moyennant l'autorisation de l'autorité de tutelle.

L'ACP conformément aux articles 3 et 4a pour les charges :

- ✓ la recherche tant au Congo qu'à l'étranger des éléments d'une information exacte, complète et saine ;
- ✓ mettre, contre payement, cette information à la disposition du public ;
- ✓ étudier et mettre en œuvre les programmes ou les moyens d'information par écrit ou par image susceptibles de servir le crédit international du Congo ;
- ✓ d'assurer l'existence d'un organisme d'information à rayonnement mondial ;
- ✓ s'attacher particulièrement à promouvoir le développement du pays au moyen des informations qu'elle diffuse ;
- ✓ présenter les informations de façon loyale et impartiale, et les donner au public de façon régulière et sans interruption ; et
- ✓ être à l'abri de tout contrôle de droit ou de fait d'un groupement idéologique, politique, économique ou de tout autre groupe de pression.

En vertu de l'article 5, les revenues de l'ACP proviennent :

- ✓ du produit de la vente des documents et service d'information à ses clients ;
- ✓ des subsides qui lui sont alloués par l'Etat ; et
- ✓ des donations autorisées par le Président de la République.

Le conseil d'administration de l'ACP comprend neuf administrateurs qui sont nommés par l'autorité de tutelle, le Président de République(Article9). Il faut noter que la loi permet une implication directe et sérieuse du Président de la République dans la gestion de l'ACP.

Cette implication peut s'illustrer par le fait que le budget de l'ACP est soumis au Président de la République pour approbation contrairement à la RTNC qui est soumis au ministre de tutelle (Article 13).

Les autres textes qui servent de règlementer le paysage médiatique sont :

- Arrêté ministériel N°04/MIP/006/97 du 28 février 1997 portant création de la Commission de contrôle de conformité des stations de radiodiffusion et des chaînes de télévision publiques et privées (Ministère de l'Information et de la Presse) ;
- Arrêté ministériel N°04/MIP/008/97 du 3 mai 1997 portant fixation des frais administratifs pour l'autorisation de reportage photographique ou filmé (Ministère de l'Information et de la Presse) ;
- Arrêté ministériel N°04/MIP/018/96 du 26 novembre 1996 portant fixation des frais administratifs pour l'établissement des récépissés de déclarations préalables de publication, d'exploitation des stations de radio et/ou de télévision, de création d'agences de presse ainsi que pour l'agrément des agences-conseil en publicité et pour l'autorisation de reportage photographique ou filmé (Ministère de l'Information et de la Presse) ;
- Ordonnance N°75-271 du 22 août 1975portant création d'un Comité national de normalisation (J.O.Z., n° 21, 1er novembre 1975, p. 1341) ;
- Arrêté départemental N°DENI/CAB/030/88 du 19 août 1988 fixant le fonctionnement du Comité national de normalisation (J.O.Z., n° 23, 1erdécembre 1988) ;
- Ordonnance N°23-113 du 25 avril 1956 portant « Documents officiels de presse » (B.A., 1956).

2.2. Le paysage médiatique à l'ère du numérique en RDC

L'internet a révolutionné la société d'information où le journaliste n'a plus le monopole de légitimité de l'information (Mupili, 2016), car l'internet est un média multidirectionnel contrairement au média traditionnel caractérisé par le monodirectionnel. Dans l'ordre d'une socialisation planétaire des masses, le « égo media » d'hier sont devenus des « mas médias » d'aujourd'hui mais il appartient aux professionnels de suivre l'appel du professeur Jean-Chrétien Ekambo à travers son interview dans Geopolis hebdo du 26 janvier 2023 : « Face aux réseaux sociaux, seule l'appropriation des TIC par les professionnels va garantir le primat de l'événement ».

La communication a véritablement transféré le pouvoir informationnel à l'individu, solitaire ou grégaire. La technologie numérique a aussi procuré au grand public, la prise de contrôle du tempo de l'accès à l'information en engageant sa délinéarisation. C'est la rupture de la chaîne monodirectionnelle. Le temps s'éloigne où la presse fut le maître incontesté des arcanes journalistiques et de ses règles de l'art : des pouvoirs polycentriques du Net font émerger une chaîne de valeur qui tourneboule les schèmes traditionnels du secteur des Médias et de l'Information (Kodjo, 2019).

Nous abordons la distinction dans l'approche professionnelle tout en sachant que les médias en ligne sont les médias qui interviennent avec la révolution numérique amplifiant le débat technique sur les cadres juridique et institutionnel en épreuve des médias en ligne et sur l'identité du journaliste à l'ère de l'internet. Ainsi, je parle du cadre juridique en épreuve des médias en ligne et le cyberjournalisme.

2.2.1. Cadre juridique en épreuve des médias en ligne

Le cadre juridique des médias en RDC est lacunaire par l'impraticabilité des dispositions légales par rapport aux réalités relatives à l'avènement numérique.

La loi n° 96-002 du 22 juin 1996 fixant les modalités de l'exercice de la liberté de presse à son Titre II organise un ensemble des dispositions qui régissent particulièrement la presse notamment le régime d'autorisation, les droits et obligations des entreprises de presse, du droit de réponse et de rectification et de la politique de la distribution des journaux.

En outre, l'article 22 de cette loi instruit à toute entreprise de presse qui diffuse ou distribue les journaux d'introduire au préalable auprès du Ministre de tutelle une déclaration comportant :

- le nom, la date de naissance et l'adresse du propriétaire et du directeur de la publication ;
- l'indication de la dénomination et de l'adresse de l'imprimerie ou du journal où l'écrit périodique doit être imprimé ;
- l'indication du siège social ;
- le certificat de nationalité du directeur de la publication ou du chef d'entreprise ;
- un extrait du casier judiciaire du propriétaire ou du directeur de la publication ou du chef d'entreprise ;
- un certificat de bonne conduite, vie et mœurs de l'impétrant ;
- un extrait des statuts de la société ou de l'association préalablement notarié ; et
- un document attestant la qualité de journaliste professionnel du directeur de la publication.

L'article 34 de la même loi de 1996 dispose qu'au moment de la publication de chaque numéro du journal, le directeur de la publication et le propriétaire soient tenus à l'obligation du dépôt légal conformément à la loi. Ils doivent en outre, au titre du dépôt administratif, remettre deux exemplaires au Ministère de l'intérieur, aux membres du collège Exécutif régional ayant l'information et la presse dans leurs attributions, et aux archives nationales. Un dépôt spécial doit être fait au Ministère de la justice pour toute publication concernant la jeunesse.

En vertu de l'article 61 de la même loi, les personnes (physiques ou morales) de nationalité étrangère peuvent être autorisées à créer une entreprise de communication audiovisuelle sous réserve de la réciprocité et moyennant une participation majoritaire en faveur des Congolais.

Comme on peut bien l'observer que le régime existant se limite à la presse écrite sur papier sans faire allusion à la communication au public par voie électronique. Les médias en ligne nationaux et les médias internationaux sur satellite sont actifs sur le territoire national en violation des exigences précitées sous le regard passif des autorités compétentes.

Celles-ci connaissent l'effectivité voire la notoriété que caractérisent actuellement certaines presses en ligne car elles sont présentes dans les conférences de presse de Ministre de la communication et des médias, l'autorité de règlementation et connus d'une façon informelle par le Conseil Supérieur de l'Audiovisuel, l'autorité de régulation. D'ailleurs, les journalistes youtubeurs sont même convoqués par l'UNPC pour répondre à des plaintes des victimes des cyberdélits de presse. Le cas de ministre de l'Economie, Jean Marie Kalumba en février 2022 contre Pero Luwara de PSTV, un média en ligne.

Il s'agit de préciser deux catégories des médias en ligne en RDC, d'une part, des anciens journalistes connus officiellement qui font un bon travail de la presse écrite mais en se servant de l'internet comme support et sont regroupés en association avec comme revendication d'être reconnus officiellement comme une structure indépendante à celle de la presse écrite et de l'audio-visuel suite à leur particularité de support internet.

D'autre part, ceux qui diffusent les vidéos en ligne précisément sur YouTube à partir de territoire national soit de l'étranger où l'on trouve beaucoup de déviations sur les règles d'art et de nombreux cas répétés de cyberdélits de presse sans oublier cet échantillon de médias informel du fait que la publication des informations devient une activité principale pour les auteurs à travers les sites internet et les blogs qui émettent soit par anonymat (selon l'intention coupable) soit d'une manière nommée sur le territoire national soit à partir de l'étranger.

En effet, ces nouveaux modes de médias actifs en R.D. Congo échappent aux exigences :

- de régime d'autorisation puisqu'ils ouvrent leurs médias dans le cyberespace sans même informer l'autorité publique ;
- les droits et obligations des entreprises de presse par le fait qu'ils ne sont pas enregistrés légalement et échappent aux obligations d'informer dans le respect de l'ordre publique et des responsabilités fiscales ;
- du droit de réponse et de rectification prévu pour un délai de trois mois dans la presse écrite n'est pas possible suite à leur anonymat soit la

non localisation de l'adresse physique du concerné qui n'est pas souvent connue ;4-et de la politique de la distribution des journaux :cette exigence est révolue dans le cyberespace car tout est dématérialisé sans un journal papier.

A joindre Kodjo (2021) qui présente de nouveaux phénomènes émergents des médias en ligne, qu'il faut approcher et décrypter, dans l'environnement professionnel du journaliste que l'on observe dans le cyberespace :

- ✓ la concurrence est faite à la Presse par de non-professionnels, ce qui conduit à une relative banalisation de la valeur de l'information au milieu d'une myriade de contenus ;
- ✓ la gratuité invétérée du Net déplace à présent le centre de gravité de la relation journaliste-lecteur vers un autre polygone de sustentation afférant aux aspects de monétisation des données personnelles, du nombre de clics, de la masse des vues sur des annonces publicitaires ;
- ✓ sur Internet, les infomédiaires ne sont plus uniquement des tuyaux de diffusion comme le furent les canaux passifs de radiotélévision. Ils sont en revanche des agents d'une gouvernance algorithmique dont les politiques, pas toujours de neutralité technologique, affectent finalement le contenu lui-même.

En perspective, des nouveaux défis du numérique appellent des approches d'infléchissement du modèle drastique que le cyberespace planétaire impose aux médias congolais(2019).

Ce faisant, le métier du journaliste connaissait toujours la complexité dans son approche définitionnelle bien même qu'avant l'ère du numérique.

Que dire sur les mutations de statut de journaliste à l'épreuve des médias en ligne ?

2.2.2. Mutations de statut de journaliste à l'épreuve des médias en ligne

Je parle d'une profession toujours plus complexe et du statut du journaliste à l'ère du numérique.

2.2.2.1. Une profession toujours plus complexe

Cette complexité peut s'évaluer à trois niveaux clairement identifiés par les spécialistes : complexité de l'identité professionnelle (dimension interne), de l'environnement (dimension externe) et surtout des interactions avec l'environnement (dimension pragmatique).

Le journaliste œuvrant dans les médias classiques est contrôlé à deux niveaux : d'une part, sa qualité qui dépend de la délivrance de sa carte de profession par l'UNPC, et d'une part, son entreprise de presse est sous contrôle des instances chargées de l'encadrement légal et déontologique. Cependant, avec les médias en ligne, le contrôle devient très difficile car l'environnement des médias n'est plus l'espace physique mais l'espace virtuel avec ses particularités dont l'immatérialité et l'ubiquité.

La question de journaliste était depuis longtemps complexe avant même l'avènement de presse en ligne car déjà son identité était floue du fait qu'au titre l'on parle tout simplement de journaliste mais dans sa définition légale, on parle de journaliste professionnel sans expliquer qu'est-ce qu'on entend par le journaliste ou d'évoquer l'opposé de journaliste professionnel.

Pas plus qu'il y a environ un siècle, lorsque le journalisme français (et bien d'autres encore...) s'est constitué en corps professionnel avec ses règles spécifiques de fonctionnement (Ruellan, 1997), la réponse à cette question n'est aisée.

D'aucuns objecteront que le journaliste reste avant tout un professionnel de l'information, qui dégage l'essentiel de ses revenus de ses activités au sein d'une entreprise de presse. Mais qu'est-ce qu'un « professionnel », lorsque l'on sait que des autodidactes font d'excellents journalistes, tandis que certains des diplômés d'écoles spécialisées ne parviennent pas à réussir dans ce métier ?

Qu'est-ce que « l'information», à l'heure où celle-ci n'est plus produite de façon monopolistique par les journalistes, et où les scientifiques en donnent une définition toujours plus protéiforme et métissée ? (Bougnoux, 1995).

Qu'est-ce qu'une « entreprise de presse », à l'ère du numérique où un particulier de son initiative, peut produire de façon autonome, son propre journal en ligne et gagne de l'argent par le nombre de vues.

Les penseurs du « cyberespace » et de la « cyberculture » l'affirment haut et fort, avec des démonstrations souvent fort convaincantes : les nouveaux réseaux numériques provoquent actuellement un changement technologique, mais aussi paradigmatique, en bouleversant notre façon d'appréhender le monde : à un mode d'accès à la connaissance basé sur l'écriture linéaire et textuelle, ils substitueraient progressivement un nouveau mode basé sur les trois principes fondateurs de l'Internet[8] : la *navigation* (qui supposerait l'affranchissement des limites spatiales et temporelles de l'écriture traditionnelle), l'*hypertexte* (qui favoriserait une mise en boucle généralisée des connaissances entre elles) et l'*interaction* (qui permettrait aux utilisateurs d'entretenir des relations permanentes et rétroactives avec n'importe quel point du réseau de communication dans une perspective d'apprentissage mutuel et d'émergence d'une intelligence collective).

[8]En Amérique du Nord, voir les réflexions d'Alvin Toffler, Howard Rheingold, Manuel Castells ou Pierre-Léonard Harvey. En France,voir par exemple les ouvrages de Joël de Rosnay, Philippe Quéau, PierreLévy, Jean-Pierre Balpe ou Jean-Louis Weissberg (Présences à distance, Paris, L'Harmattan, 1999).

Professeur Mbissane NGOM de l'Université Gaston Berger ajoute que : « Le métier de journaliste change avec les nouvelles technologies qui permettent de transmettre directement l'information « brute » par les satellites de télévision ou les réseaux d'ordinateurs. Le rôle du journaliste n'est plus de collecter l'information mais d'organiser le débat public au sein de la société civile» (Mbissane, *http ://www.haacbenin.org /IMG/pdf/PROBLEMES_REGULATION_CYBERJOURNAUX.pdf)*.

Ma préoccupation n'est pas ici de revenir sur ces questions délicates, qui continuent actuellement à soulever de nombreuses et vives polémiques au sein de la corporation mais d'aborder une analyse objective sur le statut du journaliste à l'ère du numérique et tenter de définir le cyberjournalisme.

2.2.2.2. De statut du journaliste à l'ère du numérique

La question qui se pose est l'encadrement légal des médias en ligne du fait que Article 1 de l'Ordonnance-loi- 81-012 portant statut des journalistes Zaïre du 02 avril 1981restreint son champ d'application qu'aux seuls les journalistes professionnels à son article 1er en ces termes : «Le présent statut s'applique aux journalistes professionnels œuvrant au sein des organes d'information en République du Zaïre. Les matières non prévues au présent statut sont réglées conformément aux dispositions du Code de travail. Les mesures d'exécution du présent statut sont prises par le commissaire d'État ayant l'information dans ses attributions ».

Par ailleurs, par journaliste professionnel, il faut entendre celui qui se voue d'une manière régulière à la collecte, au traitement ou à la diffusion des nouvelles ou idées dans un ou plusieurs organes d'information et qui tire l'essentiel de ses revenus de l'exercice de sa profession ».

Denis Ruellan, cité par Pélissier (www.afri-ct.org/IMG/), en rapport avec la jonction de l'adjectif « professionnel » se dit que l'évocation du journalisme se fait généralement en présence de ce qualificatif, alors que nul n'aurait besoin de préciser qu'un médecin, ou qu'un boucher, est « professionnel », car nul n'imagine la pratique d'un « médecin amateur » ou d'un « boucher amateur » : des compétences, celles de savoir s'occuper d'un patient dans le premier cas, celles de savoir conditionner les viandes dans le second, définissent de fait la pratique, et le titre attribué. Il n'en va pas de même des journalistes, dont l'activité se distingue historiquement par l'incapacité d'en saisir avec précision et de façon fixe les contours ; c'est un« professionnalisme du flou ».

La présente étude donne sa version que le concept « journaliste professionnel » ne fait pas seulement allusion à la formation du journaliste mais plutôt à une relation entre le journaliste et son métier, un journaliste professionnel fait du journalisme sa vie professionnelle, sa passion, son identité et non un métier occasionnel, un job pour la survie, une activité après avoir échoué dans d'autres domaines.

Donc, d'une part informer le public selon les règles d'art mais aussi tout en considérant ce métier comme un emploi à l'instar d'un footballeur professionnel qui signe un contrat avec un club de foot pour démontrer son talent, et d'autre part pour tirer profit du revenu du foot de sa dignité humaine.

Ladite ordonnance loi sanctionne l'usurpation de la qualité de journaliste, ce qui est compliqué avec les médias en ligne où n'importe quel courageux sans qualité s'improvise dans la profession comme journaliste bloggeur soit youtubeur.

Quiconque se sera attribué faussement la qualité de journaliste ou aura porté publiquement tout insigne ou emblème destiné à faire croire à l'exercice de cette qualité, sera puni conformément aux dispositions du Code pénal, livre II» (Article 4).

Toute personne remplissant les critères fixés par l'article 2 peut obtenir une carte de presse, à condition que la demande en soit faite par lui-même ou l'organe d'information qui l'emploie. Le journaliste stagiaire n'a pas droit à la carte de presse. Il lui est délivré une carte de stagiaire. La carte de presse et la carte de stagiaire sont délivrées par l'Union de la presse du Zaïre (UPZa) (Article5).

Toute son histoire montre ainsi que l'identité journalistique est modulaire, rarement stable, que ses frontières apparaissent toujours en mouvement.

« Professionnels du flou », les journalistes ont régulièrement fait preuve d'une adaptabilité leur permettant d'absorber des chocs d'origines très diverses, notamment les tentatives d'instrumentalisation et de manipulations émanant de divers pouvoirs (politiques, religieux, etc.) et les mutations technologiques engendrées par les avancées de la science (Palmer, 1997).

Aujourd'hui, le défi à relever revient à gérer au mieux les contraintes générées par la triple pression exercée par « l'urgent, l'argent et les gens» (Bougnoux, 1995).

Que retenir sur le cyberjournalime ?

2.2.3. Cyberjournalisme

Le débat sur le statut de journaliste était centré pendant plusieurs décennies, sur la qualité d'un « journaliste professionnel » avec un référentiel basé sur sa compétence, savoir-faire opérationnel ainsi que de sa dépendance au revenu de son métier.

Néanmoins, l'avènement de l'internet, crée un autre débat vers une autre appréhension centrée sur l'outil de travail et le support à utiliser. C'est l'apparition de concept « média traditionnel »[9] pour l'opposer au média en ligne.

Je parle du cyberjournalisme comme phénomène médiatique, de la définition du cyberjournalisme,

2.2.3.1. Cyberjournalisme comme phénomène médiatique

Depuis quelque temps, on parle de plus en plus du cyberjournalisme par rapport au journalisme « traditionnel ». Mais qu'est–ce qu'on entend par « cyberjournalisme » ?

En fait, le cyberjournalisme demeurait un phénomène médiatique qui est encore ignoré dans l'encyclopédie de Wikipédia (consulté le 29/03/2020), dans plusieurs dictionnaires français voire dans les dictionnaires anglais en recherchant sur des sources anglophones avec les mots « *cyberjournalism* » ou « *cyberjournalist* » ni même sur des autres dictionnaires hispanophones avec les mots « *ciberperiodismo* » ou « *ciberperiodista* ».

Cette reconnaissance qui lui manque encore est du fait que le cyberjournalisme est un fait, une situation innovante qui s'installe mais qui continue à être évolutif malgré son ampleur et son effectivité dans la société de l'information.

Cependant, le concept cyberjournalisme devient relativement un vocabulaire et une réalité qui franchit les cercles académiques et professionnels du journalisme et aussi dans une grande part du public en général, par exemple, la recherche sur Google de « cyberjournalisme » en français donne 21 800 références qui ont tendance d'opposer le journaliste classique au cyberjournaliste partant du support numérique utilisé.

La question qui se pose est de savoir la frontière technique qui sépare le métier du cyberjournaliste à celui du journaliste traditionnel si l'on croit qu'il n'y a aucune réponse absolue, parce que les frontières entre l'un et l'autre sont assez floues. En terme d'illustration, le journaliste « traditionnel » qui pense aussi à la version numérique qu'on va faire de son information, n'est–il pas en train d'agir comme un cyberjournaliste ? Et tout cyberjournaliste qui ne fait que travailler en ligne, n'est-il toujours en agissant aussi comme un journaliste « traditionnel » lorsque, essentiellement, il rassemble des donnés et produit un texte informatif ? Alors, on peut dire qu'il y a des journalistes qui, selon les circonstances et les moments, agissent plutôt comme journalistes traditionnels ou comme cyberjournalistes, mais aussi qu'il y a des journalistes auxquels, en raison de son travail habituel comme producteurs d'information en ligne, on peut généralement les appeler cyberjournalistes, même s'ils n'agissent aussi, parfois, que comme journalistes traditionnels.

---

[9] Média traditionnel fait allusion aux médias ordinaires et habituels organisés et formalisés dans le secteur audiovisuel et la presse écrite avec un support papier par contre les médias en ligne sont encore considérés comme les nouveaux médias avec les paradigmes en chantier.

Dans la pratique, les conditions de travail sont d'habitude très similaires à celles des journalistes classiques dans le respect des règles d'art, avec plus d'un métier parfois plus pressé (en raison de la contrainte de publication immédiate), plus continu (en raison de la mise à jour constante) et dont l'élaboration des produits informatifs peut exiger plus de travail (du fait du caractère multimédia, hypertextuel et interactif des textes cyber journalistiques).

Une presse en ligne par vocation, rédige les articles très brefs soutenus par les images avec possibilité d'interagir avec son public qui les accède gratuitement avec principe : « Si c'est gratuit, c'est toi le produit » (Kodjo, 2020).

Ces particularités de la presse en ligne sur le plan de l'économie de média compliquent davantage les anciens paradigmes.

Appliqué aux organisations médiatiques, ce raisonnement peut amener à considérer que les TIC ne sont pas des technologies parmi d'autres qui vont faciliter la tâche des producteurs d'information, mais qu'elles ont la capacité de modifier en profondeur la profession journalistique, tant sur un plan procédural que substantiel.

Comment dès lors définir le cyberjournalisme ?

2.2.3.2. Définition de cyberjournalisme

L'Ordonnance-loi n°23/009 du 13 mars 2023 fixant les modalités de l'exercice de la liberté de presse ,d'information et d'émission par radio et télévision, la presse écrite ou tout moyen de communication en RDC (non encore en vigueur) à son article 3 point 9 définit le « Journalisme en ligne » comme : « une forme de journalisme utilisant l'internet comme principal support, par le biais notamment de versions électroniques de médias traditionnels, ou bien de journaux en ligne ». Et à son article 82 la dite Ordonnance-loi garantit la liberté d'exercice de la presse en ligne dont son entreprise peut être généraliste ou thématique.

Dans le cadre de cette étude, le cyberjournalisme reste le métier de journalisme mais avec l'usage de la technologie numérique dans le respect des règles de l'art. Le cyberjournalisme autrement appelé webjournalisme ou journalisme en ligne révolutionne les paradigmes de la presse classique comme nous l'avons évoqué ci haut dans l'exploitation du support électronique n'échappe à rien aux règles d'éthique et de déontologie du journaliste professionnel.

Le cyberjournalisme doit rester le journalisme dans le cyberespace pour l'effectivité de droit à l'information ,donc, une prérogative reconnue au peuple d'être informé, d'avoir une information vraie et bonne. Par contre « Le droit congolais n'a pas encore défini le cyberjournalisme voire utilisé le concept cyberjournalisme dans un texte légal.

Cependant, la loi n°97-002 du 22 juin sur de presse dans son esprit en matière de répression anticipe toute innovation de support en employant la phrase : quel que soit le support utilisé »(Mupili, 2016).

De principe, la question de la presse en ligne est prise en compte par le législateur congolais même si il ne fait usage de cyberjournalisme mais il ne l'évoque que précisément dans la version sanctionnatrice. Ce qui affirme l'absence de la définition légale de cyberjournalisme en droit positif congolais.

De même, la législation française en vigueur avec la loi du 29 juillet 1881 sur la liberté de la presse (http ://www.legifrance.gouv.fr/ texteconsolide/PCEAA.htm) avec toutes ses modifications et additions postérieures n'a pas mentionné le cyberjournalisme.

Par ailleurs, pour la loi française sur l'économie numérique de 2004 a véritablement contribué en instituant « la communication au public par voie électronique » qui régit toute information par son, image et texte par voie électronique.

La loi française sur l'économie numérique définit la communication au public en ligne comme : « toute transmission sur demande individuelle, des données numériques, n'ayant pas un caractère de correspondance privée, par un procédé de communication électronique permettant un échange réciproque d'information entre l'émetteur et le récepteur » (Article 1er, LCEN, France).

Cependant, le Conseil de presse de Québec (Conseil de presse de Québec cité par Mupili, 2016) est de rare a mentionné le concept cyberjournalisme en expliquant ce qui suit : « Le journalisme sur Internet a connu un grand essor dans le monde de la presse au cours des dernières années. Des journaux et des magazines électroniques ont trouvé place sur Internet. Le « cyberjournalisme » ne diffère pas, quant à sa substance et à sa raison d'être, d'un journalisme plus traditionnel, qu'il soit écrit, radiophonique ou télévisuel. Seul le support technologique a changé.

Les principes éthiques qui président à la pratique du « cyberjournalisme » sont à peu de choses presque identiques à ceux qui s'appliquent aux médias traditionnels. Les grandes règles d'or de la profession journalistique, qu'il s'agisse de journalisme d'information ou de journalisme d'opinion, restent de rigueur » (Mupili, 2016).

Le législateur malgache, déjà en 2003 a introduit le concept « cyberjournalisme » dans son avant-projet de loi de 2003 portant Code de la communication de Madagascar (http ://www.pressefrancophone.org/UIJPLF/uijplf_deonMadagascarcode.htm consulté le 03.11.2017), qui déjà parlait explicitement de l'Internet et du cyberjournalisme et qui considérait le cyberjournaliste comme un des professionnels de la communication mais sans le définir : « Sont pris dans le corps des métiers de la communication médiatisée, sans que la liste soit exhaustive, le journaliste, le reporter d'images, le rédacteur, le réalisateur, le cinéaste, le vidéaste, le publiciste, l'animateur, le « cyberjournaliste », le correspondant de presse, le caméraman ».

A défaut de la source légale qui ne donne pas brièvement la réponse sur le cyberjournalisme, le recours à la doctrine à travers plusieurs publications des scientifiques est parvenu à le définir par des synonymes parce qu'il y a des différentes façons d'appeler une même réalité : le webjournaliste, le rédacteur (trice) web, ou le journaliste en ligne, ou… répondent en général à celle qu'on vient de décrire : « Comme un journaliste classique, le journaliste en ligne qu'on appelle cyberjournaliste ou encore rédacteur en ligne, constitue un médiateur entre les sources d'information et le public.

Mais travaillant en temps réel, il doit en plus faire preuve d'une réactivité permanente, pour actualiser le plus rapidement possible les informations contenues sur le site» (http ://www.cyberbasemontpellier.com/ Referencement/Contenu/Cyberjournaliste.htm.consulté le 20.02.2017).

Le travail du rédacteur ou journaliste web n'est pas radicalement différent de son collègue de la presse écrite. Seule l'écriture n'est pas tout à fait la même […]. Sans oublier tous les compléments d'information que le rédacteur peut mettre à la disposition du lecteur, tels les liens hypertexte et les forums de discussion. Devant la multiplication des sites, des gens polyvalents, capables de manier l'info sous toutes les formes, sont très recherchés sur l'internet»(http ://www.nadoz.org/2_Metiers/Metier.asp?Param=Rech%3D3 %26GFEId%3D%26InteretId%3D%26MetierLettre%3D%2 consulté ne 09 janvier 2019).

Le journaliste online traite l'information recueillie sous forme d'articles destinés à étoffer le contenu du site. Il adapte son écriture au support multimédia et est souvent amené à fournir sons et images. De plus en plus, on lui demande des compétences de webmaster.

Mbissane Ngom cité par Mupili (2016), alerte cependant que les définitions peuvent être multiples, au regard de la diversité des pratiques de mise à disposition du public d'informations en utilisant les technologies de l'information et de la communication, et particulièrement Internet. Deux pratiques méritent, cependant, une attention particulière dans le cadre de cette contribution. La première est relative à la mise en ligne d'articles de presse déjà publiés dans des quotidiens édités et imprimés. Dans ce cas-ci, l'activité journalistique de recherche, de collecte et de traitement de l'information, a été faite ailleurs et par d'autres personnes. Seul un support supplémentaire, Internet, est ajouté. On ne peut parler dans ce cas de cyberjournalisme quand il manque un élément fondamental du travail journalistique : l'originalité du contenu, composé d'informations présentant un lien avec l'actualité ».

De ce qui précède, notre étude retient que le cyberjournalisme reste le métier du journalisme professionnel dans le respect des règles d'art mais en utilisant des technologies de l'information et de la communication pour diffuser dans le cyberespace, toutefois et parfois, en adaptant l'écriture et la présentation par les photos avec un dispositif de dialogue. C'est le travail du journalisme professionnel en se servant du support numérique à ne pas donc, le confondre aux bloggeurs, aux internautes et autres bavards en ligne.

Le moment est venu d'évoquer le nouveau paysage audiovisuel de la Télévision Numérique en RDC.

2.3.Nouveau paysage audiovisuel de la Télévision Numérique en RDC

La RDC n'a pas échappé à l'évolution menée par l'Union internationale des télécommunications (UIT) consistant à remplacer la Télévision analogique par la Télévision Numérique Terrestre qui tire sa base juridique de l'arrêté n°002/TNT/CAB/MCM/LMO/2015 du 25 avril 2015 portant définition des acteurs du nouveau paysage audiovisuel congolais, récupération par l'État congolais des fréquences analogiques octroyées aux chaînes de télévision et interdiction d'importation en RDC des récepteurs analogiques (JO RDC, n° spécial, 1er juin 2015).

La TNT a pour source internationale le Traité international relatif à l'Accord GE06 du 16 juin 2006 de l'UIT pour la migration de l'audiovisuel analogique vers le numérique, engageant la RDC à passer à la TNT, processus d'arrêt de la diffusion télévisuelle analogique en bande UHF et VHF.

L'article 2, de l'arrêté ministériel n°002/TNT/CAB/MCM/LMO/2015 consacre des nouveaux acteurs de la TNT :

- *Éditeur de programme* qui a pour tâches de production studio ou de contenu TV ;
- *Opérateur de multiplexage* est l'assembleur des contenus se limitant à agréger les programmes et services télévisuels venant de plusieurs éditeurs de programme ou opérateurs des télécoms pour former des bouquets et les rendre disponibles à un diffuseur aux fins de distribution ;
- *Diffuseur* est l'opérateur de la fonction essentielle de diffusion, étant le seul habilité à détenir des fréquences dans le cadre des licences attribuées par l'autorité compétente ;
- *Télé-distributeur* est l'opérateur d'assemblage des programmes d'origine étrangère et locale dans des bouquets, afin de les commercialiser à l'intention des clients particuliers, moyennant un abonnement mensuel ou annuel.

A noter que la séparation difficile mais très fine entre audiovisuel et Web 2.0 à l'ère de la délinéarisation des contenus TV et de la VoD (Kodjo, 2020).

Sont traités ici les effets du passage de la télévision analogique à la télévision Numérique,

La technologie numérique, selon l'étude de Kodjo (2021), a permis la « délinéarisation» de la télévision. Le linéaire relève de la télévision traditionnelle, avec la logique de « chaine TV ».

Le large public restait soumis au temps et à la grille de programmes voulus par le fournisseur. Avec la vidéo à la demande (VoD), et la télévision de rattrapage (TVR), le téléspectateur devient le maître de son moment de visionnage des contenus. Il s'opère ainsi un autre redéploiement stratégique du paysage audiovisuel (Kodjo, 2021).

Le numérique est l'âge du contrôle de la vidéo par le spectateur. En effet, « la vidéo à la demande [VoD] ou encore la télévision de rattrapage [TVR] permettent de visionner sur le poste de télévision ou l'ordinateur, de manière gratuite ou payante, des programmes audiovisuels au moment choisi par l'utilisateur », contrairement à la Télévision classique.

Plus simplement, l'Internet a rencontré le potentiel du média Tv et a changé peu à peu l'objet de la télévision (Docquir et Hanot cité par Kodjo, 2021). Les progrès technologiques ont favorisé la prise de contrôle sur la vidéo par le spectateur, qui peut facilement commander (le direct), enregistrer, conserver, transférer des contenus avec une grande liberté de visionnage différé ou des « *replay*».

Les mutations en cours présentent de nouvelles tendances qui se poursuivent inexorablement. Par exemple, l'essor de la vidéo « à la demande » marque de plus en plus l'initiative du spectateur. La tendance se renforce vers une télévision « sur mesure » avec une préférence pour les offres de mini-bouquets ou de chaînes à l'unité, différentes de gros bouquets Tv. Il s'est créé la catégorie des services de médias audiovisuels à la demande (SMAD).

Les phénomènes de l'Internet sont d'échelon planétaire. Les activités numériques occupent le marché global. Ils dépassent les frontières nationales et débordent du cadre légal de la presse et de répression des infractions en RDC.

Il convient de promouvoir l'adaptation aux règles innovantes des médias en ligne.

2.4. Adaptation aux règles innovantes des médias en ligne

Il est techniquement évident que le support numérique constitue l'unicité des cyberdélits de presse avant que juridiquement l'on évoque les actes constitutifs de l'infraction. Sans l'internet, avec ses particularités de l'ubiquité et de l'immatérialité, il n'y aurait pas de cyberjournalisme ni de cyberdélit de presse.

Faut-il affirmer que le cyberdroit vient du mariage entre le droit et l'internet ? Ce paragraphe porte sur la qualification juridique d'internet et sur l'adaptation aux règles de l'art et des droits du journaliste à l'ère de l'internet.

2.4.1. Qualification juridique d'Internet

L'avènement de l'internet a révolutionné le journalisme au cyberjournalisme, le délit de presse au cyberdélit de presse en rendant inadapté le droit positif existant en matière de la presse. La question que l'on peut se poser si l'internet est un média et que le régime applicable aux médias peut lui être applicable par adaptabilité ou faut-il créer un autre droit pour basculer au régime de l'internet ?

Selon Cécile Nlend (2007), « l'internet est une révolution technique et sociale du fait qu'il n'a épargné que très peu de domaines de la société. L'informatique, les médias, les modes de communication entre les personnes, etc. Une seule définition d'internet ne suffirait pas à couvrir les multiples aspects de cet outil. Internet a une implication technique, sociale et juridique avec des répercussions dans chacun de ces domaines dont les définitions d'Internet doivent tenir compte ».

Autrement dit, l'internet est un service de communication qui regroupe plusieurs fonctionnalités lui permettant d'être défini comme tel. La qualification juridique d'internet n'est pas globale. Les fonctionnalités d'internet sont régies de manière sectorielle par des textes juridiques spécifiques. Selon la fonctionnalité concernée d'internet, sa qualification juridique nécessitera une adaptation. Ceci étant l'internet peut être un service commercial et aussi un multimédia.

2.4.1.1.Internet est un service commercial

Pour Cécile Nlend (2007), l'internet comme service commercial, les personnes morales et physiques réalisent de nombreux échanges commerciaux et financiers par le biais du réseau Internet.

Le commerce électronique (e-commerce pour électronique commerceou cybercommerce) a une grande importance et, ne se limite pas à la seule vente en ligne. Il recouvre l'ensemble des activités liées à l'achat en amont de la vente (publicité, marketing, préparation de l'achat, aide à la décision, comparaison des prix, etc.) ; pendant la vente (catalogue, sélection et configuration des produits, paiements en ligne, etc.) ; ou en aval de la vente (service après-vente, support technique, etc.).

La qualification juridique d'Internet dans ce cas de figure est celle qui correspond au commerce avec des adaptions nécessaires eu égard aux caractéristiques spécifiques du commerce en lig ne, c'est le cas par exemple s'agissant des textes régissant les contrats électroniques (Armaud et Solange, 2006).

L'internet est aussi comme multimédia.

2.4.1.2.Internet comme multimédia

L'internet doit, avant tout, être considéré comme un multimédia ou hypermédia (Bourré, 2002).Il faut entendre par là que, c'est un support unique qui permet la diffusion de plusieurs médias, de manière associée (image et son, texte et son...), ou dissociée (texte seul, image seule...).

L'unanimité n'est pas de mise lorsqu'il s'agit de qualifier l'Internet de média. La difficulté en la matière tient à la diversité de ses applications. Ces diverses applications relient Internet à plusieurs cadres juridiques jusque-là hermétiques les uns aux autres. La nature d'Internet génère une cohabitation de plusieurs cadres juridiques ce qui a pour résultat de donner naissance à de nouveaux cadres, de nouvelles qualifications juridiques.

La messagerie électronique, les forums de discussion et les chats sont des applications qui permettent l'échange de messages, fichiers en différé comme en simultané. La qualification juridique à retenir est celle de la communication privée ou publique. La communication privée entre individus par courrier électronique s'apparente au courrier postal traditionnel et tombe dans le cadre de la Loi-cadre sur les télécommunications de 2002 mais lorsque le mail est copié en plusieurs destinataires avec souci de large diffusion, le message serait sous le régime de la presse car il perd le caractère confidentiel de la correspondance privée.

Il en est de même de la téléphonie par Internet qui est une alternative à la téléphonie traditionnelle et devrait tomber sous le coup de l'application de la loi-cadre sur les télécommunications.

Les sites de presse écrite, la diffusion d'informations sur Internet quel qu'en soit le support (blogs, sites et pages personnel, etc.) peuvent être assimilés à l'activité traditionnelle de la presse. Ils devraient se voir appliquer la loi de 1996 de la presse qui réglemente la liberté de la presse. Internet est un outil permettant d'éditer et de diffuser de l'information simplement et rapidement gratuitement ou non par le biais de différents supports : forums, sites personnalisés, blogs, pages spécialisées, etc.

La qualification juridique d'Internet dans ce cas s'aligne (avec quelques adaptations) sur la législation sur la presse.

Les radios et télévisions se multipliant sur la Toile, dépendent par exemple en France quant à elles du régime de la loi de 1986 telle que modifiée par la loi du 1er août 2000 et qui détermine le cadre de la communication audiovisuelle, de même en RDC, il est question de l'adapter à la loi sur la presse de 1996.

Selon l'avis de Philippe Bourré (2002), reconnaître à l'Internet le statut de média reviendrait à : remettre en cause l'ensemble des statuts respectifs auxquels il est rattaché ; dissoudre des cadres juridiques dans un droit uniformisé applicable à toutes les entreprises sans tenir compte de leurs spécificités respectives.

Dans le même temps il milite pour une qualification juridique d'Internet comme média audiovisuel, qui le rapprocherait du statut opposable aux entreprises de radios et de télévisions[10].

Ceci implique tout d'abord, que l'ensemble des règles protectrices de différents droits de la personne ont vocation naturelle à s'appliquer. Il est sans doute, le caractère immatériel des contenus liés à l'internet est-il de nature à empêcher, en référé, la prise de certaines mesures classiques, telles que celles que l'on peut trouver en matière de presse écrite, susceptibles de venir mettre un terme à l'atteinte ou au trouble constaté.

Le point suivant évoque l'adaptation aux règles de l'art et des droits du journaliste à l'ère de l'internet.

2.4.2. Adaptation aux règles de l'art et des droits du journaliste à l'ère de l'internet

L'adaptation à l'environnement actuel dominé par l'internet ne doit s'inspirer que du droit comparé qui répond au contexte national et surtout qu'elle organise les règes de la rédaction et des genres journalistiques, de traitement et de la diffusion de l'information et des droits de journaliste à l'ère de l'internet.

2.4.2.1.La liberté rédactionnelle et les genres journalistiques

L'information livrée au public fait nécessairement l'objet de choix rédactionnels et subit un traitement journalistique suivant divers modes appelés « genres journalistiques ».

Ces genres, de même que la façon de présenter et d'illustrer l'information, relèvent du jugement rédactionnel et demeurent des prérogatives des médias et des professionnels de l'information. Les médias et les professionnels de l'information doivent être libres de relater les événements et de les commenter sans entraves ni menaces ou représailles.

La presse n'a pas à se plier à un modèle idéologique unique : elle peut donc choisir ses propres sujets et décider de l'importance qu'elle entend leur accorder.

Au Québec et en Amérique du Nord, il existe une frontière marquée entre le journalisme d'information et le journalisme d'opinion. Cette frontière n'est pas aussi explicite dans tous les médias à travers l'Occident, plus particulièrement dans la presse engagée. Et l'Afrique, en général et la RDC, en particulier, a hérité le mode de travail de l'occident depuis la colonisation qui s'est suivi par la formation continue de type européenne. Les différents genres journalistiques présentés ici sont répartis selon la tradition nord-

[10] Il dit pour soutenir cette idée que, « *tout comme la radio ou la télévision, interne permet aux utilisateurs de se divertir, de s'informer, de s'instruire par le biais d'un appareil de réception prévu à ces usages au travers de millions de sites amateurs ou professionnels qu'il présente* », Philippe Bourré, Le droit et Internet, préc., p.15.

américaine de la presse. Ainsi, je parle du journalisme d'information ; de la nouvelle, du compte rendu et du reportage ; de l'analyse, du dossier et des émissions d'affaires publiques ; le journalisme d'enquête ; les émissions de variétés à contenu informatif ; le journalisme d'opinion ; l'éditorial et le commentaire ; la chronique, le billet et la critique ; la caricature ; les tribunes téléphoniques ; l'espace de publication et le temps de diffusion ; les manchettes, les titres et les légendes ; les supports visuels et sonores ;La circulation de l'information.

➢ Le journalisme d'information

Le journalisme d'information a pour but de renseigner le public sur les faits, les événements, les phénomènes qui ont cours dans la société et dans le monde en général, ainsi que sur toute question d'intérêt public.

L'information factuelle rapporte les faits et les événements et les situe dans leur contexte, afin de permettre aux citoyens de mieux connaître la société et le monde dans lequel ils vivent, de porter des jugements éclairés sur l'actualité et sur les questions d'intérêt public.

Le choix des faits et des événements rapportés, de même que celui des questions d'intérêt public traitées, relèvent de la discrétion des directions des salles de nouvelles des organes de presse et des journalistes. Il leur appartient aussi de déterminer les genres journalistiques qu'ils utilisent pour le traitement des informations recueillies.

Que dire de la nouvelle, du compte rendu et du reportage,?

✓ La nouvelle, le compte rendu et le reportage

La nouvelle a pour but d'informer le public des faits et des événements nouveaux, significatifs et intéressants qui relèvent de l'intérêt public, c'est-à-dire qui sont porteurs de conséquences pour la population et la société, en situant ceux-ci dans leur contexte de signification.

J'évoque l'analyse, le dossier et les émissions d'affaires publiques au point suivant.

✓ L'analyse, le dossier et les émissions d'affaires publiques

L'analyse, le dossier et les émissions d'affaires publiques, ont pour objectif d'apporter au public une information plus élargie sur l'actualité et de favoriser une meilleure compréhension des situations, des problèmes et des enjeux dont il est question. Les faits et les événements déjà connus du public ou qui ont fait l'objet de nouvelles ou de reportages y sont, en général, sommairement rappelés, pour ensuite être abordés plus en profondeur quant à leur contexte, leur portée ou leur signification.

Ces genres consistent à relever les éléments essentiels des faits et des événements et à établir des relations entre ceux-ci afin de mettre en lumière des aspects et des dimensions qui seraient peu ou pas abordés dans la nouvelle et le reportage. Par divers moyens appropriés au sujet traité (faire un bilan, donner une vue d'ensemble, expliciter plus à fond les situations, les enjeux et les problématiques en cause), ces genres journalistiques portent surtout leur attention sur la signification d'un fait ou d'un événement en les plaçant dans un contexte plus global.

Il y a aussi le journalisme d'enquête à signaler.

➢ Le journalisme d'enquête

Le terme « enquête », dans son acception générique, renvoie à une démarche de recherche, de collecte et de vérification d'informations par divers moyens (recherche et examen de documentation, témoignages, entrevues avec des personnes ressources qualifiées). L'enquête se veut une démarche plus approfondie d'un sujet ou d'une problématique donnée.

Le terme « enquête », dans ce que l'on qualifie de « journalisme d'enquête », vise ici à mettre en lumière ce qui sous-tend certaines activités, affaires, problématiques ou certains événements et phénomènes sociaux laissés dans l'ombre, soit en raison de leur complexité, soit par leur caractère obscur, voire secret.

Pour ce faire, le journaliste se consacre à la recherche et à la collecte d'éléments de preuves, de témoignages et d'informations qui permettront de donner au grand public un éclairage supérieur sur des enjeux politiques, économiques et sociaux majeurs et sur des questions d'intérêt public, ce que la couverture événementielle ou les reportages et les analyses conventionnels n'abordent pas.

Le journalisme d'enquête présente des difficultés et des exigences qui justifient parfois l'usage de procédés clandestins lors de la collecte d'informations, tels que micros et caméras cachés, dissimulation d'identité, infiltrations, filatures. Le Conseil de presse reconnaît que l'on puisse et doive parfois avoir recours à de pareils procédés. Cependant, leur utilisation doit toujours demeurer exceptionnelle et ne trouver sa légitimité que dans le haut degré d'intérêt public des informations recherchées et dans le fait qu'il n'existe aucun autre moyen de les obtenir.

J'évoque dans les lignes qui suivent les émissions de variétés à contenu informatif.

✓ Les émissions de variétés à contenu informatif

De prime abord, les émissions de variétés ne relèvent pas de l'information journalistique. Les médias accordent cependant du temps d'antenne à du contenu informatif dans le cadre de certaines émissions relevant de la programmation générale. Ces périodes ou ces volets consacrés à l'information deviennent alors assimilables à de l'information journalistique et sont alors soumis aux mêmes standards professionnels.

Il convient de ne pas oublier le journalisme d'opinion.

➢ Le journalisme d'opinion

Le journalisme d'opinion est une manifestation de la liberté d'expression et de la liberté de la presse. Ce journalisme comporte différents genres journalistiques qui constituent des tribunes réservées à l'expression d'opinions.

Le journalisme d'opinion accorde aux professionnels de l'information une grande latitude dans l'expression de leurs points de vue, commentaires, opinions, prises de position, critiques, ainsi que dans le choix du ton et du style qu'ils adoptent pour ce faire.

Le choix des genres journalistiques retenus pour publication ou diffusion relève de la prérogative des organes de presse. Il en va de même de l'espace réservé à ces tribunes d'opinions.

Que retenir de l'éditorial et du commentaire ?

✓ L'éditorial et le commentaire

L'éditorial et le commentaire constituent des tribunes d'opinions réservées à l'éditeur.

Traditionnellement, l'éditorial et le commentaire émanent de la direction d'un média et reflètent la position, les convictions ou l'orientation générale de l'éditeur – ou de l'équipe éditoriale – quant aux questions qui y sont traitées.

Les sujets et les contenus des éditoriaux relèvent de la discrétion de l'éditeur qui est libre d'établir la politique du média en ces matières. Il est également de son ressort de déterminer, à tout moment, l'espace qu'il juge à propos pour prendre position, faire valoir ses points de vue ou exprimer ses critiques.

En matière d'éditorial et de commentaire, l'éditeur est libre d'exclure les points de vue qui s'écartent de la politique du média, sans qu'une telle exclusion puisse être considérée comme privant le public de l'information à laquelle il a droit.

Les lignes suivantes rappellent la chronique, le billet et la critique.

✓ La chronique, le billet et la critique

La chronique, le billet et la critique sont des genres journalistiques qui laissent à leurs auteurs une grande latitude dans le traitement d'un sujet d'information. Ils permettent aux journalistes qui le pratiquent d'adopter un ton polémiste pour prendre parti et exprimer leurs critiques, dans le style qui leur est propre, même par le biais de l'humour et de la satire.

Ces genres accordent en général une grande place à la personnalité de leurs auteurs. C'est leur lecture personnelle de l'actualité, des réalités et des questions qu'ils choisissent de traiter qui est surtout mise en perspective.

Il y a aussi la caricature à signaler.

✓ La caricature

La caricature est un genre journalistique qui confère à ses auteurs une grande latitude. Elle est un mode d'expression très particulier du fait qu'elle exige une grande économie de traits et de mots. Sa fonction consiste à illustrer ou à présenter, en faisant appel à l'exagération du trait, un personnage, un fait, un événement, un phénomène social ou autre, de façon satirique ou humoristique. On doit dès lors reconnaître que la caricature constitue un véhicule d'opinions au même titre que l'éditorial.

Il convient de signaler aussi les tribunes téléphoniques.

✓ Les tribunes téléphoniques

Les tribunes téléphoniques ou « lignes ouvertes » sont un genre journalistique assimilable aux émissions d'affaires publiques consacrées à l'analyse d'événements, de situations et de questions d'intérêt public. Cette formule d'émission confère aux animateurs une grande latitude, leur permettant notamment de faire appel à la polémique, et laisse une large part à l'auditoire invité pour s'y exprimer. Les tribunes téléphoniques peuvent de ce fait constituer des occasions de discussions valables et des forums d'échanges intéressants sur les sujets traités.

Le Conseil de presse établit une distinction nette entre les tribunes téléphoniques d'information et celles qui, malgré le fait qu'elles empruntent fréquemment les outils, les méthodes et les formes de ces dernières, constituent davantage des tribunes consacrées à la performance de « tribuns téléphoniques » ou de « spectacles radiophoniques » qui ont peu à voir avec les véritables émissions de « lignes ouvertes ».

Je parle au point suivant de l'espace de publication et le temps de diffusion.

➢ L'espace de publication et le temps de diffusion

Il relève de la discrétion rédactionnelle des médias et des professionnels de l'information, de déterminer l'espace et le temps d'antenne qu'ils accordent à la publication ou à la diffusion des informations qu'ils ont retenues et choisies de porter à l'attention du public. Nul ne peut dicter à la presse les décisions en la matière, ni en ce qui concerne le choix du moment de publication ou de diffusion des informations.

Les lignes ci-dessous évoquent les manchettes, les titres et les légendes.

➢ Les manchettes, les titres et les légendes

Le choix des manchettes et des titres, ainsi que des légendes qui accompagnent les photos, les images et les illustrations, relève de la prérogative de l'éditeur. Il en va de même de la politique du média à cet égard et du choix des moyens jugés les plus efficaces pour rendre l'information diffusée intéressante, vivante, dynamique et susceptible de retenir l'attention du public.

Il y a aussi les supports visuels et sonores.

- Les supports visuels et sonores

La liberté de la presse et le droit du public à l'information autorisent les médias et les professionnels de l'information (journalistes, caméraman, photographes, preneurs de son et autres) à prendre et à diffuser les photos, images, commentaires, sons et voix qu'ils jugent d'intérêt public.

Il est essentiel qu'aucune entrave ne soit faite aux médias et aux journalistes lors de la collecte d'informations, par voie de supports visuels et sonores, qui fait partie intégrante de l'information, même si, ce faisant, les médias peuvent heurter la sensibilité des personnes en cause et du public en général.

Que dire sur la circulation de l'information ?.

- La circulation de l'information

Les informations livrées par les médias et les journalistes doivent être accessibles à l'ensemble des citoyens. Aussi, rien ne doit entraver la distribution des médias et la libre circulation de l'information.

2.4.2.2.Le traitement et la diffusion de l'information

L'information véritable est le fruit d'un travail journalistique dans lequel interviennent un ou des professionnels de l'information et une entreprise de presse. Le travail journalistique comporte une démarche et un processus de recherche et de collecte des données préalables au traitement et à la diffusion des informations. Cette démarche ne doit souffrir ni d'entraves ni de contraintes indues.

En outre, la façon de traiter un sujet, de même que le moment de la publication et de la diffusion des informations, relèvent de la discrétion des médias et des journalistes. Cette section va s'articuler sur : la censure et l'intervention de l'Etat, la liberté rédactionnelle et les genres journalistiques, l'espace de publication et le temps de diffusion, les manchettes, les titres et les légendes, les supports visuels et sonores et la circulation de l'information.

- La censure et l'intervention de l'État

Les restrictions que peuvent prévoir les lois ne devraient autoriser aucune forme de censure des nouvelles, des reportages, des commentaires et des opinions, notamment ceux de nature politique. Ces dispositions législatives ne devraient en aucun temps, être invoquées pour réduire le droit de la presse de critiquer le gouvernement, quel qu'en soit le palier, municipal y compris.

L'État peut faciliter l'existence et le développement d'une presse libre et de qualité. Son rôle doit viser à favoriser le droit du public à une information complète et authentique; il doit éviter toute action susceptible de restreindre ou d'altérer les contenus de l'information. L'État doit se garder de légiférer pour gérer l'information.

Il convient de promouvoir la protection des journalistes sur l'internet.

2.4.2.3.La protection des journalistes sur l'internet

La question de la protection des journalistes, qui nous intéresse ici, rapportée à l'internet, est celle qui touche à la protection de l'œuvre journalistique lorsque celle-ci vient à faire l'objet d'une réexploitation en ligne, le plus souvent à l'initiative de la société éditrice. En effet, en tant que créateur, le journaliste bénéficie d'une protection au titre des droits d'auteur, laquelle a dû être réaffirmée par les tribunaux au cas de mise en ligne d'articles initialement destinés à une diffusion sur support papier. Le Code de la propriété intellectuelle de France va nous éclairer brièvement au-delà de l'Ordonnance-loi sur la presse RDC du 2023 non encore en vigueur qui demandent aux organes de presse en ligne d'être soumis au respect des dispositions sur la protection des données à caractère personnel et des droits d'auteurs.

➢ La Protection du journaliste au titre des droits d'auteur

Je rappelle que le journaliste est un auteur, le journal est une œuvre collective, le droit moral et patrimonial du journaliste, L'autorisation expresse est nécessaire. la prohibition des cessions implicites.

✓ Le Journaliste est un auteur

Un article de presse constitue aussi une création de forme originale ;est soumis aux règles protectrices du droit d'auteur selon l'article 112-1 du Code français de la propriété intellectuelle qui étend la protection à toute œuvre originale : « quels qu'en soient le genre, la forme d'expression, le mérite ou la destination ».Cependant, cette protection ne comprend pas les informations brutes sauf dès l'instant où un article de presse reflète ,que ce soit à travers sa présentation ou à travers son contenu, la personnalité de son auteur, il devient alors protégeable au titre d'œuvre d'information.(T.civ.Seine.5 février 1954.1,p.182 ;T.corr.Nice,25 nov.1957).

De fait, le journaliste, en tant qu'auteur ou créateur de cette œuvre d'information, bénéficie, par là même protection édictée à l'article L.111-1 du code français de code de propriété intellectuelle qui dispose que « l'auteur d'une œuvre de l'esprit jouit, sur cette œuvre, du seul fait de sa création, d'un droit de propriété incorporelle exclusif et opposable à tous ».Par ailleurs, le code de propriété intellectuelle organise une présomption de qualité d'auteur en cala que : « la qualité d'auteur appartient, sauf preuve contraire, à celui ou ceux sous le nom de qui l'œuvre est divulguée ». Ce qu'il faut bien voir, le journal est une œuvre collective.

✓ Le journal est œuvre collective

Reste que, généralement, un article est publié dans un périodique, un journal, un hebdomadaire ou un magazine qui se définit comme une œuvre collective. Car, « est dite collective l'œuvre créée sur l'initiative d'une personne physique ou morale qui l'édite, la publie et la divulgue sous-direction et son nom et dans laquelle la contribution personnelle des divers auteurs participant à son élaboration se fond dans l'ensemble en vue duquel elle est conçue, sans qu'il soit possible d'attribuer à chacun d'eux un droit distinct sur l'ensemble de l'œuvre réalisée » (Article L.111-2,al.3C propriété intellectuelle). De ce fait, les journaux sont des œuvres collectives et, en tant que telles, propriété de l'entreprise de presse éditrice. Cette qualification implique une exception majeure à la règle selon laquelle la titularité initiale des droits d'auteurs revient au créateur proprement dit, la personne physique ou morale (cas de l'entreprise éditrice)qui prend l'initiative de la création de l'œuvre et investi des droits de l'auteur. Le journaliste a un droit moral à respecter.

✓ Le droit moral du journaliste

Lorsqu'il a la qualité d'auteur, le journaliste bénéficie d'une protection identique à celles de tous les autres créateurs.(DEBBASCH,1999).Le fait qu'il soit lié à la société éditrice par un contrat de travail est ,a priori, indifférent .Sans doute, un article étant destiné à se fondre dans une œuvre collective, les prérogatives du droit moral sont-elles atténuées ,telles que le droit de divulgation ou le droit de repentir, dont la mise œuvre risquerait de compromettre l'exploitation du journal. Il en va de même en ce qui concerne le droit au respect de la contribution qui peut plus revêtir un caractère absolu et qui implique que le journaliste peut être tenu de se conformer aux directives qui peuvent lui être données, notamment s'agissant de la forme de l'article, voire contraint de le modifier. Seul, en définitive, le droit de paternité de l'œuvre ne connait pas de dérogation particulière eu égard au caractère collectif du journal.

Le journaliste a aussi un droit patrimonial.

✓ Les droits patrimoniaux du journaliste

La rémunération du journaliste peut toujours être à caractère forfaitaire. En effet ,aux termes de l'article L.132-6,alinéa 3 du Code français de la propriété intellectuelle « *en ce qui concerne les œuvres de l'esprit publiées dans les journaux et recueils périodiques de tout ordre et par les agences de presse ,la rémunération de l'auteur lié à l'entreprise de l'information par un contrat de louage d'ouvrage ou de service ,peut(...)être forfaitairement* ».La référence à la rémunération forfaitaire selon Debbasch(1999) s'explique surtout par le fait qu'il est matériellement impossible de rémunérer le journaliste proportionnellement aux recettes d'exploitation. Mais, en cas de nouvelle exploitation de l'œuvre, le journaliste a, en principe, droit une rémunération supplémentaire, puisque son autorisation préalable est requise. Sauf à réserver la cas où c'est prévu dans un contrat de travail, que le salaire couvre les réutilisations ultérieures et à conditions que clause soit suffisamment précise.

Que dire de la prohibition des cessions implicites.

✓ La prohibition des cessions implicites

Les droits dont doit jouir le journaliste ne peuvent être cédés que par la conclusion d'une convention expresse. En effet ,même à considérer que le journaliste exerce son activité dans une entreprise éditrice, la règle posée s'oppose en premier lieu, à la reconnaissance d'une cession implicite ,au bénéfice de l'entreprise éditrice, du droit incorporel que le journaliste détient à son œuvre car *« l'existence ou la conclusion d'un contrat de louage d'ouvrage ou de service par l'auteur d'une œuvre de l'esprit ,n'emporte aucune dérogation à la jouissance du droit reconnu ».* (Art .L.111-1 al.3.3C.prop.intell).

Par ailleurs, l'article L.131-3 du même Code français dispose que : *« La transmission des droits de l'auteur est subordonné à la condition que chacun des droits cédés fasse l'objet d'une mention distincte dans l'acte de cession et que le domaine d'exploitation des droits cédés soit délimité quant à son étendue et à sa destination, quant au lieu et quant à la durée. La cession sous une forme, non prévisible au moment de la signature de la convention, doit faire l'objet d'une disposition particulière conformément à l'article L.131-suivant »* (Article L.111-1 al.3.3C.propriètè intellectuelle).

L'autorisation expresse est nécessaire.

✓ La nécessité d'une autorisation expresse

Ce qui implique que pour le reste, selon Oliver, Baeby (1997)sauf convention contraire expresse, portant notamment sur la rémunération ,le journaliste conserve ses droits sur sa contribution et partant, son autorisation demeure nécessaire pour ce qui concerne toute réexploitation de celle-ci au-delà de sa publication initiale De fait, dès lors qu'il va s'agir d'exploiter à nouveau des articles ou des photographies de presse, protégés par le droit d'auteur, dans un cadre autre que celui de l'œuvre collective que constitue le journal ou le périodique ,le journaliste doit être conduit à donner son autorisation.

Conclusion de la première partie

La première partie sur les considérations générales et l'espace médiatique en RDC comprend les cadres conceptuel et théorique comme premier chapitre et l'espace médiatique en RDC comme deuxième chapitre.

Ce chapitre sur les cadres conceptuel et théorique a abordé les définitions des concepts clés pour donner la compréhension commune ainsi que le cadre théorique qui a survolé les idées phares des doctrinaires.

Le chapitre sur le paysage médiatique en RDC s'est articulé sur le fondement juridique de la liberté de presse en énumérant les instruments juridiques internationaux liant la RDC et les instruments juridiques nationaux qui encadrent le fonctionnement des médias en RDC en passant par le cadre normatif du paysage médiatique à l'ère du numérique qui a porté une analyse critique du régime existant de la presse par rapport aux nouveaux paradigmes de la révolution numérique et enfin ,sur l'adaptation aux règles innovantes des médias en ligne qui a fait recourir à la Charte de la presse de Québec pour réglementer les règles rédactionnelles et de traitement de l'information ainsi que le droit français de la propriété intellectuelle pour plaider sur les droits de journalisme à l'ère de l'internet.

En effet, l'intégration dans les médias des technologies de l'information et de la communication, en permettant le stockage et la transmission, sans tenir compte de l'espace physique ni de la distance, de toutes sortes de données, ouvre un immense champ de possibilités nouvelles.

Ces innovations technologiques sont possibles grâce aux réseaux informatiques et aux autoroutes de l'information, notamment l'Internet, grâce auxquels tout internaute peut avoir accès à la totalité des services d'information électronique, où qu'elle se situe sur la planète.

A côté des usages légitimes de nouvelles technologies se développent inévitablement des abus. Le droit pénal doit donc suivre le rythme de ces évolutions techniques, qui offrent des moyens extrêmement perfectionnés d'employer à mauvais escient les services du cyberespace et de porter ainsi atteinte à des intérêts légitimes » (Kalina, 2014).

En effet, le droit pénal spécial est interpellé pour incriminer et sanctionner des abus et de dérapages portant atteinte aux droits privés des personnes et de l'Etat à travers les médias associés à l'internet par une sorte de catalogue des interdits –décrivant les conditions d'existence de chaque infraction, sa sanction et ses particularités procédurales.

A la lueur de ce qui précède, après l'examen du cadre normatif qui règlemente le fonctionnement des médias en RDC, il y a lieu de reconnaitre qu'un cadre légal et règlementaire est bien fourni en la matière mais plutôt suranné au contexte de l'internet. Ce qui n'est pas un vide juridique mais une lacune normative. Pour pallier à ce problème, une ordonnance-loi portant code du numérique est en vigueur et une ordonnance-loi sur la presse entrera aussi en vigueur après sa publication au Journal officiel pour répondre aux nouveautés des médias en ligne caractérisées par l'ubiquité et l'immatérialité, et d'autre part, sur la relation des organes d'encadrement et les nouveaux prestataires dont les fournisseurs d'accès internet et le fournisseur d'hébergement. La seconde partie parle du système de répression et de cyberéducation face aux cyberdélit de presse.

Partie II
Système de répression et de cyberéducation face aux cyberdélits de presse

A seconde partie de mon étude a pour matrice le système de répression et de cyberéducation face aux cyberdélits de presse.

En effet, le cyberdélit de presse semble se porter bien en RDC à travers les réseaux sociaux car il vit dans un confort de la tranquillité sans que la justice l'interpelle et la sanctionne. Les officiers de police judiciaire et les magistrats qui ont la mission de rechercher les infractions vivent ce phénomène de cyberdélit de presse dans les réseaux sociaux où parfois eux-mêmes sont des auteurs et victimes. L'internet semble favoriser l'impunité des infractions de droits communs par voie de la presse sans souvent la réaction des éducateurs. Ce qui explique que les délits de presse sont punissables contrairement aux cyberdélits de presse alors que la nature de la criminalité reste la même sauf l'usage de support électronique qui complique la tâche à la justice.

Par ailleurs, la lâcheté des victimes de cyberdélits de presse qui portent rarement plainte contre les cybercriminels devrait être désamorcée par une campagne de sensibilisation. Par illustration, une autorité politique victime d'injures publiques ou diffamations à travers la télévision ou la presse écrite réagit sans jambage contrairement si cela se faisait à travers les réseaux sociaux même si l'auteur agirait à visage découvert.

En fait ,le système de répression englobe les cadres normatif et institutionnel qui organisent la sanction contre tout auteur de cyberdélit de presse dans le respect des droits de l'homme autrement dit sanctionner le cyberinfracteur en observant le droit pénal en droits de l'homme. La démarche scientifique est d'examiner les cadres normatif et institutionnel en vigueur en démontrant les forces et les limites. L'examen vise d'évaluer les possibilités de sanctionner les auteurs des cyberdélits de presse dans le respect de principe de légalité criminelle et de principe de l'interprétation stricte de la loi pénale. Le cadre normatif aborde toutes les règles applicables pour réprimer les infractions de presse tandis que le cadre institutionnel s'intéresse plus aux mécanismes non juridictionnels et juridictionnels de répression mais dans l'approche de protection des droits de l'homme qui sont des victimes de cyberdélit de presse par le fait de l'omission de l'Etat.

Cette seconde partie comprend le régime répressif des cyberdélits de presse (chapitre III),les mécanismes de répression des cyberdélits de presse (chapitre IV) et la promotion de la cyberéducation en RDC(chapitre V).

Chapitre III
Régime répressif des délits de presse et des cyberdélits de presse en R.D.Congo.

Ce chapitre se centre sur le régime répressif des délits de presse et des cyberdélits de presse en République Démocratique du Congo. L'inventaire des délits de presse n'est pas un travail facile et il est très complexe de lister toutes les infractions par voie de la presse surtout celles qui se caractérisent par l'incitation et la provocation aux actes déviants. D'ailleurs, le droit positif sénégalais consacre quelques infractions en les reconnaissant comme les délits de la presse classiques dont l'injure publique, les diffamations et imputations dommageables, les faux bruits et l'offense au chef d'Etat. Ce chapitre comprend l'inventaire des délits de presse et des cyberdélits de presse. Dès lors, j'évoque l'approche descriptive des délits de presse, des cyberdélits de presse et les perspectives d'adaptation du régime répressif en République Démocratique du Congo.

3.1. Délits de presse : approche descriptive

Akele et al. (2004), démontrent que, selon les prescrits de la loi, toute infraction de l'arsenal pénal congolais a vocation à caractériser le délit de presse. Aussi, le domaine de celui-ci est non seulement aussi vaste que peut l'être l'espace de la norme répressive congolaise, mais également aussi varié que le permet la nomenclature très dense des infractions de notre droit pénal.

Par un effort de synthèse, on peut néanmoins distinguer, dans le cadre du droit positif congolais, les infractions de droit commun commises par la voie de la presse, celles de droit militaire, celles en lien avec les actes d'entraves ou d'atteintes à la justice, enfin celles relevées dans la loi de la presse du 22 juin 1996.

3.1.1. Infractions de droit commun commises par la voie de la presse

La loi n°96-002 du 22 juin 1996 sur la presse ne prévoit qu'un nombre restreint des infractions qualifiées de délits de presse. Elle renvoie pour l'essentiel, dès sa première disposition sur les pénalités aux infractions de droit commun en disposant que : « sans préjudice des dispositions prévues en la matière par la présente loi, la qualification des infractions, la responsabilité de leurs auteurs, coauteurs et complices sont déterminées conformément au code pénal » (Article 73).

Il en est ainsi, s'agissant des infractions de droit commun regroupées en infraction d'incitation, de provocation et d'apologie:

- ✓ les outrages envers les membres du Parlement, du Gouvernement et de la Cour constitutionnelle sont punis de trois à neuf mois de servitude pénale et/ou une amende (article 136 alinéa 2 du code pénal ordinaire) ;
- ✓ les outrages aux autres dépositaires de l'autorité publique, c'est-à-dire les fonctionnaires et agents de l'Etat dans l'exercice ou à l'occasion de l'exercice de leurs fonctions sont punis de six mois de servitude pénale au maximum et/ou une amende (articles 136 alinéa 3 et 137).Par ailleurs, les outrages envers les membres des corps constitués sont incriminés mais aucune disposition pénale prévoit la peine. Cet outrage doit être commis en présence de la personne outragée ;
- ✓ l'offense envers le chef de l'Etat est punie de trois mois à deux ans de servitude pénale et/ou une amende (ordonnance n° 300 du 16 décembre 1963), ainsi que les atteintes et le complot contre la personne du chef de l'Etat ou contre sa liberté (article 193) ;
- ✓ les offenses envers les chefs de l'Etat et agents diplomatiques étrangers, y compris les ministres étrangers (ordonnance-loi n° 301 du 16 décembre 1963) ;
- ✓ les outrages et violences à témoins sont punis de six mois maximum (articles 136 ,137et 138) ;
- ✓ la provocation directe à la désobéissance aux lois punie d'une peine de deux mois à trois ans de servitude pénale et/ou une amende (article 135 bis du code pénal ordinaire).Ce délit de presse était souvent enregistré à l'époque des années de la transition de 1992 où nombreux journalistes ont été poursuivis pour avoir publié ou fait état d'appel à des actions de désobéissance, notamment des appels à des journées dites « Villes mortes » ;
- ✓ les outrages envers l'emblème national ;
- ✓ la publication et la distribution d'écrits sans indication vraie du nom et du domicile de l'auteur ou de l'imprimeur (article 150) ;
- ✓ la publication des circonstances d'un meurtre, d'un assassinat ou d'un attentat aux mœurs (article 155 ter) ;
- ✓ la propagation de faux bruits (article 199) Pour que le fait de répandre des faux bruits tombe sous le coup de la loi, dit Mineur (...pp., 388, 389), il faut que ces bruits soient de nature à alarmer les populations, c'est-à-dire les inquiéter et ainsi à les faire douter de la force des

autorités, de la stabilité des institutions ou de la puissance publique ». Cependant, la loi ne punit pas celui qui répand un bruit qu'il croit être vrai. On se souviendra que Ladi Luya, éditeur responsable du Journal « Le Palmarès » fut poursuivi pour avoir écrit dans sa livraison n° 739 du 16 septembre 1996 un article intitulé « Mobutu va être opéré d'un cancer à la gorge ». Il fut arrêté le 17 septembre 1996 dans une procédure de flagrance. En janvier 1997, le même journaliste sera mis sous mandat de dépôt à la prison centrale de Makala par la Cour de Sûreté de l'Etat pour avoir publié dans deux de ses éditions les articles suivants : « La deuxième opération de Mobutu : ce que la presse étrangère révèle » et « Mobutu signe des ordonnances trompeuses ». D'autres journalistes comme Mukendi Mukengeshay de « Le Phare » et Kandolo de « Le Potentiel » connaîtront les mêmes rigueurs de la loi ;

- ✓ les diverses autres atteintes à la sûreté intérieure et extérieure de l'Etat (Articles 190, 209 et 211).

Dans cette catégorie d'infractions de droit commun, onze (11) des délits de presse sont enregistrés.

Il y a aussi les infractions de droit militaire que j'évoque au point suivant.

3.1.2. Infractions de droit militaire

Les infractions militaires sont de compétence personnelle et matérielle. De cette compétence matérielle, il y a des infractions du code pénal militaire susceptibles d'être commises par voie de la presse et qui sont de nature de provocations ou d'incitations. Les infractions inventoriées sont :

- ✓ la provocation à la désertion (article 53 du code pénal militaire) : « tout individu qui, par quelques moyens que ce soit, qu'ils aient été ou non suivis d'effet, provoque ou favorise la désertion … ». On peut en effet concevoir que, par des articles de presse, on démoralise la troupe et que l'on pousse certains militaires à quitter l'uniforme ;
- ✓ l'incitation, par quelque moyen que ce soit, de un ou plusieurs militaires à commettre des actes contraires au devoir ou à la discipline (article 88) ;
- ✓ la trahison notamment par le fait de livrer ou de rendre accessible à une puissance étrangère, à une entreprise ou une organisation étrangère ou sous contrôle étranger ou à leurs agents des renseignements, procédés, objets, documents, données informatisées ou fichiers dont l'exploitation, la divulgation ou la réunion est de nature à porter atteinte aux intérêts fondamentaux de la Nation (article 128-5) ;
- ✓ la fourniture aux autorités civiles ou militaires de la République des informations fausses de nature à les induire en erreur et à porter

atteinte aux intérêts fondamentaux de la Nation, au profit des intérêts d'une puissance étrangère, d'une entreprise ou une organisation étrangère ou sous contrôle étranger (article 134) ;

- ✓ la participation à une entreprise de démoralisation de l'armée en vue de nuire à la défense nationale (article 146) ;
- ✓ les atteintes à la défense nationale (article 148) et
- ✓ la provocation des militaires à se détourner de leurs devoirs militaires et de l'obéissance qu'ils doivent à leurs chefs dans tout ce qu'ils leur demandent pour l'exécution de la loi et des règlements militaires est punie de deux mois à trois ans de servitude pénale et/ou une amende (articles 149, 150) ;
- ✓ l'incitation à commettre l'une des infractions contre le secret de la défense nationale (article 153).
- ✓ les infractions contre le secret de la défense sont punies de la peine de mort au maximum (articles 184 du code pénal militaire). En novembre 1990 à Kinshasa, le journaliste Essolomwa ea Linganga, éditeur responsable du Journal Elima a été poursuivi devant la Cour d'Appel de Kinshasa dans une affaire (R.P. 343) où le Ministère de la défense était partie civile, pour avoir publié dans sa livraison du 11 octobre 1990, des articles sur l'envoi des Forces Armées Congolaises au Rwanda.

A noter que la loi n'a pas encore circonscrit le contenu définitionnel de « secret de la défense » alors qu'un journaliste qui publie une information considérée comme « secret de la défense » d'une portée de haute trahison peut subir la peine capitale.

Dans cette catégorie d'infractions militaire, on a enregistré neuf (9) délits de presse.

Les actes d'entraves à la justice constituent un délit.

3.1.3. Actes d'entraves ou d'atteintes à la justice

C'est généralement le cas de toute une série d'incriminations portant sur divers actes d'entraves ou d'atteintes à la justice, tels que :

- ✓ la publication des actes d'accusation et de tous autres actes de procédure judiciaire avant qu'ils n'aient été lus en audience ;
- ✓ la divulgation des délibérations des cours et tribunaux ou la divulgation non autorisée des travaux et délibérations du Conseil supérieur de la magistrature ;
- ✓ la reproduction non autorisée en photographies, dessins ou portraits de tout ou partie des circonstances des crimes, de suicide des mineurs, de crimes et délits touchant aux mœurs ;

- ✓ la publication ou la diffusion des informations sur un viol ou sur un attentat à la pudeur en mentionnant le nom de la victime ou en faisant état des renseignements pouvant permettre son identification, à moins que la victime n'ait donné son accord écrit ;
- ✓ l'enregistrement, la fixation ou la transmission sans autorisation de la parole ou de l'image aux audiences des cours et tribunaux, y compris des procès en diffamation lorsque les faits incriminés concernent la vie privée ;
- ✓ l'ouverture ou l'annonce publique de suscriptions ayant pour objet de payer des amendes, frais et dommages et intérêts prononcés par des condamnations judiciaires sous peine des poursuites.

Dans cette catégorie d'infractions qui entravent à la justice, l'on a enregistré six (6) délits de presse.

La loi de la presse du 22 juin 1996 a déterminé certaines infractions spécifiques.

3.1.4. Infractions spécifiques à la loi de la presse du 22 juin 1996

Finalement, cinq infractions seulement peuvent être notées comme réellement spécifiques par commission et une infraction par omission dans le cadre de la loi du 22 juin 1996 :

- ✓ la participation comme auteur à une diffusion ou une émission contraire à la loi, à l'ordre public, aux bonnes mœurs (article 84) ;
- ✓ l'irrégularité de diffusion pour non habilitation ou non-respect des formalités administratives prescrites par la loi de toutes les sociétés privées de radiodiffusion sonore et de télévision ;
- ✓ toute publication qui porte atteinte au droit à la présomption d'innocence (l'article 79 de la loi n° 96-002 du 22 juin 1996)
- ✓ le refus de publier un droit de réponse, une réplique, ou une rectification est punissable par l'article 42 de ladite loi
- ✓ le fait de soustraire volontairement la localité de résidence de la personne lésée du circuit de la distribution du numéro du journal ou de l'écrit périodique contenant le droit de réponse est punissable (article 43 de la loi n°96-002 du 22 juin 1996)
- ✓ le fait de vendre ou de distribuer les journaux ou des écrits interdits est punissable (article 49,idem).

Enfin, il sied de retenir que trente-deux (32) délits de presse sont inventoriés et regroupés en onze (11) infractions de droit commun, neuf(09) infractions du code pénal militaire, six (06) infractions qui entravent la justice et six (06) relèvent des infractions spécifiques de la loi de la presse n°96-002 du 22 juin 1996.

3.2. Cyberdélits de presse : approche descriptive

Cette section comprend les cyberdélits de presse usuels en RDC et les infractions de presse en ligne de l'ordonnance-loi portant code du numérique.

3.2.1. Infractions de presse usuelles par voie électronique en RDC

Ce point n'a pas la prétention de couvrir toutes les infractions de presse en ligne mais il présente une sélection très indispensable pour donner l'image d'un fléau, le cyberdélit de presse qui ne cesse de faire des victimes en RDC et dont les auteurs restés souvent impunis. J'évoque les infractions de presse en ligne envers les mineurs, l'atteinte aux bonnes mœurs par le biais électronique, les imputations dommageables et les injures publique comme l'exercice de la campagne électorale en dehors de la période légale par voie électronique, enfin l'atteinte à la représentation de la personne.

3.2.1.1. Infractions de presse en ligne à l'égard des mineurs

La technologie numérique offre aux jeunes, un épanouissement culturel malheureusement la miniaturisation des appareils informatiques semble progressivement écarter la surveillance de parents sur leurs enfants car tout objet devient de poche. Jadis, les émissions de la télévision étaient sous surveillance des adultes mais actuellement un téléphone portable d'un enfant contient toutes les options intelligentes de télévision, de caméra, de mini-ordinateur connecté à l'internet, ce qui lui rend totalement libre et indépendant du contrôle des éducateurs et par conséquent l'éducation de l'enfant devient très vulnérable dans le cyberespace.

Ce libertinage par accident de nouvelles technologies de l'information expose plusieurs enfants aux contenus illicites du fait que le cyberespace semble devenir un refuge des délinquants du monde physique. Les contenus violents soit de passions sexuelles existent dans tous les médias traditionnels où ils sont soumis à un encadrement visant la protection de l'enfant.

Ils utilisent une signalétique indiquant à quel public leurs programmations ou leurs publications sont destinées. Internet est le seul média qui n'a pas encore adopté de signalétique qui serait affectée selon un degré de nocivité aux contenus qu'ils véhiculent.

Le caractère transnational et intemporel d'Internet, de même que les disparités des législations nationales n'en permet pas en l'état actuel la possibilité de contrôler et de prendre les mesures efficaces pour protéger l'enfant congolais. L'ubiquité et la dématérialisation de l'internet rendent inefficace le bouclier sécuritaire et juridique de l'enfant congolais qui se trouve sans accompagnement dans le cyberespace.

Ceci traduit l'inadaptation du système répressif congolais au sujet des cyberdélits de presse dont sont victimes, les enfants mineurs. Ces infractions qui passent par l'acte de publication à l'aide de support numérique en laissant les enfants mineurs à leur triste sort sont nombreuses néanmoins on retient que la diffusion des films *« enfants non admis »* et les atteintes aux bonnes mœurs.

➢ Insuffisance de la protection de mineur

Tous les films sont répartis en catégorie d'âges en RDC comme dans d'autres pays. Les films jugés immoraux ou qui recèlent quelques éléments de violences, d'atrocité ou des images à forte charge émotionnelle sont considérés comme ne devant pas être présentés aux enfants, c'est-à-dire aux jeunes de moins de 18 ans, conformément à la législation congolaise en la matière (Article 2 de la loi du 12 janvier 2009, in Journal de la République Démocratique du Congo Première partie-N° spécial).

En conséquence, lorsque les médias diffusent ce genre de films, ils doivent strictement observer la condition de l'heure et d'affiche signalétique de l'âge requis pour visionner le film. Cette présente disposition est devenue impuissante avec l'avènement de télévision numérique dont plusieurs chaînes étrangères sur bouquet Canal Salt soit Start aimes ne sont pas assujetties à nos programmes, à nos législations et à nos mœurs ainsi qu'aux heures de diffusion.

L'Autorité de régulation et même judiciaire ne font que subir cette innovation numérique qui se méfie de la souveraineté nationale. Les séries amoureuses[11] qui frisent la pudeur et des films de violences meurtrières avec mention pas aux enfants de moins de 18 ans sont diffusées et rediffusent aux heures diurnes pourtant proscrites. La lacune de fond de la loi est qu'elle ne pensait pas à l'époque que l'internet pourrait ramener le monde à un seul village sans frontières nationales.

En fait, les mineurs ont contourné les barrières de la salle de cinémas à travers l'internet en accèdent aux informations non admises par :

- via des pseudos sites personnels d'adolescents passionnés par le vampirisme, les films d'épouvante, la science-fiction, la magie, l'occultisme, la voyance, etc.,
- via des infiltrations des satanistes sur certains webzines d'information jeunesse aux thèmes éclectiques par le biais de rubriques telles : paranormal, jeux vidéo ou jeux de rôle.

Ces sites sont d'autant plus dangereux qu'ils sont souvent en accointance avec d'autres types de cybercriminalités telles que :

- les entreprises de voyance et marchés de la magie sources potentielles d'escroquerie ;
- groupes ésotériques et sociétés secrètes, suspects de dérives sectaires ;

[11] Il s'agit de chaines NOVELAS et chaine d'ACTION sur Canal Salt

- industries pornographiques et marché de snuffmovies, avec un accès à des sites parfois pédophiles via des sites satanistes.

Certains employés aux cybercafés ne se limitent pas seulement à donner l'accès aux mineurs de visionner les films non admis mais vont jusqu'à les télécharger, les stocker dans les cartes mémoires et les vendre aux mineurs en cachette. Ce qui explique la présence des films pornographiques dans les téléphones des mineurs sécurisés par leur mot de passe (Mupili, 2016).

L'ordonnance n°23/215 du 04 mai 1950 relative à la protection de l'enfance en matière de projections cinématographiques publiques est lacunaire puisque à l'époque, il s'agissait de l'interdiction des mineurs d'accéder dans la salle de cinéma soit condamner le fait de diffuser le film pornographique au mineur alors qu'avec l'internet l'espace physique est révolu par le virtuel qui permet facilement un mineur d'accéder dans le cyberespace via son téléphone portable soit son ordinateur.

Son article 20 réprime toutes les infractions en la matière d'une peine de servitude pénale d'un mois maximum et d'une amende ou de l'une de ces peines seulement .Cette lacune légale peut être comblée par le juge s'il fait appel à l'interprétation téléologique car même si l'interprétation à la lettre est limitée mais celle de l'esprit cherche la valeur sociale protégée qui est la protection de mineur de toute image illicite pour l'épargner de toute tentative vicieuse. -Les articles 1er et 8 de l'ordonnance n°53 /Constitution –création du 1er mai 1936 portant création des films cinématographiques proposent un embryon de règlementation qui protègeraient le droit à la vie privée des enfants malheureusement les droits des enfants de la rue à Kinshasa communément appelés chègues[12] sont violés impunément suite à l'usage de l'appareil smartphone avec son option caméra incorporée qui capte et diffuse d'une manière brute leurs images en les présentant acteurs de la violence, de la mendicité, parfois nus sans pudeur à travers les réseaux sociaux et sites web.

Cette pratique viole cette disposition de l'Ordonnance n°53/Constitution du 1er mai 1936 portant création des films cinématographiques qui précise que : « nul ne peut procéder, à titre professionnel, dans un lieux publics ou ouverts au public, au moyen d'appareils photographiques quelconques ,à des prises de vues destinées à la création d'un film cinématographiques, s'il n'est titulaire d'une autorisation préalable et spéciale délivrée par le directeur général ayant sous ses ordres le service de l'information » et que « quiconque procédera à des prises de vue en infraction aux dispositions de la présente ordonnance sera puni d'une

[12] Les chèques signifient les enfants de la rue soit enfants en situation difficile selon la loi portant protection de l'enfant en RDC. Précisions que le concept « Chèques » est venu du feu célèbre chanteur SHONGO surnommé Papa WEMBA en 1992 dans son album « KAOKOKOKOROBO »

servitude pénale d'un à sept jours et d'une amende de cent à deux mille francs ou de l'une de ces peines seulement ».

Il est indéniable que le législateur congolais à l'époque n'avait pas prévu que le téléphone encore portable pourrait avoir des options incorporées de caméra professionnelle et une forte capacité de stocker des images et vidéos.

Mais ce qui est curieux est la manière de se comporter des agents de l'ordre, commis à l'aéroport, aux stades, devant des bâtiments publiques, aux sites touristiques, jardins zoologiques et autres endroits ,qui sont passifs lorsqu'il s'agit de captage des images par téléphone soit smartphone mais très agressifs lorsqu'il s'agit de l'appareil photographique alors que l'élément de valeur protégée c'est l'image du lieu soit la sécurité de l'endroit stratégique et le droit à l'image des autres personnes présentes.

Les agressions multiples dont les enfants de la rue sont victimes dans le cyberespace, suscitent de vives réactions et des conséquences graves pour l'avenir.

Ainsi, il est donc compréhensible que ce soit l'une des matières d'Internet qui suscite le plus de réglementations via des pseudos sites personnels d'adolescents passionnés par le vampirisme, les films d'épouvante, la science-fiction, la magie, l'occultisme, la voyance, etc.

L'atteinte aux bonnes mœurs par voie électronique constitue une infraction.

3.2.1.2. Atteintes aux bonnes mœurs par voie électronique

Le législateur congolais prescrit le mariage monogamique, entre deux personnes de sexes opposés et réserve dans le Code de la famille à travers les articles 330, 349,395 alinéas 2 des sanctions pénales contre toute sorte d'homosexualité ou d'incitation à des tels agissements comme la diffusion des images ou films de l'homosexualité.

Ici, je constate encore une impunité face à ces cyberdélits de presse qui se commet régulièrement à travers l'internet où les internautes téléchargent et se partagent des fichiers de films pornographiques du genre homosexuel et des chaines sur Canal Salt qui projettent des films et des séries voire pendant la journée incluent malignement des parties où un acteur soit actrice refuse de se marier avec la personne du sexe opposé du fait qu'il vit clandestinement dans l'homosexualité.

Le mineur en naviguant dans le cyberespace peut se retrouver confronté à des vidéos pornographiques et homosexuelles surtout que la prolifération des appareils numériques engendre une race des « pseudos cyberjournalistes » en puissance qui filment et diffusent leurs vidéos en ligne sans contrôle.

L'article 172 de code pénal ordinaire congolais dispose que « Quiconque aura attenté aux mœurs en existant, facilitant ou favorisant pour satisfaire les passions d'autrui, la débauche ou la corruption de personnes de l'un ou de l'autre sexe, âgées ou apparemment âgées de moins de vingt et un ans, sera puni d'une servitude pénale de trois mois à cinq ans et ou d'une amende de cinquante mille francs. L'âge des personnes pourra être déterminé notamment par examen médical ; à défaut d'état-civil ».

Les mêmes faits prévus et punis par ces dispositions légales peuvent, d'ailleurs, être constitutifs de l'incitation des mineurs à la débauche, notamment en RDC où ils sont souvent observés dans les chansons régulièrement diffusées à travers l'internet ,les smartphones et les médias congolais numériques et étrangers[13], tels deux ou trois albums du chanteur musicien congolais Agena Mumbai surnommé Koffi Olomide où il répète à plusieurs reprises « yaka, yakanatala, yaka Nasa...» (Viens gamine. Viens, je vais juste contempler...je vais consommer...), ou alors dans son album « Abrakadabra » où il chante « yakamwana...Nakosimbakaka. Nakoswa te... » (Viens gamine, viens...je vais seulement toucher...je ne vais pas consommer) (Mushizi, 2012).

En outre, des publicités de breuvages de grossir le pénis soit de virilité de l'homme en exhibant des verges en plastique et commentées dans un langage particulièrement outrageant, impudique et incitateur par « maman Israël la joie » constitue bien une grave violation de ces dispositions légales et devraient être réprimés judiciairement comme l'instance de régulation des médias[14] l'a fait en prenant des mesures de suspension de ces publicités dans les médias locaux sans parvenir aux médias en ligne qui affichent en gros titre du genre sur Youtube « Comment grossir son pénis soit comment soigner son vagin pour fidéliser son amour ».

Ces faits sont encore prévus et punis par les articles 172 et 173 du code pénal livre II et par les articles 236 et 319 du code de la famille. La loi congolaise qui protège le mineur du contenu illicite ne tient pas compte de la technologie de l'information avec ses différents supports : les forums de discussion, les chats, les blogs, les webzines, les pages ou sites personnels, etc.

Les parents ou les tuteurs légaux sont limités dans leur rôle de surveillance car l'enfant peut s'enfermer dans sa chambre avec son téléphone en train de se faire persuader de ces informations illicites, soit il peut être privé de téléphone mais à l'école à travers ses condisciples il peut toujours accéder aux informations illicites.

---

[13] Chaine internationale Canal Salt avec des chaines telles que les TRACE AFRICA TV

[14] Le CSAC a pris une décision de suspension de ces publicités. Lire http ;//radiookapi.net/actualité/2012/04/27/ suspension-des émissions-de-la-geurissuese-isrel-la-joie-rltv-regrette-le-mnque-à-gagner/

Ainsi, il est urgent que le législateur congolais puisse réprimer lourdement les infractions de presse avec l'utilisation de l'internet et les supports électroniques comme la législation française.Ca sera un bon départ d'adapter la loi à l'évolution numérique. Il convient de citer aussi l'imputation dommageable par voie électronique dans les pages qui suivent.

3.2.1.3. Imputations dommageables par voie électronique

L'imputation dommageable est une infraction prévue et punie par l'article 74 de code pénal congolais livre II ; comme : « Celui qui a méchamment et publiquement imputé une personne, d'un fait précis, qui est de nature à porter atteinte à l'honneur ou à la considération de cette personne ou à l'exposer au mépris public, sera puni de servitude pénale de huit jours à un an et d'une amende de 25 à 1000 francs ou d'une de ces peines seulement ».

La diffusion de messages d'imputations dommageables contre les autorités politiques congolaises à destination d'un public non déterminé à l'aide d'un réseau des télécommunications(par exemple grâce à un forum de discussion à l'internet) est très fréquente mais sous l'impunité totale.

Il sied de signaler que le droit congolais par sa jurisprudence de Léopoldville du 18 juillet 1931, In RJCB 1931, page311 jugement 1e instance.ne reconnait pas la diffamation des personnes morales. De même un groupe d'individus ne peut pas se prévaloir de la qualité de victimes de cette infraction. Chacun de membres du groupe qui se sentirait victime dans le cadre d'imputations collectives agit ainsi seul en justice (CA de Lubumbashi, arrêt du 29 juin 1967, R.J.C de 1967). Les injures publiques par voie électronique constituent une infraction.

3.2.1.4. Injure publique par voie électronique

L'injure publique est une infraction prévue et punie par les articles 75 et 77 du code pénal congolais livre II comme « offense faite à l'endroit d'une personne par des expressions plus ou moins vagues qui dans l'opinion commune portent atteinte à l'honneur ou à la considération de la victime ».

Ce qui étonne que beaucoup des journalistes innocents ont été condamnés voire assassinés pour avoir dénoncé les antivaleurs des autorités publiques à travers la publication des articles dans le journal papier. Par contre, les auteurs des messages à contenus d'injures publiques et diffamatoires à travers l'internet, dont elles sont régulièrement victimes, demeurent impunis.

L'atteinte à la représentation de la personne est une infraction.

3.2.1.5. Atteinte à la représentation de la personne

Les réseaux sociaux ont facilité cette infraction de mise en ligne de photographies ou des sons montés puis attribués à une personne innocente dont la plupart de victimes sont des leaders d'opinion.

La numérisation des appareils de photographies, des caméscopes et des téléphones mobiles a grandement facilité la possibilité de manipuler des images. Nul besoin de disposer de compétences pointues en technologie, pour pouvoir faire des montages.

Le matériel est banalisé (par son prix d'acquisition et l'accessibilité des techniques) et la diffusion est ouverte à tous par le biais d'Internet. La publication des éléments sonores et visuels est présentée comme une réalité. Le cas des éléments photos, vidéos et audio qui circulent dans le réseaux sociaux qui montrent par exemple sur une photo un leader d'opposition qui reçoit l'argent d'une autorité du pays soit une photo pornographique où l'on montre les images des parties intimes d'une personne innocente tantôt en plein rapport sexuel avec une vedette de la musique.

D'autres éléments sonores montés avec la voix imitée d'une autorité politique qui donne les instructions au président de la Commission Electorale Nationale Indépendante de planifier une fraude électorale en faveur de la mouvance présidentielle.

Cette qualification de faits n'est pas encore requise dans le corpus juridique pénal congolais. Cette lacune juridique devrait être complétée pour permettre au juge de bien rendre justice selon le principe de légalité criminelle et de l'interprétation stricte de loi pénale.

Le législateur français pour réprimer cette criminalité nouvelle par voie de publication a prévue l'infraction de l'atteinte à la représentation de la personne dans l'article 226-8 du Code pénal comme: « Est puni d'un an d'emprisonnement et de 15000 euros d'amende le fait de publier par quelque voie que ce soit, le montage réalisé avec les paroles ou l'image d'une personne sans son consentement, s'il n'apparait pas à l'évidence qu'il s'agit d'un montage s'il n'en est pas expressément fait mention » (Article 226-8 du Code pénal français).Cette infraction n'est pas encore admise dans le corpus juridique répressif congolais.

Il est interdit de faire campagne électorale en dehors de la période légale par voie électronique.

3.2.1.6. Exercice de la campagne électorale en dehors de la période légale par voie électronique

Cette infraction fait partie de régime de sanctions de la loi n°06/006 du 09 mars 2006 portant organisation des élections présidentielle, législatives, provinciales, urbaines, municipales et locales qui dispose à son article 80 que : « Quiconque se livre à la campagne électorale en dehors de la période légale est puni d'une amende de 200. 000 à 2.000.000 de francs congolais ».

Ceci veut dire, en dehors de la fourchette de temps fixé par la loi pour la campagne, que ce soit avant ou après celle-ci, y compris en dehors de toute période de déclenchement du processus électoral. Par ailleurs, cette disposition est confortée par la Directive n° CSAC /AP/0002/2011 du 27 septembre 2011 relative à la campagne électorale à travers les médias, précise à son article 2 que : « Conforment à l'article 11 de la loi électorale, la campagne électorale 2011 à travers les médias court, conformément au calendrier arrêté par la CENI ,du 28 octobre au 26 novembre 2011 pour les élections présidentielle et législatives » et à son article 50 affirme que « la campagne électorale prend fin à minuit,24 heures avant le jour de scrutin » (Directive n° CSAC /AP/0002/2011 du 27 septembre 2011 relative à la campagne électorale à travers les médias).

Par ailleurs, l'article 63 alinéa 3 de la Directive du CSAC dispose que : « De même l'animation des sites internet interactifs dédiés à la campagne électorale s'arrête à la veille du scrutin 24 heures avant le jour du scrutin ».

Ceci revient à dire qu'il est proscrit à tout un organe de presse de diffuser les sons ou images de campagne électorale même les programmes d'un candidat tirés de réseaux sociaux en dehors de la période légale. Car si le droit congolais présente une absence juridique au niveau des réseaux sociaux, il est plutôt très présent et sévère aux médias traditionnels. C'est l'acte de publication des messages de campagne électorale en dehors de période légale qui constitue l'élément matériel de l'infraction. Il revient à l'Etat congolais d'imposer son autorité dans le cyberespace. Il convient de signaler les infractions de presse en ligne de l'ordonnance-loi portant code du numérique.

3.2.2. Les infractions de presse en ligne de l'ordonnance-loi portant code du numérique

Cette liste d'infractions ont une règle commune qui sanctionne les infractions de presse en ligne au même titre que les infractions de presse classiques en ces termes : « quiconque aura commis des actes constitutifs d'une infraction de presse, par le biais d'un système informatique ou d'un réseau de communication électronique, sera puni conformément aux dispositions légales applicables à la presse et à la communication »(Art.368 O-L).A noter qu'en droit pénal comparé, les autres régimes répressifs étrangers membres de la Convention de Budapest sur la lutte contre la cybercriminalité sanctionnent les cyberdélits de presse doublement à cause de deux raisons majeures :d'une part, une publication sur la toile bénéficie d'effet d'ubiquité ,par son accessibilité dans tous les coins du monde, et d'autre part, c'est la durée de conservation avec la mise à jour et dans plusieurs sites. Un article portant imputation dommageable sur internet peut faire le tour du monde et sera bien conservé plusieurs années dans les sites que si ce fait imputé était fait sur un journal papier.

Je parle des infraction relatives à la publicité sur Internet, la diffusion du contenu tribal, raciste et xénophobe par le canal d'un système électronique, le harcèlement par voie électronique, la négation, la minimisation grossière, l'approbation ou la justification des crimes internationaux ou des violences sexuelles, l'incitation ou la provocation à la commission d'actes terroristes et apologie des actes terroristes. le courrier indésirable ou pourriel ou spam, le refus de publier le droit de réponse, la divulgation des détails d'une enquête, l'enregistrement des images relatives à la commission des infractions, la diffusion des éléments pour fabriquer des engins de destruction, la contrefaçon de dessins et des modèles.

3.2.2.1.Des infractions relatives à la publicité sur Internet

- Le fait de faire la publicité au moyen d'un ou sur un réseau de communication électronique ou un système informatique en faveur de jeux d'argent et de hasard sur internet non autorisés est interdit. La peine est l'amende de 20 millions à 50 millions FC(Art.355 O-L).

Les lignes suivantes portent sur la diffusion du contenu tribal, raciste et xénophobe par le canal d'un système électronique, la pornographie infantile est interdite.

3.2.2.2.De la diffusion du contenu tribaliste, raciste et xénophobe par le biais d'un système électronique

- Quiconque aura, intentionnellement, créé, téléchargé, diffusé ou mis à la disposition du public par le biais d'un système informatique des écrits, contenus, messages ,photos, sons, vidéos, dessins ou toute autre représentation d'idées ou de théories, de nature raciste, tribaliste ou xénophobe ou sous quelque forme que ce soit, au sens de la présente ordonnance-loi et conformément aux dispositions de l'ordonnance-loi n°66-342 du 07 juin 1966 portant répression du racisme et du tribalisme, sera puni d'une servitude pénale d'un mois à deux ans et/ou d'une amende d'un million à dix millions FC(Art.356 O-L)

La pornographie infantile est interdite.

3.2.2.3. De la pornographie infantile

- Le fait de produire, de distribuer, de diffuser, d'importer, d'exporter, d'offrir, de rendre disponible, de vendre, de se procurer ou de procurer à autrui, de posséder tout matériel pornographique mettant en scène un enfant par le biais d'un système informatique ou d'un réseau de communication électronique, est puni de cinq à quinze ans de servitude pénale principale et d'une amende de deux mille à un million FC(Art.357O-L).

Le harcèlement par voie électronique est une infraction.

3.2.2.4.Du harcèlement par le biais d'une communication électronique

- Quiconque initie une communication électronique qui contraint ,intimide, harcèle ou provoque une détresse émotionnelle chez une personne, en utilisant un système informatique dans le but d'encourager un comportement haineux, tribal et hostile aux bonnes mœurs et aux valeurs patriotiques est puni d'une servitude pénale d'un mois à deux et d'une amende de 500.000 à 10 millions FC(Art.358 O-L)

- « Quiconque *initie ou relate une fausse information contre une personne par le biais des réseaux sociaux*, des systèmes informatiques, des réseaux de communication électronique de ou toute forme de support électronique, est puni d'une servitude pénale d'un à six mois et/ou d'une amende de 500.000 à un million FC » (Art.360 O-L).

Les lignes ci-dessous ont pour objet la négation, la minimisation grossière, l'approbation ou la justification des crimes internationaux ou des violences sexuelles

3.2.2.5. De la négation, minimisation grossière, approbation ou justification des crimes internationaux ou des violences sexuelles.

- « Quiconque diffuse ou met à disposition par le biais d'un système informatique ou d'un réseau de communication électronique des données qui nient ,minimisent, approuvent ou justifient des actes constitutifs de crime de génocide, crimes de guerre, crimes contre l'humanité, des crimes d'agression et/ou des violences sexuelles tels que définis par les instruments internationaux et le code pénal congolais et reconnus comme tels par une décision finale et définitive d'un tribunal national et international, est puni d'une servitude pénale de dix à vingt ans et d'une amende d'un million à dix millions FC »(Art.361O-L).

Il faut signaler aussi l'incitation ou la provocation à la commission d'actes terroristes et apologie des actes terroristes.

3.2.2.6. De l'incitation ou provocation à la commission d'actes terroristes et apologie des actes terroristes

- Quiconque aura, au moyen d'un système informatique ou d'un réseau de communication électronique ou un système informatique, incité ou provoqué directement des actes de terrorisme, sera puni conformément aux dispositions des articles 157 à 160 du Code pénal militaire congolais.(Art.362 O-L).

Je parle du courrier indésirable ou pourriel ou spam au point suivant.

3.2.2.7. Du courrier indésirable ou pourriel ou spam

- Toute personne qui, intentionnellement et sans motif ou justification légitime, ou en se prévalant à tort d'un motif ou d'une justification légitime :

1. déclenche la transmission des messages erronés, indésirables ou contraires à la loi, de courrier électronique multiples à partir ou par l'intermédiaire d'un système informatique ;

2. utilise un système informatique ou un réseau de communication électronique protégé pour relayer ou retransmettre des messages de courrier électronique ou d'accès à l'internet quant à l'origine de ces messages ;

3. falsifie gravement les infirmations d'entête dans des messages de courriers électroniques multiples et déclenche intentionnellement la transmission de ces messages.

La peine est deux à cinq ans de servitude pénale et/ou d'une amende de dix à cinquante millions FC(Art.363 O-L).

Le refous de publier le droit de réponse est une infraction.

3.2.2.8. Du refus de publier le droit de réponse

- « Quiconque ayant fait l'objet d'une publication au moyen d'un ou sur un réseau de communication électronique ou un système informatique, dispose d'un droit de réponse, sans préjudicie de demande de correction ou de suppression du message qu'elle peut adresser au service. La demande de correction ou de suppression est présentée au plus tard dans un délai de trois mois à compter de la mise en disposition du public du message la justifiant.

Et le directeur de la publication est tenu d'insérer dans les trois jours de réception, les réponses de toute personne nommée ou désignée dans les services de communication en ligne. A défaut de respecter le prescrit de l'alinéa précèdent, le responsable de la publication sera puni d'une amende de deux millions à cinq cent millions » FC(Art.370O-L).

Il est interdit de divulguer les détails d'une enquête.

3.2.2.9. De la divulgation des détails d'une enquête

- « Quiconque dans le cadre d'une enquête pénale, reçoit une injonction stipulant explicitement que la confidentialité doit être maintenue, ou lorsqu'une telle obligation est énoncée par la loi, et qui, sans motif ou justification légitime, ou en se prévalant à tort d'un motif ou d'un justification légitime, divulgue par le biais d'un système informatique ou d'un réseau de communication électronique, de manière intentionnelle :

1.le fait qu'une injonction ait été émise ;

2 .toute action réalisée aux termes de l'injonction ;

3.toute donnée collectée ou enregistrée aux termes de l'injonction et de l'enquêté ».

La peine est d'une servitude pénale d'un mois à deux ans et/ou d'une amende allant de deux millions à cinq millions FC (Art .370 O-L).

J'évoque l'enregistrement des images relatives à la commission des infractions.

3.2.2.10. De l'enregistrement des images relatives à la commission des infractions

- Est constitutif d'un acte de complicité des atteintes volontaires à l'intégrité de la personne, le fait d'enregistrer sciemment, par quelque moyen que ce soit, sur tout support que ce soit, des images relatives à la commission d'infractions. La peine prévue est de servitude pénale d'un an à cinq ans et d'une amende de vingt à vingt-cinq millions FC, toute personne qui diffuse sciemment de telles images.

Toutefois, il n'y pas infraction lorsque l'enregistrement soit la diffusion résulte de l'exercice normal d'une profession ayant pour objet d'informer le public soit lorsqu'il est réalisé afin de servir de preuve en justice (Art.372 O-L).

La diffusion des éléments pour fabriquer des engins de destruction est une infraction.

3.2.2.11. De la diffusion des éléments pour fabriquer des engins de destruction

- « Quiconque aura diffusé, au moyen d'un réseau de communication électronique ou d'un système informatique, des procédés permettant la fabrication d'engins de destruction élaborés à partir de poudre ou de substances explosives, de matières nucléaires, biologiques ou chimiques, ou à partir de tout autre produit destiné à l'usage domestique, industriel ou agricole, sera puni de cinq à dix ans de servitude pénale et d'une amende de 25 millions FC. Lorsque ces procédés ont permis la commission de meurtre ou d'assassinat, la peine est de vingt ans de servitude pénale et d'une amende de cinquante à cent millions FC »(Art.373O-L)

La contrefaçon de dessins et des modèles est une infraction.

3.2.2.12. De la contrefaçon de dessins et modèles

- « Est puni d'une servitude pénale de trois à cinq ans et d'une amende de cinquante à cent millions FC ou d'une de ces peines seulement celui qui, sans autorisation de l'auteur ou de ses ayants droit, de reproduire, de représenter ou de mettre à la disposition du public, un dessin ou un modèle protégé par le droit d'auteur ou un droit voisin au moyen d'un réseau de communication électronique ou un système informatique ».

Quelles sont les perspectives d'adaptation du régime répressif en République Démocratique du Congo ?

3.3. Perspectives d'adaptation du régime répressif en RDC

L'entrée en vigueur de l'ordonnance-loi n° 23/010 du 13 mars 2023 portant code du numérique vient de répondre au souci de pallier à la lacune de régime répressif contre la cybercriminalité en général et contre le cyberdélit de presse en particulier. Cette ordonnance-loi dicte les principes généraux sur la responsabilité pénale des personnes morales. Pour les personnes morales de droit public(Etat, provinces, entités territoriales décentralisées, établissements publics ,etc),elles n'engagent pas leurs responsabilités pénales en matière de la cybercriminalité car ce sont les autorités, les agents de l'Etat ou fonctionnaires publics œuvrant pour l'Etat qui engagent leur responsabilité pénale individuelle(Article 308 de l'O-L).

Tandis que la personne morale de droit privé est responsable des infractions en matière de la cybercriminalité lorsqu'elles sont commises pour leur compte par l'un de leurs représentants. De même, les dirigeants des personnes morales de droit privé engagent leur responsabilité pénale individuelle lorsqu'ils commettent des infractions dans les mêmes circonstances et dans l'exercice de leurs fonctions (Article 309 de l'O-L).

Les peines prévues pour des personnes morales selon l'article 311 de l'O-L sont les suivantes :

- ✓ Une amende dont le montant maximum est égale au quintuple de celui prévu pour les personnes physiques par la loi qui réprime l'infraction ;
- ✓ La dissolution lorsqu'il s'agit d'une infraction qui porte atteinte à la sécurité et la sureté de l'Etat ;
- ✓ Interdiction définitive ou pour une durée de deux à cinq ans d'exercer directement ou indirectement une ou plusieurs activités professionnelles ou sociales ;
- ✓ La confiscation de l'outil qui a servi à commettre l'infraction et du produit de l'infraction ;etc

En général, les peines retenues contre les infractions relatives à la cybercriminalité sont : la servitude pénale, l'amende et la confiscation spéciale (Article 310 O-L).

L'ordonnance-loi portant code du numérique reconnait en matière de la cybercriminalité la participation criminelle et de la tentative punissable (art.315 O-L);de la récidive et des circonstances aggravantes (Art.316-317 O-L).

Cette Ordonnance-loi portant code du numérique dispose à son article 331 que : « *les infractions de droit commun commises au moyen d'un ou sur un réseau de communication électronique ou un système informatique sont réprimées conformément au code pénal et aux dispositions pénales particulières en vigueur* ». Cette disposition réprime les infractions commises au moyen de l'outil informatique à la même peine que les infractions traditionnelles alors qu'elles devraient être punies doublement conformément au droit pénal comparé en cyberdroit. Celui-ci punit avec circonstance aggravante et doublement toute infraction classique commise au moyen des TIC à cause de son extension géographique et de son ubiquité. Une injure publique classique n'a pas le même degré d'extension que l'injure publique sur un compte Facebook.

Je traite ici l'adaptation aux règles relatives aux éléments conctitutifs de cyberdélit de presse, celle aux règles de la responsabilité pénale des médias et en responsabilisant les nouveaux prestataires.

3.3.1. Adaptation aux règles relatives aux éléments constitutifs de cyberdélit de presse

Les infractions par voie de la presse ont toutes un dénominateur commun, c'est l'acte de publication et l'intention coupable. Comme je l'ai évoqué ci haut que seul le support numérique différencie le délit de presse au cyberdélit de presse. C'est ainsi que les éléments constitutifs de cyberdélit de presse restent les mêmes : l'acte de publication et l'intention coupable.

3.3.1.1. L'acte de publication

La publication fait le délit ; selon la formule, qui demeure célèbre empruntée à Barbier (2012), en matière de presse, c'est la publication qui fait le délit. Ceci signifie que l'élément matériel d'une infraction de presse se réalise nécessairement par la publication, voire par un acte quelconque de publicité.

La publicité est dans la nature même de l'entreprise de presse : les écrits, les livres, la presse, les images, les dessins, les gravures, les caricatures, la peinture, les emblèmes réalisent naturellement cette publicité et dans le cas d'espèce à travers les technologies de l'information et de la communication. Il en est de même de la vente et de la distribution des écrits et images en ligne.

Au Togo, l'article 69 de la loi n°2017-07 du 22 juin 2017 sur les transactions électroniques dispose que : « les personnes dont l'activité est d'éditer un service de communication au public en ligne sont soumises aux conditions d'exercice de la liberté d'expression et de communication des idées et des opinions politiques prévues par les règles relatives à la liberté de la presse en vigueur au Togo, notamment le Code de la presse et de la communication ainsi qu'aux sanctions applicables en cas d'infraction aux règles organisant cette liberté ».

Donc, au sujet de notre étude, il n'y a pas de cyberdélit de presse sans publicité à l'aide de support numérique; il s'agit d'une règle absolue. L'auteur d'une allégation susceptible de caractériser une infraction prévue par le droit pénal congolais ne pourra être poursuivi que, s'il a donné à son écrit sur support numérique, une publicité qui seule aura pu la porter à la connaissance d'autrui (Bilger, 2003).

L'Internet est entièrement voué et tourné vers la publicité de ses contenus. L'internaute mal ou non informé endosse involontairement des responsabilités qui sont généralement celles de professionnels de presse. Pour autant, leur ignorance ne les décharge pas de leur responsabilité. Ils sont tenus de répondre des conséquences des contenus diffusés sur les personnes citées de celles en prenant connaissance. Que dire de l'acte d'intention coupable ?

3.3.1.2. L'intention coupable

Les infractions de presse supposent toutes un élément intentionnel ou moral, une volonté méchante que le juge doit apprécier. Cette volonté de nuire est exprimée dans la loi congolaise par les mots tels que : « méchamment », « sciemment », « sachant que … », etc.

Elle consiste dans la conscience ou la connaissance chez l'auteur de l'infraction que les propos, les dessins, l'image, les sons, les cris, la caricature, etc. sont susceptibles d'atteindre une personne dans son honneur, dans sa dignité, dans sa réputation ou dans sa considération.

Le journaliste critique d'art ou critique littéraire ne sera pas poursuivi pour autant que ses propos ne dépassent pas les droits de la critique. Celle-ci ne doit pas avancer des faits inexacts ou faux, ni être injurieuse ou diffamatoire.

Il sied à signaler que le contraire de l'intention coupable est la notion de bonne foi peut évidemment constituer, au sens de certaines dispositions de la loi du 29 Juillet 1881 une cause de non responsabilité pénale. En l'espèce, la notion de bonne foi s'analyse à travers le comportement objectif, prudent et honnête de l'auteur de l'acte de publication. D'où l'article 41 alinéa 3 qui dispose que ne peuvent donner lieu à aucune action en diffamation, injures ou les comptes rendus fidèles et faits de bonne foi des débats judiciaires.

Par leur structure et mode de perpétration, les infractions de la presse supposent nécessairement et essentiellement un élément de publicité et un élément moral ou intentionnel coupable. Ces éléments sont communs à toutes les infractions de presse et réalisent ainsi leur unité. Il en est de même du régime de responsabilité pénale du cyberdélit de presse dont notre analyse a banalisé l'aspect support internet car il est commode au juge dans le cas sous examen d'adapter le délit de presse au cyberdélit de presse. Il faut donc envisager l'adaptation aux règles de la responsabilité pénale des médias.

3.3.2. Adaptation aux règles de la responsabilité pénale des médias

La répression des infractions de la presse dépend de droit pénal commun soit de droit pénal particulier. La question de déterminer le responsable d'une infraction de presse est particulière en cela que le régime mis en place permet de poursuivre, en tant que l'auteur principal, des personnes légalement désignées, qu'elles aient ou non, directement ou personnellement pris part à la réalisation de l'écrit ou du message illicite à travers l'internet.

Ce point s'articule sur d'abord, en matière de presse écrite et ensuite, en matière de l'audiovisuel.

3.3.2.1. En matière de presse écrite

De prime abord, en RDC, l'article 48 de la loi sur la presse de 1996 prouve ses limites car il dispose l'interdiction, sur le territoire national congolais, de vente de journaux ou écrits périodiques publié à l'étranger alors qu'avec l'internet ce qui est publié à l'étranger est consommé à l'instant au pays.

La loi du 22 juin 1996 institue un système de responsabilité pénale « en cascade ». Il faut ici distinguer la situation de la presse écrite et celle de la presse audiovisuelle.

Au niveau de la presse écrite, sont pénalement responsables à titre principal et dans l'ordre :

- ✓ l'auteur de l'écrit ;
- ✓ le directeur de publication ou l'éditeur à défaut de l'auteur ;
- ✓ l'imprimeur lorsque ni l'auteur, ni le directeur de la publication, ni l'éditeur ne sont connus (Article 28 de la loi du 22 juin 1996) ;
- ✓ Lorsque le directeur de la publication et le propriétaire de l'organe ou de l'entreprise de presse forment une seule et même personne, celle-ci est pénalement responsable aussi bien du non-respect des conditions requises pour la publication d'un journal ou écrit périodique que de son contenu (article 29). Ceci s'explique du fait que le droit pénal congolais applique le principe *« societas no déclinquera protest »,* c'est-à-dire, la personne morale ne répond pas pénalement mais plutôt l'individu qui l'engage légalement.

La question de la presse écrite est hybride lorsque l'on sait qu'elle utilise plusieurs supports dont le papier et l'internet. Or, lorsque la publication des articles de presse se fait par l'usage de l'internet, elle fait appel à plusieurs autres intervenants et même le champ de publication n'a plus des frontières nationales, par conséquent, la presse écrite sur l'internet provoque des nouveaux effets de droit avec une réponse légale pour réguler ses spécificités.

En France, « Le régime de responsabilité en cascade prévu par l'article 42 de la loi du 29 juillet 1881 tente de répondre à la difficulté que peut rencontrer la victime d'une infraction commise par voie de presse pour identifier l'auteur.

Afin de protéger la victime contre l'anonymat de certains articles, il place en première ligne de responsabilité, le directeur de la publication ou l'éditeur dont le nom et les coordonnées figurent obligatoirement dans l'ouvrage ou le journal. Sa transposition dans le domaine de la communication électronique conduit à placer en première ligne le directeur de publication puis, à défaut, l'auteur du message et, à défaut, le producteur.

Toutefois, à la différence du régime de la presse écrite, qui soumet le directeur de la publication à un régime de responsabilité de plein droit fondée sur l'idée qu'il a donné son aval à la publication ou l'édition et en a donc endossé la responsabilité, le régime de la communication électronique prévoit que le directeur de la publication connaît un régime de responsabilité doublement atténué.

Ce terme technique, qui trouve son origine dans la communication audiovisuelle, exclut le *direct* : les propos tenus « en direct » par un auditeur ou un téléspectateur n'engagent pas la responsabilité pénale du directeur de la publication. Cette notion de « direct » est transposable à internet lorsque, notamment dans le cadre d'un forum de discussion qui ne fait pas l'objet d'un contrôle (ou « modération ») *a priori*, les messages des internautes sont mis en ligne en temps réel ».

La distinction entre la presse papier et la communication par voie électronique est que dans le régime de la presse papier se sépare légèrement de celui de la presse en ligne.

La première se limite à des responsabilités qu'à défaut du directeur ou du propriétaire du journal, ce sont les auteurs, à défaut l'imprimeur, et encore à défaut les vendeurs ou colporteurs, qui sont poursuivis (art. 42 de la loi de 1881). Ici, on notera que la cascade se fait sur trois niveaux : le directeur d'abord, l'auteur ensuite, et en dernier le producteur. Tandis que la seconde touche, à certaines conditions, les nouveaux prestataires qui sont les Fournisseur d'accès internet et Fournisseur d'hébergement dont nous allons aborder un point sur leurs responsabilités pénales. Que retenir en matière audiovisuel ?

3.3.2.2. En matière de l'audiovisuel

Au niveau de la presse audiovisuelle, l'article 4 de la loi organique n°11/001 du 10 janvier 2011 portant composition, attribution et fonctionnement du CSAC, l'audiovisuel est un domaine qui regroupe les services de la communication par le son et l'image, à savoir la radiodiffusion sonore et la télévision.

Pour la loi sur la presse de 1996, toute entreprise de radiodiffusion sonore et de télévision est tenue d'avoir un directeur des programmes qui doit être un professionnel de la communication. Ce directeur des programmes est pénalement responsable du contenu des émissions (article 64, b).

Lorsque le directeur des programmes et le propriétaire de l'entreprise sont une seule et même personne, celle-ci est pénalement responsable du non-respect des conditions requises pour la diffusion des émissions (article 63). En RDC, la législation est lacunaire sur les médias en ligne d'où la nécessité de recourir au droit comparé, la loi française sur l'économie numérique.

En France, l'article 2 de la loi pour la confiance de l'économie numérique dispose quelques modifications de terminologie :

- Aux articles 93, 93-2 et 93-3 de la loi no 82-652 du 29 juillet 1982 sur la communication audiovisuelle, les mots : « communication audiovisuelle » sont remplacés par les mots : « communication au public par voie électronique ».
- A l'article 23 de la loi du 29 juillet 1881 sur la liberté de la presse, les mots : « communication audiovisuelle » sont remplacés par les mots : « communication au public par voie électronique ».

Le régime de la responsabilité en cascade a fait l'objet d'une transposition identique en ce qui concerne la presse audiovisuelle. La réforme opérée par la loi n°85-1317 du 13 décembre 1985 a inséré deux dispositions dans la loi n°82-652. du 29 juillet 1982 relative à la communication audiovisuelle (Loi n°82-652 du 29 juillet 1982, JO du 30 juillet 1982).

L'article 93-3 organise, ensuite, le régime de responsabilité en cascade appliqué à la presse audiovisuelle. Aux termes de ce texte disposent que : « Au cas où l'une des infractions prévues par le chapitre IV de la loi du 29 juillet 1881 sur la liberté de la presse est commise par un moyen de communication audiovisuelle, le directeur de la publication ou (...) le codirecteur de la publication sera poursuivi come auteur principal, lorsque le message aura incriminé a fait l'objet d'une fixation préalable à sa communication au public. A défaut, l'auteur, et à défaut, le producteur sera poursuivi comme auteur principal. Il faut une adaptation des règles relatives à la prescription de l'action publique et au droit de réponse.

3.3.3. Adaptation des règles relatives à la prescription de l'action publique et au droit de réponse

Il est important, qu'au regard de l'évolution de la technologie médiatique par rapport aux exigences des droits de l'homme et libertés individuelles que la législation congolaise adapte sa loi sur la presse de 1996 sur la prescription de l'action publique et le droit de réponse et rectification. L'ordonnance-loi sur la presse du 2023 qui tarde à être promulguée ne résoudra pas aussi aux innovations de la presse en ligne. Je parle du liminaire, la prescription de l'action publique et du droit de réponse et de rectification.

3.3.3.1.Liminaire

Toute action publique contre le cyberdélit de presse ne peut s'inscrire que dans les infractions de presse qui sont contenues dans le code pénal congolais où l'initiative d'une action publique n'a pas des particularités[15] tandis que dans la loi française du 29 juillet 1881, peut être déclenchée par soit une initiative de la victime, soit à l'initiative d'associations des droits de l'homme.

Cette obligation de plainte préalable de la victime se trouve dans l'article 48 de la loi de 1881 qui dresse la liste des infractions qui se résument

[15] Les services spéciaux peuvent constater les infractions de presse et ouvrir une action publique sans la plainte de la victime surtout en cas d'infraction d'offense à chef d'Etat.

par la diffamation ou l'injure des différentes personnalités et institutions, offense envers les chefs de l'Etat ou outrage envers les agents diplomatiques étrangers, la diffusion de l'image d'une personne menottée ou entravée, atteinte à la dignité de la victime d'un crime ou d'un délit (Insérée par l'article 98 de la loi du 15 juin 2000).

Dans toutes ces hypothèses, l'action publique ne peut être déclenchée qu'après le dépôt du préalable de plainte de la victime qui reste soumise à l'appréciation du procureur de la République.

L'initiative d'associations est un exercice des droits reconnus à la victime d'accorder la qualité de procuration d'une association d'ester en justice pour l'infraction dont elle est partie civile. En premier lieu, l'article 48-1 de la loi de 1881 vient attribuer ce bénéfice à toute association, régulièrement déclarée depuis au moins cinq, de lutte contre le racisme et la discrimination fondée sur l'origine nationale, ethnique, raciale ou religieuse pour ce qui concerne seulement les infractions prévues à l'article 48-1-2-3 de la loi de 1881.

Au niveau de traitement de cyberdélit de presse, une difficulté s'affiche du fait de l'inadaptation de régime répressif congolais pour sanctionner certaines publications par voie électronique en observant le principe de la légalité criminelle et de l'interprétation stricte de la loi pénale. Cependant quoique la loi en vigueur est surannée vis-à-vis de la révolution numérique d'autant qu'elle réduit même dans sa définition le concept « information » comme des faits ,des données ou des messages de toutes sortes mis à la disposition du public par voie de la presse écrite ou de la communication audiovisuelle cependant trois dispositions de la loi en vigueur ouvre des brèches en attendant la législation actualisée pour sanctionner les actes antisociaux relatifs aux cyberdélits de presse. A titre d'illustration, l'article 8 dispose que : « Toute personne a droit à la liberté d'opinion et d'expression, il faut entendre le droit d'informer et d'être informé, d'avoir ses opinions, ses sentiments et de les communiquer sans entrave, *quel que soit le support utilisé,* sous réserve du respect de la loi, de l'ordre public, des droits de l'autrui et des bonnes mœurs ».L'article 82 ajoute que : « l'auteur d'une diffusion ou d'une émission contraire à la loi, à la tranquillité et à l'ordre public ainsi qu'aux bonnes mœurs est passible des peines prévues par la loi sans préjudices des dommages et intérêts » et l'article 84 insiste : « l'auteur de diffusion ou d'une émission contraire à la Loi, à l'ordre public, aux bonnes mœurs est passible des peines prévues par la loi ». Enfin, l'article 81conclut que : « les infractions prévues à l'article 74 ci-dessous ainsi que *tous les délits de presse non expressément assorties des sanctions prescrites dans la présente loi sont punies au maximum de 15 jours de servitude pénale et d'une amende de 2 000 000 nouveaux zaïres* ou d'une de ces peines seulement à moins que les faits ne soient constitutifs d'une infraction passible des peines plus fortes ».Cette disposition peut être interprétée comme celle qui déterminerait la sanction à tous les cyberdélits de presse non reconnus dans l'arsenal juridique à condition que ça rime avec l'article 82 et 84 de la loi en vigueur sur la presse. Il faut aussi souligner la prescription de l'action publique.

3.3.3.2.La prescription de l'action publique

Au-delà de ce débat jurisprudentiel, sur le plan socio juridique, une question persiste dans le salon des experts en cyberdroit et en droit pénal en RDC, quel serait le régime approprié de prescription des infractions de presse commises en ligne ?

Cette préoccupation est légitime lorsque l'on sait que des informations outrageantes, diffamatoires, injurieuses peuvent longtemps rester affichées sur la toile et être ainsi lues et relues par tous les internautes, partout à travers le monde. L'heure est de trancher sur la prescription de trois mois ou sur la notion de « délit continu » sur l'internet.

En France, la prescription en matière d'infractions de presse est posé à l'article 65 alinéa 1è de la loi du 29 juillet 1881 qui dispose que : « l'action publique et l'action civile résultant des crimes, délits et contraventions prévus par la présente loi se prescriront après trois mois révolus, à compter du jour où ils auront été commis ou du jour du dernier acte d'instruction ou de poursuite s'il en a été fait ».

La prescription en rapport avec la publication en ligne est éclairée par la jurisprudence de la cour de cassation de Paris dans un arrêt du 19 septembre 2006 "Attendu que, lorsque des poursuites pour l'une des infractions prévues par la loi précitée sont engagées à raison de la diffusion, sur le réseau internet, d'un message figurant sur un site, le point de départ du délai de prescription de l'action publique et de l'action civile prévu par l'article 65 de la loi du 29 juillet 1881 doit être fixé à la date du premier acte de publication ; que cette date est celle à laquelle le message a été mis pour la première fois à la disposition des utilisateurs ".

La Cour de cassation a clarifié sa jurisprudence dans deux arrêts des 16 octobre 2001 et 27 novembre 2001 dans lesquels elle réaffirme que le délai de prescription de l'action publique court, pour les infractions de presse commises sur l'Internet, à partir du jour où "le message a été mis en place pour la première fois à la disposition des utilisateurs" »(Traitement judiciaire de la cybercriminalité, guide méthodologique, 2002)

Il en est de même de la loi française du 21 juin 2004, telle qu'elle fut votée qui, se borne à faire référence à la loi de 1881et retient, comme point de départ de la prescription des délits de presse sur internet est soit la première publication, soit, la mise en ligne.

C'est ce que la cour de cassation a réitéré à plusieurs reprises. Si cette solution est retenue par le droit positif, c'est parce qu'on considère le délit de presse qu'il soit commis en ligne ou non, comme une infraction instantanée.

Le point de départ commence à courir dès la commission qui se fait par un acte unique en un laps de temps comme le vol.

Mais, il ne faut pas perdre de vue la spécificité du délit de presse commis sur internet avec les mises à jour que nous qualifions comme une sorte de réitération de la volonté coupable.

Les défenseurs de la thèse de la date de commission estiment qu'à la différence de ce qui se passe avec le support papier, un contenu publié sur le net ne disparait jamais complètement, même après que son éditeur l'a retiré parce qu'il reste dans les archives en ligne ce qui est repris et transporté via les liens hypertextes par les moteurs de recherche.

Et il a toutes les chances de se retrouver sur le site américain archive.org.qui conserve tout le net en mémoire. Et par conséquent, si on n'y prend pas garde, le délit de presse sur internet ne sera jamais imprescriptible. Toutefois, ces arrêts posent techniquement plusieurs interrogations sur ce qui concernent l*es* notions de réseau et de site. « La Cour de cassation ne distingue pas les deux notions. Or d'un point de vue technique, les notions de mise en ligne sur un réseau et mise en ligne sur un site ne se confondent pas.

Il est, en effet, possible de supposer qu'une information diffamatoire mise en ligne pendant plusieurs mois sur un site, sans que les représentants de celui-ci n'aient été inquiétés, soit reprise par un autre site plus de trois mois après la première mise à disposition.

Dès lors, si l'on retient la date de mise en ligne sur le réseau Internet comme point de départ de la prescription, une poursuite pénale contre les responsables du second site paraît impossible. Il résulte de ces décisions que la prescription peut être acquise sans que l'écrit litigieux soit définitivement retiré du serveur ».

Mon avis est que la jurisprudence doit être susceptible d'évoluer en ce domaine qui ,en amont, est très technique et considérer le cyberdélit de presse comme infraction continue et par conséquent lui donner un caractère imprescriptible à chaque fois que le message en ligne soit susceptible au public.

A noter que la jurisprudence a éclairé le cas où un message écrit sur papier depuis des années et qui est publié récemment à l'intégrité à l'internet. C'est l*a* notion de réédition. « La chambre criminelle de la Cour de cassation, depuis un arrêt du 16 décembre 1910, rappelé dans un arrêt du 8 janvier 1991, estime que la réédition d'un ouvrage constitue un nouvel acte de publication. Par ailleurs, la cour d'appel de Paris, dans un arrêt définitif du 15 décembre 1999 a, d'une part considéré que la diffusion sur Internet était un acte de publication continue, et, d'autre part, estimé que la modification de l'adresse du site constituait une nouvelle mise à disposition du public, point de départ d'un nouveau délai de prescription.

Ainsi il semblerait possible, dans le cadre de l'exemple ci-dessus proposé, d'envisager des poursuites à l'égard du second site, sans que puisse être opposée l'exception de prescription.

Les décisions du 16 octobre 2001 et 27 novembre 2001 considèrent que les infractions commises sur Internet ne dérogent en rien à la législation et à la jurisprudence de la Cour de cassation en matière d'infractions de presse.

Par jugement en date du 26 février 2002, le tribunal correctionnel de Paris (17ème chambre) confirme cette analyse, en précisant que "chaque mise à jour du site constitue une infraction nouvelle", "chaque nouvelle mise à disposition d'objets aux internautes, fait courir un nouveau délai de prescription" (Décision disponible sur le site http = //www.foruminternet.org consulté le 11/10/2017).

Ainsi, tous faits tels que les provocations à la haine raciale, à la discrimination, la contestation de l'existence des crimes contre l'humanité, l'apologie de ces crimes, et plus généralement l'ensemble des infractions de presse, à partir du moment où ils auront pour support Internet, seront soumis à la prescription trimestrielle ». Il y a aussi une importance au droit de réponse et de rectification.

3.3.3.2.Droit de réponse et de rectification

Le droit de réponse et de rectification en RDC permet à toute personne qui se sent victime d'un écrit ou d'une diffusion ne reflétant pas la réalité à son égard, de répondre ou de faire rectifier l'erreur par l'auteur même de l'écrit ou de la diffusion tel est prévu par les articles 37 et 67 de la loi de presse de 1996 en RDC et nombre de victimes en usent qu'à la presse écrite car les articles 39 et 40 disposent que : « l'insertion de la réponse est gratuite. Le demandeur en insertion ne peut excéder les limites fixées à l'article 38 en offrant de payer le surplus » par ailleurs,« la réponse doit être insérée au plus tard le surlendemain du jour où elle a été réceptionnée au bureau du journal ou de l'écrit périodique (…)La réponse doit être insérée à la même place et dans les mêmes caractères que l'article qui l'a provoqué sans retranchement ni intercalation ».Et l'article 42 de la même loi punit d'une amende allant de 50 à 100 fois le prix marqué au numéro du journal incriminé par jour de retard sans préjudice des dommages et intérêts le fait de refuser de publier le droit de réponse ou de rectification. Ces dispositions sont reconduites dans les articles 107,111,112 et 132 de l'Ordonnance-loi n°23/009 du 13 mars 2023 fixant les modalités de l'exercice de la liberté de presse, d'information et d'émission par la radio et la télévision, la presse écrite ou tout autre moyen de communication en RDC non encore en vigueur. Ladite Ordonnance-loi n'a rien prévu d'explicite sur l'internet à l'instar des blogs, des sites web et des forums des discussions.

Le délai pour exercer un droit de réponse est de trois mois. Le point de départ de ce délai est la mise à disposition du public du message justifiant la demande. C'est le seul instant de la mise en ligne qu'il faut prendre en considération. Du fait de lacune juridique sur l'application de droit de réponse à la presse en ligne, nous nous sommes inspirés de législateur français qui a fixé le délai de trois jours de publication de la réponse.

Le législateur français (Légipresse n°236 novembre 2006) a estimé que l'internet permet la diffusion facile et rapide des données. Le délai imposé pour rendre publique une réponse est donc très court. Le directeur de la publication est tenu d'insérer dans les trois jours de leur réception les réponses sous peine d'une amende de 3 750 €.

Pour mémoire, en matière de communication audiovisuelle, le délai est de 8 jours avant la saisie du juge. Pour la presse écrite non quotidienne, le directeur de la publication est tenu d'insérer la réponse dans le numéro qui suivra le sur lendemain de sa réception. Pour la presse quotidienne ce délai est de trois jours à compter de la réception.

De même au Togo,« Toute personne nommée ou désignée dans un service de communication au public en ligne dispose d'un droit de réponse, sans préjudice des demandes de correction ou de suppression du message qu'elle peut adresser au service.

La demande d'exercice du droit de réponse est adressée au directeur de la publication ou, lorsque la personne éditant à titre non professionnel a conservé l'anonymat, au prestataire mentionné à l'article 56 de la présente loi qui la transmet sans délai au directeur de la publication. Elle est présentée à tout moment à compter de la mise à disposition du public du message justifiant cette demande.

Le directeur de la publication est tenu d'insérer dans les trois jours suivant leur réception, les réponses de toute personne nommée ou désignée dans le service de communication au public en ligne sous peine des sanctions prévues par les dispositions du Code pénal, sans préjudice des autres peines et dommages-intérêts auxquels l'article pourrait donner lieu. La réponse est gratuite » (Article 68).

Donc, la loi togolaise sur les transactions électroniques a aussi écourté le délai à trois jours sans payement de frais. Par contre, l'article 6 de la loi sénégalaise sur les transactions électroniques dispose que « la demande d'exercice du droit de réponse est adressée au directeur de publication ou, lorsque la personne éditant à titre non professionnel a conservé l'anonymat, à la personne mentionnée au point 2[16] de l'article 3 de la présente loi qui la transmet sans délai au directeur de la publication. Elle est présentée au plus tard dans un délai de trois (3) mois à compter de la mise à disposition du public du message justifiant cette demande ».

---

[16] Il s'agit de prestataires techniques dont fournisseur d'accès et hébergeur

Le propre du droit de réponse est, sauf incident, de ne pas déclencher de procédure judiciaire.

Des communications audiovisuelles peuvent, dès lors, avoir lieu par le biais d'internet et ne pas relever de la communication au public en ligne. Par exemple, des services de télévision tels que définis par la loi, diffusés par internet, sont des communications audiovisuelles. Pour arriver à cette qualification, il faut que la communication qui comporte des images et des sons soit reçue simultanément par un public.

Il est aussi nécessaire que ce service soit présenté sous forme de programme, composé d'une suite ordonnée d'émissions. À l'inverse, une diffusion d'images et de sons, à la demande individuelle des internautes selon un procédé permettant l'échange réciproque d'informations entre émetteur et récepteur ressortit bien de la communication en ligne.

Ainsi, un système de vidéo à la demande au sens strict relève de la communication au public en ligne. Nul doute que la bonne compréhension des méandres de ces définitions prendra du temps...

Toujours est-il que des communications composées d'images et de sons sont susceptibles de se voir appliquer la LCEN et non pas la législation sur la communication audiovisuelle.

Le principe est simple : la non-insertion d'un droit de réponse est une infraction pénale et peut donner lieu à une action civile. Toutefois, par analogie avec le droit de réponse de la presse écrite, il convient de prendre en compte certains motifs légitimes de refus dont notamment, les principes relatifs aux motifs légitimes de refus sont inspirés de la jurisprudence traditionnelle en matière de droit de réponse de la presse écrite. L'application à internet des principes directeurs dégagés par la jurisprudence au sujet de la presse écrite est plus que probable, sous réserve d'une adaptation aux caractéristiques propres d'internet.

Le premier motif légitime de refus, lié au moment de la réponse, ne souffre d'aucune discussion. La demande de réponse doit intervenir dans un délai de trois mois à compter de la mise en ligne. D'où l'importance pratique de pouvoir connaître et prouver la date de mise en ligne d'un contenu.

Le second motif de forme est le respect du "principe d'équivalence". La réponse doit avoir les mêmes caractéristiques, le même calibrage quantitatif que les propos initiaux. Plusieurs autres motifs légitimes de refus sont liés au contenu même de la réponse. La réponse demandée ne doit pas être contraire à l'ordre public ou aux bonnes mœurs. Ainsi, une demande de réponse raciste ou injurieuse doit évidemment être écartée. La réponse ne doit pas mettre en cause abusivement l'auteur du texte ou un tiers.

Et enfin, la réponse doit porter sur le même sujet que le texte initial.

L'ensemble de ces critères peut se révéler très subjectif et l'on conseillera la plus grande prudence lorsqu'un responsable de services souhaite refuser l'exercice de ce droit.

3.3.4.Adaptation aux règles responsabilisant des nouveaux prestataires

En matière de l'internet, d'autres acteurs s'ajoutent en dehors de la presse sur papier, il s'agit de : Fournisseur d'accès internet et de fournisseur de l'hébergement que nous appelons les prestataires.

3.3.4.1. Fournisseur d'accès internet (FAI)

Le régime de la presse congolaise n'a pas encore introduit les notions de nouveaux prestataires, c'est l'Ordonnance-loi portant le code du numérique qui vient récemment de consacrer les infractions à charge du fournisseur d'accès à l'internet.

Les responsabilités pénales sont retenues en cas :

- ✓ Le FAI n'informe pas ses abonnés de l'existence de moyens techniques permettant de restreindre l'accès certains services est puni d'une amende de cinq millions à vingt millions de Franc congolais. En cas de récidive l'amende est de 10 millions à 20 millions FC(Art.365 O-L) ;
- ✓ Toute personne physique ou tout dirigeant d'une personne morale de droit ou de fait qui exerce l'activité de FAI sans avoir la qualité selon le statut juridique prévu à l'ordonnance-loi est puni d'une servitude pénale de six à douze mois et/ou d'une amende de 10 à 50 millions de FC(Art.366 O-L) ;
- ✓ La personne morale, de droit ou de fait, qui exerce la qualité de FAI sans qualité selon le statut juridique de l'ordonnance-loi est punie d'une amende de 100 millions à 500 millions FC (Art.367 O-L).

Après avoir abordé la responsabilité pénale de FAI selon le régime congolais qui est très récent, il est utile de jeter un regard comparatif avec le régime français qui va nous servir de référence. La loi pour la confiance dans l'économie numérique de 2004 a restreint le nombre de prestataires techniques susceptibles d'engager leur responsabilité au titre des contenus qui sont édités et diffusés dans le cyberespace. Cette loi s'est focalisée sur la situation des hébergeurs et celle des fournisseurs d'accès.

Il faut distinguer le fournisseur d'hébergement et le fournisseur d'accès internet. Le premier, offre d'héberger, en général contre rémunération, des pages web sur leurs serveurs. Le second est une société donnant accès à Internet moyennant un abonnement payant ou gratuit.

En substance, ce nouveau texte indique que le fournisseur d'accès ne peut voir, en principe, sa responsabilité civile ou pénale engagée à raison de ces contenus que dans les cas où soit elle est à l'origine de la demande de transmission litigieuse, soit elle sélectionne le destinataire de la transmission, soit elle sélectionne ou modifie les contenus faisant l'objet de la transmission d'accès, il peut dès lors constituer un acte de complicité que lorsque le Fournisseur d'accès prend connaissance du caractère infractionnel des informations auxquelles il donne accès, et s'abstient de prendre les mesures nécessaires pour en restreindre.

Selon Valérie Sedallian (2005), on peut synthétiser la réglementation de l'activité des fournisseurs d'accès en quatre points clés :

- ✓ les fournisseurs d'accès bénéficient d'un régime d'exonération de responsabilité ;
- ✓ ils sont assimilés par la législation à des opérateurs de communications électroniques (qui est la nouvelle terminologie pour télécommunications) ;
- ✓ les fournisseurs d'accès n'ont aucune obligation de surveillance des contenus transitant par leurs services ;
- ✓ la législation va mettre à leur charge des obligations de filtrage.

Contrairement au Togo, «les prestataires de services doivent, d'une part, assurer la mise à jour régulière des systèmes et moyens techniques mentionnés à l'article 59 de la présente loi et d'autre part, en informer les utilisateurs.

Les autorités compétentes peuvent engager la responsabilité des prestataires de services lorsque les systèmes de filtrage ne sont pas disponibles ou leur mise à jour n'est pas régulière.

Cette responsabilité ne pourra pas être engagée dans l'hypothèse visée à l'article ci-dessus où les systèmes de filtrage utilisés ont fait l'objet d'une validation expresse du ministère chargé des Communications électroniques et sous réserve que lesdits prestataires de services en assurent la maintenance et un bon fonctionnement » (L'article 60 de la loi togolaise sur les transactions électroniques).

Par ailleurs, afin de faciliter l'identification de la source illicite ou de l'agissement répréhensible, la loi française prévoit une obligation de conservation des données par les prestataires de services de communications en ligne afin de les communiquer aux autorités judiciaires à leur demande. Le défaut de conservation des données est puni d'un an d'emprisonnement et de 75 000 euros d'amende.

L'article 3 point 5 loi sénégalaise en la matière responsabilise les prestataires techniques en disposant que : « Compte tenu de l'intérêt général attaché à la répression de l'apologie des crimes contre l'humanité, de l'incitation à la haine raciale ainsi que de la pornographie infantile, les personnes mentionnées ci-dessus doivent concourir à la lutte contre de tels agissements.

A ce titre, elles doivent mettre en place un dispositif facilement accessible et visible permettant à toute personne de porter à leur connaissance ce type de données.

Elles ont également l'obligation, d'une part, d'informer promptement les autorités publiques compétentes de toutes activités illicites mentionnées à l'alinéa précédent qui leur sont signalées et qu'exercent les destinataires de leurs services, et, d'autre part, de rendre public les moyens qu'elles consacrent à la lutte contre ces activités illicites ». Il y a aussi une responsabilité des hébergeurs à rappeler.

3.3.4.2. La responsabilité des hébergeurs

Selon la loi pour la confiance dans l'économie numérique, les hébergeurs ne pourront être tenus pour civilement ou pénalement responsables du contenu stocké dans le cas où ils n'avaient pas connaissance de son caractère illicite. La mise en œuvre de la responsabilité de l'hébergeur repose sur un mécanisme à deux niveaux :

- ✓ il faut au préalable signaler au prestataire le caractère illicite du contenu et le mettre en demeure de cesser la diffusion ;
- ✓ dans l'hypothèse où ce dernier persiste dans la diffusion du contenu illicite, il sera alors possible d'établir sa faute.

L'hébergeur n'est pas astreint par la loi du 21 juin 2004 à un devoir de surveillance. Il pèse cependant sur lui une présomption simple de connaissance. Cela suppose qu'il ait reçu une notification dans les formes posées par l'article 6, qui institue une procédure de notification. Celle-ci doit être datée et contenir un certain nombre d'informations : l'identité du notifiant, l'identité du destinataire, la description et la localisation précises des faits, les motifs du retrait et la mention des dispositions légales justifiant ce retrait, la copie d'une correspondance adressée à l'auteur ou à l'éditeur des informations litigieuses demandant leur suspension ou leur modification[17].

La question de l'engagement de la responsabilité des hébergeurs à l'égard des tiers en raison des contenus des sites qu'ils hébergent peut être encadrée différemment : par des clauses contractuelles, les textes, la jurisprudence, etc.

Par contre, les fournisseurs d'hébergement ne seront pas responsables si, dès le moment où ils ont eu connaissance du caractère illicite du contenu ou de faits et circonstances mettant en évidence ce caractère illicite, ils ont agi avec promptitude pour retirer ces données ou rendre l'accès à celles-ci impossible.

---

[17] «*Les motifs pour lesquels le contenu doit être retiré, comprenant la mention des dispositions légales et des justifications de faits* ». L'information de l'hébergeur doit pouvoir être assurée par tout autre moyen qui, contrairement à la notification de l'article 6,I,5 n'emportera pas présomption.

Le concept d'illicéité est interprété différemment selon les autorités administratives concernées. Classiquement ce contenu regroupait les contenus racistes, antisémites, négationnistes, révisionnistes ou pédopornographiques ; d'autres contenus ont été rajoutés[18].

La profusion d'interprétations de la notion « manifestement illicite » pose des difficultés dans l'application de la loi par les prestataires eux-mêmes. Certains hébergeurs (de blogs notamment) n'hésitent pas à recourir à la suspension d'un contenu pour des propos pouvant être jugés diffamatoires mais prescrits au moment de la demande adressée au prestataire (Tabaka, « LCEN : quel bilan deux ans après ?op. cit.,http://journaldunet.com/juridique/juridique06719.shtml consulté le 16 /02/2018).

L'article 6-I-8 de la Loi pour la confiance dans l'économie numérique permettant au juge d'ordonner à un hébergeur, et le cas échéant à un fournisseur d'accès à Internet de cesser de permettre l'accès à un contenu qui serait jugé illicite a été mis en œuvre deux fois : le 13 juin 2005, le Tribunal de grande instance de Paris a ordonné à plusieurs fournisseurs d'accès de bloquer l'accès à un site révisionniste hébergé sur le territoire américain (AAARGH)(TGI Paris référé 13juin 2005, UEJF, SOS, Racismehttp://www.juriscom.net/jpt/visu.php?ID=717 consulté le 10/10/2017).

Cette décision était justifiée par le fait que les démarches effectuées auprès des auteurs, des hébergeurs américains étaient restées lettre morte. Dans un autre secteur, la Cour d'appel de Paris a confirmé le 14 juin 2006 deux ordonnances respectivement du 8 juillet et du 2 novembre 2005 qui ordonnaient à la demande du Pari mutuel urbain (PMU), à un site de paris sportifs hébergé au Royaume-Uni puis à Malte de faire cesser cette activité manifestement illicite sur le fondement de l'article 6-I-8 de la Loi pour la confiance dans l'économie numérique.

La personne qui solliciterait de manière abusive un tel retrait, pourrait être sanctionnée pénalement d'un an de prison et 15 000 euros d'amende maximum. Pour constituer la faute de l'hébergeur, la personne qui sollicite le retrait des informations doit décliner précisément son identité, décrire les faits litigieux, exposer les motifs de la demande de retrait et envoyer une copie de la correspondance adressée à l'auteur ou à l'éditeur des informations litigieuses.

Pendant quelques années on a admis que l'auteur direct ou quiconque ayant eu une incidence directe sur l'illicéité d'un message dans un

[18] La Haute autorité de lutte contre les discriminations et pour l'égalité (HALDE) notifie aux hébergeurs que les« *offres d'emploi diffusées sur Internet mentionnant un critère d'âge, en des termes dénués d'ambiguïté dontl'usage suffit à caractériser l'intention de discriminer, (...) sont constitutives du délit de discrimination prévu aux articles 225-1 et 225-2 du code pénal* ».

forum de discussion, devait engager sa responsabilité. Il y a eu des cas de figure où les juges du fond ont retenu la responsabilité des exploitants de forums en les assimilant assez sévèrement à des fournisseurs d'hébergement, étant donné qu'ils assuraient le stockage direct et permanent de messages pour mise à disposition du public (TGI Paris, réf., 18 février 2002 : Comm. com. électr. Juillet.-août 2002, commentaire. n°102, obs. L. Grynbaum. – Tribunal correctionnel Rennes).

Il est arrivé que la Cour de cassation retienne la responsabilité en tant que producteur, du président d'une association ayant pris l'initiative de créer un service télématique, en vue d'échanger des opinions sur des thèmes définis à l'avance, alors même que le message n'avait pas été fixé préalablement à sa communication au public (Lucas,http://droit-internet-2000.univ-paris1.fr/di2000_19.htm consulté le 27/10/2027).

Dans un autre cas de figure, les juges ont décidé que « le responsable d'un forum non modéré ou modéré a posteriori doit être considéré comme un hébergeur au sens de la loi puisqu'il assure le stockage direct des messages diffusés sans porter de regard préalable sur ces derniers » (TGI Lyon, groupe Mace cGilbert,2005).

Les juges ont également estimé que « le message considéré comme diffamatoire ayant été supprimé du site par M.D., dans le 24 heures de la demande formulée par la société Groupe Mace, le prévenu [avait] ainsi agi promptement dès qu'il [avait] eu connaissance du caractère illicite du message »[19].

La jurisprudence de la Cour de cassation (Légipresse n° 161-III),fixée par un arrêt du 8 décembre 1998laissait entendre que l'exploitant d'un forum pouvait être poursuivi comme auteur principal alors même qu'aucune modification inopportune avant la communication du message au public ne lui était imputable(Cass. Crim., 8 décembre 1998, Légipresse n° 161-III, p.57).

La règle semble être que la responsabilité d'un exploitant de forum de discussion ne peut être engagée que dans le cas où il procède à une modération *a priori* : à savoir qu'il se réserve le droit de modifier ou supprimer préalablement à leur communication au public les messages jugés délictueux.

---

[19] Cette décision se justifie par le fait que, la loi du 21 juin 2004 a remplacé dans les articles 93-2 et 93-3 de la loi du 29 juillet 1982, les mots « communication audiovisuelle » par les mots « communication au public par voie électronique » tout en gardant l'exigence de la fixation préalable à condition de l'engagement de la responsabilité du directeur de publication. Il s'en réfère l'inapplicabilité de la loi du 29 juillet 1982 aux organisateurs de forum de discussion *a posteriori*. Ainsi la jurisprudence résultant de l'arrêt du 8 décembre 1998 selon laquelle « le producteur du service peut être poursuivi comme auteur principal, même si ce message n'a pas été fixé préalablement à sa communication au public et ce en application de l'article 93-3 de la loi du 29 juillet 1982 » est désormais obsolète.

Son défaut de vigilance (dans le cas où un message délictueux parviendrait au public) et/ou sa modification préjudiciable sont ici sanctionnés.

La différence entre cette jurisprudence et celles préalablement mentionnées réside dans le fait que c'est le type de modération (a priori ou a posteriori) qui détermine le régime de responsabilité de l'exploitant du forum. Pour une modération a priori, la responsabilité de l'exploitant de forum sera une responsabilité de droit commun au sens de la loi du 29 juillet 1881 sur la liberté de la presse (TGI Paris, réf., 18 février 2002 : Comm. com. électr. Juillet.-août 2002,).

A contrario, l'exploitant d'un forum modéré a posteriori doit être considéré comme un hébergeur au sens de la Loi pour la confiance dans l'économie numérique, puisqu'il assure le stockage direct des messages diffusés sans porter de regard préalable sur ces derniers et bénéficie de ce fait d'une responsabilité « allégée », ce qui n'a pas manqué de susciter des critiques (Dreyer, 2004).

Il sied de signaler que la justice congolaise n'accède pas au contact de certains hébergeurs qui sont influents au pays mais sans siège (bureau) de représentation à l'occurrence de maisons Facebook, Yahoo, Youtube, Google et Viber...

Ce qu'il faut bien voir, c'est qu'il y a des mécanismes de répression des cyberdélit de presse.

Chapitre IV
Mécanismes de répression des cyberdélits de presse

Certes, les mécanismes de répression des cyberdélits de presse jouent aussi le rôle des mécanismes de protection des droits de l'homme. La dignité humaine dans le cyberespace doit être protégée par l'Etat comme pouvoir régulateur de la société et qui , par sa violence légitime ,protège les faibles contre les forts que les bonnes personnes contre les délinquants. Chaque société a ses instances pour sanctionner les coupables non pas pour les nuire mais pour rétablir la paix sociale et rétablir les victimes dans leurs droits. Et si les victimes sont abandonnées parce que les auteurs des cyberdélits de presse sont tranquilles, l'Etat est accusé de violeur des droits de l'homme par omission. Ce chapitre s'articule sur la répression des cyberdélits par les mécanismes non juridictionnels et la répression des cyberdélits de presse par les mécanismes juridictionnels.

4.1. De la répression des cyberdélits de presse par les mécanismes non juridictionnels

Il s'agit d'un cadre institutionnel en dehors de la justice car ces institutions se réfèrent plus à des prescrits de code d'éthique et déontologique du journaliste selon les règles de l'art de Munich. De prime abord, il faut retenir qu'il n'y a pas de régulation lorsqu'il y a monopole, elle intervient dans un environnement de pluralisme médiatique et dans un contexte où l'Etat se désengage de la police médiatique. La notion de régulation prend un caractère délicat par la liberté de communiquer, et son pendant, le droit à une information honnête et fiable.

C'est l'espace où les évolutions technologiques mènent la vie dure aux concepts académiques rigides. Selon l'article 4, point 11 de la loi : « la régulation des médias est un ensemble d'actions visant à instaurer un équilibre dans le fonctionnement du secteur de la communication, à garantir à tous un accès égalitaire à tous médias publics et équitable aux médias privés et à concilier l'usage de la liberté d'expression ainsi que l'exercice loyal de la profession des métiers avec les missions d'intérêt général » (Loi organique n° 11/001 du 10 janvier 2011 portant composition, attribution et fonctionnement du Conseil Supérieur de l'Audiovisuel et de la Communication).

En RDC, il y a l'Organe de réglementation qui est le Ministre de tutelle, l'Organe de régulation qui est le Conseil Supérieur de l'Audiovisuel et de la Communication et l'Organe de l'autorégulation qui est subdivisé en deux dont l'Union nationale de presse congolaise (UNPC) et l'Observatoire des médias congolais (OMEC). En clair, trois points sont traités ici : l'autorité de réglementation des médias, l'autorité de régulation et l'autorité de l'autorégulation,

4.1.1. Autorité de réglementation des médias

La réglementation de la presse revient en RDC à la charge du Ministre qui exerce la tutelle des médias. Cette attribution est un héritage de l'époque de parti unique, le Mouvement Populaire de la Révolution, où la direction des médias dépendait de la pensée unique du Président Mobutu.

Il suffit simplement de faire une analyse sur la dénomination de la loi de 1996 où au lieu de l'expression « loi sur la presse » ou « loi sur la communication », le législateur a utilisé un concept orienteur et qui dicte des bornes en intitulant « modalités d'exercices de libertés de la presse ».

Le Ministre de presse et médias puise plus de force légale dans l'article 82 alinéa 2 qui dispose : « en cas de récidive ,l'entreprise de la radiodiffusion sonore et de la télévision ou la station concernée fautive se verra retirer sa licence d'exploitation par le Tribunal de Grande Instance compétente, à la demande d'un membre du Gouvernement ou du Collège Exécutif régional ayant l'information et la presse dans ses attributions » et à l'article 83 qui complète que : «(…)le membre du Gouvernement ayant en charge l'information et la presse peut :

a) requérir la saisine des documents, films ou vidéocassettes ;

b) interdire la diffusion d'un ou de plusieurs émissions incriminées ;

c) suspendre une station de la radiodiffusion sonore ou de la télévision pour une période n'excèdent pas trois mois notamment dans les cas suivants :

- ✓ Refus de diffuser un droit de réponse, une réplique ou une rectification conformément au prescrit de la présente loi
- ✓ Diffusion des documents, films ou vidéocassettes contraire aux Lois, aux bonnes mœurs et à l'ordre public».

Donc, les deux dispositions de la loi sur la presse donnent au ministre de tutelle ce pouvoir d'injonction aux juridictions et le pouvoir de fermer les organes de presse (Loi n°96-002 du 22 juin 1996 fixant les modalités d'exercices de libertés de presse au Zaïre).

Ainsi, cette mission se résume par l'organisation et la gestion de l'espace informationnel ou communicationnel ainsi que réglementation de la publicité dans les médias.

Il est vrai que quoique la RDC ne possède qu'une seule autorité contrôlant la diffusion et la distribution des signaux et que différentes lois établissent certaines autorités de régulation, il reste, cependant, clair que le véritable pouvoir de contrôle sur les médias réside auprès de l'autorité gouvernementale; plus précisément auprès du Ministre ayant la charge de la Presse et de l'Information.

En effet, le travail du Conseil Supérieur de l'Audiovisuel et de la Communication (CSAC) qui est l'Autorité de régulation qui contrôle les aspects techniques de la diffusion médiatique demeure éclipser par les attributs ministériels exercés par le pouvoir exécutif malgré la conception constitutionnelle du CSAC. Car, le régime peut évoluer sans que la classe politique ainsi que les mentalités dictatoriales n'évoluent pas. Il convient de parler à présent de l'autorité de régulation.

4.1.2. Autorité de régulation

L'Organe de régulation au Congo est actuellement le Conseil supérieur de l'audiovisuel et de la Communication(CSAC) qui a remplacé la Haute Autorité des Médias (HAM) qui a exercé un grand rôle de régulation dans un environnement politique et très complexe pendant la transition surtout pendant le processus électoral de 2006.Il faut saluer la personnalité charismatique des animateurs à l'instar de monsieur Modeste Mutinga et de Feu Sakombi Inongo.

En effet, sans faire allusion à la Haute Autorité des Médias, l'article 212 de la Constitution prévoit express verbis la place du CSAC en ces termes : « Il est institué un Conseil Supérieur de l'Audiovisuel et de la Communication doté de la personnalité juridique. Il a pour mission de garantir et d'assurer la liberté et la protection de la presse ainsi que de tous les moyens de communication de masse dans le respect de la Loi. Il veille au respect de la déontologie en matière d'information et d'accès équitable des partis politiques, des associations et des citoyens aux moyens officiels d'information et de communication.

La composition, les attributions, l'organisation et le fonctionnement du CSAC sont fixés par une Loi organique ». Le CSAC en tant qu'une juridiction des pairs surveille le métier des journalistes, le cahier des charges et la régulation des contenus. Il s'avère dans la réalité que le CSAC dispose d'une compétence limitée pour sanctionner les entreprises de médias de l'Etat comme la RTNC et les organes de presse appartenant aux personnalités fortes du régime surtout que la règlementation et la gestion des infrastructures de fréquences des chaines sont de la compétence de Ministre de tutelle.

Le passage de la Télévision analogique au numérique et l'émergence des médias en ligne rendent la tâche difficile au CSAC sans ressources humaines et matérielles pour s'adapter à cette complexité des nouveaux outils et du statut de cyberjournaliste.

Certes, ce qui devrait attirer son attention du fait que le métier de journalisme ne change entièrement pas, ce qui change c'est le support avec l'usage des TIC.

L'Ordonnance-loi n°23/009 du 13 mars 2023 fixant les modalités de l'exercice de la liberté de presse, d'information et d'émission par la radio et la télévision, la presse écrite ou tout autre moyen de communication en RDC non encore en vigueur ajoute au CSAC d'autres attributions sur la presse en ligne relatives à l'examen des conditions d'exercice et de fourniture de service de l'entreprise de presse en ligne. Donc, à l'entrée en vigueur de cette Ordonnance -loi, tout organe de presse en ligne en RDC doit introduire au préalable auprès du CSAC une déclaration comportant des éléments ci-après :

- ✓ Le numéro de registre de commerce et du crédit mobilier ou l'acte règlementaire ayant accordé la personnalité juridique ;
- ✓ Le numéro d'identification nationale ;
- ✓ Le numéro d'impôt ;
- ✓ Le numéro d'identification à la sécurité sociale ;
- ✓ Le nom du domaine point cd et l'URL du site internet ;
- ✓ Le ou les noms de ses fournisseurs d'accès ;
- ✓ Les éléments de la ligne éditoriale ;
- ✓ Le nom, la date de naissance et l'adresse du propriétaire ou le représentant légal et du directeur de publication ;
- ✓ L'indication du siège social de l'entreprise de presse en ligne ;
- ✓ Le certificat de nationalité du chef de l'organe ou du représentant légal et du directeur de publication ;
- ✓ Un extrait de casier judiciaire du propriétaire, du chef de l'organe ou du représentant légal et du directeur de publication ;
- ✓ Un certificat de bonne vie et mœurs du chef de l'organe ou du représentant légal ;le cas échéant, du directeur de publication, un exemplaire des statuts de l'organe ;
- ✓ Un exemplaire des statuts pour la société ou l'association préalablement notarié ;
- ✓ Une copie certifiée de la carte d'identité de chacun des associés ou de tous les membres du Conseil d'administration pour la société ou de l'association ;
- ✓ L'indication d'un ou des comptes bancaires certifiés susceptibles de couvrir pendant six mois au moins les dépenses d'exploitation de l'organe.

Le CSAC, dans un délai de quinze jours suivant le dépôt du dossier, et après examen favorable du dossier d'un organe de presse en ligne, il lui délivre un avis de conformité et lui signifie d'aller payer les frais administratifs au Ministère de la Communication et des Médias qui lui délivrera à son tour un récépissé. A défaut d'octroi de récépissé dans un délai de nonante jours, la mise en ligne est automatique (Article 84 de l'ordonnance-loi).Le CSAC régule les médias en ligne en veillant à ce qu'ils respectent la loi, l'ordre public, les bonnes mœurs et les droits d'autrui(Article 92 de l'ordonnance-loi).

Comme il est signalé que la HAM avec deux personnalités charismatiques Modeste Mutinga et Sakombi Inongo ont battu un travail costaud dans son rôle de faire respecter les règles déontologiques et d'éthique des journalistes ainsi que d'autres normes.

De ce fait, il convient de présenter quelques décisions prises par l'Autorité de régulation dans le rappel de la discipline, dans les avis de conformité et dans les sanctions:

- ✓ Décision n°HAM /AP/009/2004 du 8 décembre 2004 portant blâme adressé à monsieur Tharcise Zongia, directeur de publication du journal Le Manager Grognon pour diffamation, atteinte à la dignité humaine, non-respect de l'équilibre et parti pris systématique »par plainte du coordonnateur général du Fonds social.
- ✓ Décision n°HAM/AP/011/2004 portant blâme infligé au directeur Jean Marie Basa Ndjankolo du journal Flash Info Plus suite à la publication portant atteinte à la dignité humaine, violation de la présomption d'innocence, non-respect de l'équilibre et parti pris systématique dans l'article concernant Evariste Boshab (Directeur de cabinet du chef de l'Etat) ;
- ✓ Décision n°HAM/CVEM/122/2006, du 11 septembre 2006 portant blâme infligé au directeur des programmes de la RTNC1 pour encadrement déficient de l'équipe de production de la tranche Tôt Gaieté et à monsieur Lushima Ndjate pour manquement déontologique ;
- ✓ Décision n°HAM/CP/040/2005 du 19septembre 2005 portant suspension des journaux « Pool Malebo », « Le Journal » et « L'Ouragan » pour « propos non vérifiés, des imputations dommageables rendus dans une absence totale de rigueur et dans la quête de sensationnisme, constituant des manquements aux articles 2, 3, 6, 11 et 13 du code d'éthique et déontologie du journaliste congolais » ;
- ✓ Décision n°HAM/CP/048/2005 du 23 septembre 2005 portant suspension du journal « Alerte Plus » pour une durée d'un mois pour violation de l'article 24 de la loi de juin 1996 exigeant notamment que le Directeur de publication de tout journal ou écrit périodique soit un journaliste professionnel, ainsi qu'à l'article 15 de sa loi organique ;

- ✓ Décision n°HAM/B/CP/027/2005 portant suspension de la chaine de télévision RMTV pour avoir de même manière inconsciente, appelé, incité ou provoqué à la désobéissance civile. Selon le rapport, la Radio télé messages de vie, « chaîne notoirement confessionnelle s'est illustrée de manière flagrante, en date du 10 avril 2005,par une grave violation de son cahier des charges en versant dans la production d'une émission qui ne répondait pas aux objectifs de la transition »,par la diffusion d'un « message comportant des incitations au soulèvement populaire, à la rébellion et à la violence » ;
- ✓ Décision n°HAM/AP/053/2005 du 22 septembre 2005 portant suspension de la Radio télé Inter Viens et Vois pour quinze jours pour incitation à la désobéissance civile ;
- ✓ Décision n°HAM/Cveem/143.2006 portant embargo de 15 jours sur tous les médias congolais contre Christian Badibangi et Jean-Baptiste Bomanza ;
- ✓ Décision n°HAM/Cveem/144/2006 du 23 septembre 2006 décrétant un embargo sur tous les médias congolais contre Roger Lumbala, Firmin Kama et Joseph Olengankoy ;
- ✓ Décision n°HAM/B/CP/116/2006 du 16 aout 2006 portant suspension des chaines de la Radiotélévision Nationale congolaise1 « RTNC1 », Canal Congo télévision « Cctv » et radiotélévision armée de l'Eternel « Rtae » pour une durée de 24heures ;
- ✓ Décision n°CSAC/AP/008/2011 du 7 novembre 2011 portant sanctions contre RLTV, Télé 50, Top Congo FM, SET et un candidat à la présidentielle ;
- ✓ Recommandation du CSAC sous le CSAC/AP/08/2012 du 27 avril 2012 sur interdisant les publicités illégales des produits médicaux et curatifs par des tradi praticiens suite à la plainte de l'Ordre des médecins congolais ;
- ✓ Communiqué officiel n°CSAC/B/001/02/2021 du 18 février 2021 sur la mise garde contre les manquements et les dérapages dans les émissions, magazines d'information et dans la presse écrite paraissant à Kinshasa suite à la non maîtrise des règles d'éthique et de déontologie professionnelles ;
- ✓ Recommandation n° CSAC/AP/02/ du 11 aout 2021 relative aux agressions verbales, incitations à la haine tribale, raciale ou religieuse ainsi qu'à travers les médias ;
- ✓ Communiqué officiel n° CSAC/B/003/05/20211 du 31 mai 2021 sur la mesure conservatoire relative à la suspension jusqu'à la décision finale de l'assemblée plénière contre les chaines NSINGI TV, DONDJA TV, C2TV SPORT suite à la plainte de Canal + sur les

diffusions sans droit des programmes des matchs de la Ligue des champions de l'UEFA ;

- ✓ Communiqué officiel n°CSAC/B/002/09/2020 du 04 septembre 2020 sur la mise en garde contre les messages à caractère tribal et haineux dont les responsables sont les acteurs politiques et sociaux ;
- ✓ Communiqué officiel n°CSAC/BR/001/09/2020 du 02 septembre 2020 rappelant aux propriétaires et Directeurs des programmes des chaines de télévision sur l'obligation de s'enregistrer au préalable conformément aux articles 9 points 10,17 et 75 la loi organique sur le CSAC ;
- ✓ Communiqué officiel du 24 aout 2020 sur les avis de conformité accordées à la publicité de la boisson gazeuse « Top » de la Bracongo, et aux chaines «Vuvamu » et « Radio de la femme » , « HOPE Tv »;
- ✓ Observation n°CSAC/AP/001/2020 du 20 mai2020 adressée à la télé 50 portant sur le suivi de l'émission « JMK to day » du 28 avril 2020 pour avoir diffusé une image tronquée de monsieur Vital Kamerhe.

Que dire de l'autorité de l'autorégulation ?

4.1.3. Autorité de l'autorégulation

Certes, l'autorégulation commence par le journaliste lui-même lorsqu'il censure certaines informations contraires aux règles de l'art (Munkeni,2022) mais officiellement le système médiatique congolais dans le souci de se mettre à l'abri de la discipline de l'autorité de règlementation qui est l'Etat violeur des droits de l'homme s'est doté, selon l'évolution, deux organes de l'autorégulation qui sont l'Observatoire des Médias congolais (OMEC) et l'Union congolaise de la presse congolaise (UNPC).

4.1.3.1.Observatoire des Médias congolais (OMEC)

Les journalistes congolais ont mis sur pied, en mars 2004, à l'issue du Congrès national de la presse, un Observatoire des médias appelé « Observatoire des Médias Congolais » (OMEC) à qui ils ont confié la mission de recevoir et d'examiner toute plainte émanant du public au sujet d'articles de presse ou d'émissions jugés incompatibles avec les règles déontologiques.

Ils lui ont ainsi donné le caractère de « policier de l'éthique et de la déontologie des journalistes », ou comme empruntant une image judiciaire, le nom de « tribunal de paires » pour tout manquement touchant à la vie et au travail du journaliste (Mupili, 2016).

Il est textuellement établi qu'après examen des plaintes reçues par l'OMEC, la décision prise doit faire objet d'un communiqué rendu public dénonçant les violations constatées.

En clair, les principaux objectifs pour lesquels l'OMEC a été mis sur pied sont :

- veiller au respect du Code d'éthique et de déontologie du journaliste ;
- promouvoir et défendre la liberté de la presse ;
- protéger le droit du public à une information saine, honnête, libre et objective ;
- veiller à la sécurité des journalistes dans l'exercice de leur profession ;
- constater et dénoncer tous les manquements aux règles éthiques et déontologiques et adresser les recommandations aux médias concernés ;
- assurer la conciliation entre les organes de presse et les personnes qui s'estimeraient lésées par un article de presse ou une émission de radio ou de télévision, ou de tout autre support[20] .
- mener et publier des recherches et des réflexions sur l'évolution des médias et leur impact sur la société ;
- assurer la vulgarisation des textes légaux et autres instruments sur la presse ;
- mener des études sur l'applicabilité des lois et leur éventuelle actualisation ;
- encourager les journalistes et les organes de presse qui font preuve de professionnalisme.

Tenant compte des attentes sur terrain, l'Observatoire a reçu un total de 68 plaintes endéans une semaine. C'est une confirmation concrète des besoins qui ont présidé à sa création.

Le code mis sur pied par l'OMEC n'est pas le premier intervenu dans la profession. Rédigé sur le modèle de la Charte de Munich (sur les devoirs et les droits des Journalistes), un Code éthique et déontologique des journalistes zaïrois a été mis en place depuis 1971.

Cependant, ce texte comportait des dispositions qui, à l'époque, devaient soutenir la dictature de Mobutu et étaient d'un caractère général. Ce texte ne comportait que des devoirs pour les journalistes congolais sans allusion à leurs droits.

Plus de trois ans après ce grand élan dans l'histoire institutionnelle des médias congolais, l'espoir d'une presse indépendante, professionnelle et actrice à la construction de la démocratie reste une utopie.

---

[20] Cet objectif en utilisant l'expression tout autre support prouve que l'OMEC peut autoréguler même la publication en ligne.

L'inefficacité ou pire des querelles intestines empêchent que cette structure soit à la hauteur de la mission lui confiée. Tel est le cas aussi d'ailleurs de l'UNPC, espéré comme véritable cadre fédérateur de la profession.

L'OMEC ne fait pas fort crédit et les plaignants qui le saisissent sont vite déçus de constater qu'aucune sanction efficace ne peut y être prise ; ou que les sanctions prises quelques rare fois ne sont jamais suivies d'effets.

Il se pose alors un réel besoin de revisiter toute la superstructure qui régit la profession à ce jour, en faire une évaluation en vue d'un renforcement de ses capacités au développement de la radiodiffusion et de la construction de la démocratie.

Les états généraux de la presse et les ateliers pour la réforme du cadre juridique régissant l'exercice de la liberté de la presse, notamment la création des radios sont un cadre idéal pour baliser la recréation d'une radiodiffusion réellement partie prenante à la construction de la démocratie.

Il me semble opportun d'évoquer l'union nationale de la presse congolaise dans les lignes qui suivent.

4.1.3.2.Union Nationale de la Presse Congolaise (UNPC)

L'organe de l'autorégulation en RDC est l'Union nationale de la presse congolaise (UNPC) son existence légale est tirée de la loi portant statuts de journalistes œuvrant en RDC.

Son appellation d'origine est l'Union de la presse du Zaïre (UPZa), mais c'est à l'issue d'un congrès de la presse tenu en 2004, l'UPZa est devenue Union Nationale de la Presse du Congo en se dotant des statuts d'une ASBL Syndicat des journalistes, est seule habilitée à octroyer la carte de presse et organiser le recrutement des nouveaux venus dans la profession.

L'article 7 de la loi n°81/012 portant statuts des journalistes œuvrant en RDC donne à l'UNPC la compétence de délivrer la qualité de journaliste professionnel à l'obtention de la carte de presse en instituant deux modes de recrutement à savoir sur concours et sur titre. En général, il est fait sur concours mais lorsqu'il s'agit des journalistes professionnels et des candidats diplômés d'une école de journalisme,

En sa qualité du seul syndicat des médias institué par la loi portant statut des journalistes, l'UNPC bénéficiant du monopole légal ,s'est dotée de beaucoup plus de pouvoirs dans la mesure où, aux dires de certains experts, le contrôle exercé par elle est excessif, alors que sa mission première reste celle de garantir la liberté de la presse.

Par exemple, dans une compréhension la plus simpliste de l'article 5, il est dit que seule l'UNPC est habilitée à émettre les cartes de presse alors que dans l'article 54 de la même loi, tout journaliste est libre de s'affilier à toute organisation professionnelle ou syndicale compatible et d'exercer ses activités aussi bien à l'intérieur de l'UNPC ou pas.

Ce qui aboutit au fait que, d'après l'UNPC, cette dernière est la seule autorisée à octroyer la qualité de journaliste. De plus, il ressort de la comparaison des deux articles précités une sorte d'ambigüité dans la mesure où le monopole légal est battu en brèche par la liberté reconnue aux journalistes d'adhérer au syndicat de leur choix.

Par ailleurs, le fait de mettre en place un système instituant d'une part, l'obligation d'appartenir à l'UNPC qui seule est habilité à délivrer la carte de presse qui donne la qualité de journaliste, et d'autre part, la liberté reconnue au journaliste d'adhérer au syndicat de leur choix, constitue une vraie confusion dans la mesure où l'UNPC est elle-même aussi un syndicat.

Cependant, il y a lieu de reconnaître comme point positif dans cette loi, la reconnaissance de deux modes de recrutement, à savoir : le recrutement sur concours et le recrutement sur titre. A notre avis, le recrutement sur concours paraît plus à même d'assurer que les critères de compétence, d'aptitude, de probité morale et de méritocratie sont pris en compte pour quiconque adhère à l'exercice du métier de journaliste (RDC/Revue de la Législation/Juin 2012/Albany Associates).

De ce fait, une étude de programme de développement de secteur médiatique, émet les recommandations suivantes :

- La suppression pure et simple de la subordination de l'exercice de l'activité de journaliste à la détention d'une carte professionnelle ou à la détention de diplômes spécifiques ;
- L'assouplissement du monopole légal accordé à l'UPZa (devenu Union Nationale de la Presse du Congo à l'issue du congrès de refondation de la presse tenu en 2004 et ayant pris le statut d'une ASBL) et la détermination claire du mandant et la mission de cette dernière ;
- En vue de préserver la cohésion et les intérêts du corps journalistique, l'UNPC devra conserver le rôle fédérateur de la corporation, ce qui devrait passer par la définition d'un statut juridique approprié et adapté à sa vocation.

L'UNPC apparait aujourd'hui comme le gendarme par contre l'OMEC le pédagogue des journalistes.

Enfin, toutes ces structures dont l'Autorité de régulation et celle de l'autorégulation souffrent plus de problème d'animateurs que de textes. La réflexion devrait plus se pencher sur le profil des animateurs qui devraient prouver de leur forte personnalité charismatique, de la compétence et surtout de l'indépendance d'esprit vis-à-vis de pouvoir de Ministre de tutelle et des médias nationaux voués à la propagande de la mouvance présidentielle et des institutions politiques.

Le professeur Luzolo Bambi (2021), affirme dans la préface de l'ouvrage de Munkeni que : « Il s'observe bien que les sanctions des autorités de régulation n'ont jamais été assez dissuasives pour stopper cette escalade. Il en est de même de la pratique du droit de réponse qui débouche presque toujours sur la même conclusion : un journaliste qui « persiste et signe » ou un citoyen qui verse dans une cinglante réplique tout aussi voire plus désobligeante que l'information à laquelle il prétend répondre ».

Ainsi, l'UNPC entant que tribunal des pairs n'est pas à la hauteur des attentes des victimes comme le Conseil de l'Ordre des avocats tout simplement parce que l'UNPC n'est pas un Ordre mais une ASBL qui est limitée à sanctionner que ses membres.

Il me faut rappeler à présent le répression des cyberdélits de presse par les mécanismes juridictionnels.

4.2. De la répression des cyberdélits de presse par les mécanismes juridictionnels

Cette section a identifié les organes qui ont la mission judiciaire internationale, régionale et nationale en donnant des indications sur les limites de forme et même de fond du droit pénal congolais dans le traitement des cyberdélits de presse.

4.2.1.Mécanismes juridictionnels international et régional face aux cyberdélits de presse

Je parle de la possibilité devant la cour pénale internationale, la commission africaine des droits de l'homme et des peuples, la cour africaine des droits de l'homme et des peuples.

4.2.1.1.Possibilité devant la Cour Pénale Internationale

En droit international pénal, le traité de Statut de Rome reconnait à la CPI la compétence universelle de poursuivre tous les crimes de guerre, les crimes contre l'humanité ,les crimes de génocide et les crimes contre l'agression. La présente analyse est de vérifier si la CPI est compétente pour connaitre des cyberdélits de presse ayant provoqué les crimes relevant la Cour après avoir observé l'impuissance de la justice interne et si l'auteur est un chef militaire ou un supérieur hiérarchique. Si l'on sait que le rôle qu'avait joué la radio des mille collines au Rwanda pour surexciter les extrémistes hutus aux actes de génocide sans oublier, à ce jour, les sites d'internet de propagande des terroristes Al-Qaida d'incitation à la haine et au génocide des juifs, il y a lieu de considérer le rôle des médias dans l'aspect amplificateur.

Par ailleurs il est noté que la CPI est une justice internationale des individus contrairement à la Cour internationale de justice qui est la juridiction internationale des Etats. Mais c'est intéressant d'examiner les dispositions de

Statut de Rome pour voir la possibilité de saisir la CPI lorsque les victimes d'un crime relevant de la Cour a été provoqué par les messages d'incitation ou de provocation dans les médias en ligne.

Le Statut de Rome dispose à son article 4 alinéa 2 que : « La Cour peut exercer ses fonctions et ses pouvoirs, comme prévu dans le présent Statut, sur le territoire de tout État Partie et, par une convention à cet effet, sur le territoire de tout autre État »(Statut de Rome de la CPI).Or la RDC est un Etat partie par sa ratification depuis 2002.

Et l'article 5 de Statut de Rome détermine les crimes relevant de la compétence de la Cour en ces termes : « 1. La compétence de la Cour est limitée aux crimes les plus graves qui touchent l'ensemble de la communauté internationale. En vertu du présent Statut, la Cour a compétence à l'égard des crimes suivants :

a) Le crime de génocide;

b) Les crimes contre l'humanité;

c) Les crimes de guerre;

d) Le crime d'agression ».

et l'article 28 de Statut de Rome évolue en évoquant la responsabilité d'un supérieur hiérarchique à l'alinéa 2 : « En ce qui concerne les relations entre supérieur hiérarchique et subordonnés non décrites au paragraphe a), le supérieur hiérarchique est pénalement responsable des crimes relevant de la compétence de la Cour commis par des subordonnés placés sous son autorité et son contrôle effectifs, lorsqu'il n'a pas exercé le contrôle qui convenait sur ces subordonnés dans les cas où :

a) Il savait que ces subordonnés commettaient ou allaient commettre ces crimes ou a délibérément négligé de tenir compte d'informations qui l'indiquaient clairement;

b) Ces crimes étaient liés à des activités relevant de sa responsabilité et de son contrôle effectifs; et

c) Il n'a pas pris toutes les mesures nécessaires et raisonnables qui étaient en son pouvoir pour en empêcher ou en réprimer l'exécution ou pour en référer aux autorités compétentes aux fins d'enquête et de poursuites ».

En parcourant la liste des faits incriminés par chaque crime prévu à l'article 5 du Statut de Rome de crime de guerre, crime contre l'humanité et crime de génocide, aucun fait relatif aux infractions de la presse figure malgré que les dispositions de l'article 25 qui traitent sur la responsabilité pénale individuelle à son point 3 et e) disposent que : « S'agissant du crime de génocide, elle incite directement et publiquement autrui à le commettre; ».Partant de principe de légalité criminelle consacré dans l'article 22 de Statut qui insiste que : « 2. La définition d'un crime est d'interprétation stricte et ne peut être étendue par analogie. En cas d'ambiguïté, elle est interprétée en faveur de la personne qui fait l'objet d'une enquête, de poursuites ou d'une condamnation ». Le Statut de Rome semble refuser une interprétation téléologique et autorise de recourir à une autre qualification de droit international sans confondre avec le Statut de Rome en ces termes : « 3. Le présent article n'empêche pas qu'un comportement soit qualifié de crime au regard du droit international, indépendamment du présent Statut. »(Article 22 al3 de Statut de Rome).

A la lumière de ce qui précède, le délit de presse provoquant les crimes de génocide n'est pas sur la liste des faits incriminés. Ce qui confirme l'incompétence matérielle de la CPI à poursuivre les auteurs des cyberdélits provoquant les crimes donc, notre étude ne peut proposer aux coalitions nationales pour la CPI et aux Etats parties de mener des plaidoyers pour que les infractions par voie de la presse soit les cyberdélits de presse qui sont à la base de déclencher ou d'amplifier les crimes relevant de la CPI soient prises en compte dans la révision du Statut de Rome au même titre que des cyberattaques des sites humanitaires que des crimes environnementaux. On peut aussi recourir à la commission africaine des droits de l'homme et des peuples en cas de délit.

4.2.1.2.Possiblité devant la Commission africaine des droits de l'Homme et des peuples

La Commission africaine des droits de l'Homme a été créée conformément à l'article 30 de la Charte de l'Union africaine comme mécanisme de contrôle de l'application de la Charte par les Etats parties et elle était entrée en fonction depuis le 2 novembre 1987. La Commission siège à Banjul (Gambie) et se réunit en session ordinaire deux fois par an, aux mois de mai et novembre. Selon la Charte africaine, la Commission est l'organe de protection et de promotion des droits de l'Homme sur le continent africain

Le mandant de la Commission est double celui de promotion et de protection des droits de l'Homme sur le continent africain (art. 45 de la Charte).

- La Commission dans sa mission de promotion des droits de l'Homme, elle exerce les tâches suivantes :
    - Rassembler de la documentation et faire des recherches sur les problèmes africains dans le domaine des droits de l'Homme ; organiser des séminaires, des colloques et des conférences ; diffuser des informations ; encourager les organismes nationaux et locaux s'occupant des droits de l'Homme ; faire des recommandations aux gouvernements.
    - Envoyer des missions de promotion pour recueillir des informations sur la situation des droits de l'Homme dans un Etat partie ; vulgariser la Charte africaine ; améliorer la situation des droits de l'Homme (art. 74.3 du Règlement intérieur intérimaire de la Commission).

- o Formuler et élaborer des principes et règles relatifs aux droits de l'Homme en vue de servir de base à l'adoption de textes législatifs par les gouvernements africains.
- o Coopérer avec les autres institutions africaines ou internationales travaillant dans le domaine de la promotion et de la protection des droits de l'Homme.

➢ *En matière de protection des droits de l'Homme*, la Commission exerce les tâches suivantes :

- o Envoyer des missions de protection dans les Etats parties.
- o Recevoir des communications émanant des Etats parties, organisations non gouvernementales (ONG) ou individus, concernant les violations des droits de l'Homme commises par un Etat partie (art. 47 et 55 de la Charte).
- o Adopter des résolutions d'urgence sur la situation des droits de l'Homme dans les pays et des résolutions sur des thèmes spécifiques relatifs aux droits de l'Homme. – Envoyer des appels urgents aux Etats parties (art.23 du Règlement intérieur intérimaire de la Commission) et publier des communiqués de presse.
- o Examiner les rapports des Etats sur les mesures législatives ou autres prises afin de rendre concrète la protection des droits garantis dans la Charte africaine (art.62 de la Charte) et faire des recommandations à cet égard.

Dans sa compétence consultative, la Commission africaine a également la compétence d'interpréter les dispositions de la Charte africaine à la demande d'un Etat partie, d'une institution de l'UA ou d'une ONG africaine reconnue par l'UA (art. 45 de la Charte).

. A la différence des Conventions européenne et américaine relatives aux droits de l'Homme, la Charte africaine ne prévoit pas la mise en place d'une cour des droits de l'Homme. Durant l'élaboration de la Charte africaine, deux tendances se sont dessinées : l'une, minoritaire, était favorable à la création d'une cour pour compléter le dispositif de protection des droits de l'Homme. L'autre, majoritaire, rejetait cette idée en se fondant sur le respect des traditions juridiques africaines qui donnent la préférence aux règlements politiques des différends.

Or, la Commission avait réussi à trouver une solution à ce problème. En effet, la Charte africaine ne mentionne pas expressément les requêtes individuelles. Son article 55 se contente d'énoncer qu'« *avant chaque session, le Secrétaire de la Commission dresse la liste des communications autres que celles des Etats parties à la Charte et les communique aux membres de la Commission qui peuvent demander à en prendre connaissance et en saisir la Commission* ». La Commission est une instance très fréquentée par les individus car ils sont la qualité de saisir la Commission. En matière des cyberdélits de presse ayant trait avec les violations des droits l'Homme, toute personne peut saisir la Commission mais à condition de vider toutes les voies des recours au niveau interne.

Enfin, il sied de préciser que la Commission n'est pas vraiment une instance juridictionnelle mais quasi juridictionnelle car ses décisions ne sont pas obligatoires. Néanmoins, elle est prise en compte dans cette étude du fait que d'une part, est un mécanisme régional très indispensable pour la protection des droits de l'homme et d'autre part, la Commission sert les individus victimes des Etats parties qui n'ont pas encore fait la déclaration de passer par elle pour saisir la Cour africaine des droits de l'homme et des peuples. En outre, lorsqu'on parle des victimes des violations des droits de l'homme par les cyberdélits de presse, ce que les publications de provocation ou d'incitation à la haine, à la violence ,à la discrimination raciale ou au génocide soient organisés par le pouvoir public soit encouragés par l'Etat congolais du fait de son omission et de laisser faire les officiels ou les membres de son parti politique dans les médias sous son contrôle.[21]

La cour africaine des droits de l'homme et des peuples peut aussi être mise à contribution.

4.2.1.3. Possibilité devant la Cour africaine des droits de l'Homme et des peuples

La Cour africaine contrairement à la commission qui tire son existence de la Charte, tire son existence juridique du Protocole relatif à la Charte africaine des droits de l'homme et des peuples, portant création d'une Cour africaine des droits de l'homme et des peuples, adopté à Ouagadougou, Burkina Faso, le 10 juin 1998 qui devait être ratifié par quinze Etats pour entrer en vigueur.

Les Etats qui ont déposé les instruments de ratification sont des Etats parties à la Charte africaine, à savoir :Afrique du Sud (date de ratification :1996), Algérie(1987), Angola (1990), Bénin (1986), Botswana (1986), Burkina Faso (1984), Burundi (1989), Cameroun (1989), Cap-Vert (1987), Comores (1986),Congo (1982), Côte d'Ivoire (1992), Djibouti (1991), Egypte (1984), Erythrée(1999), Ethiopie (1998), Gabon (1986), Gambie (1983), Ghana (1989), Guinée(1982), Guinée-Bissau (1985), Guinée Equatoriale (1986), Jamahiriya Arabe Libyenne (1986), Kenya (1992), Lesotho (1992), Libéria (1982), Madagascar (1992),Malawi (1989), Mali (1981), Maurice (1992), Mauritanie (1986), Mozambique(1989), Namibie (1992), Niger (1986), Nigeria (1983), Ouganda (1986), République Rwandaise (1983), République Arabe Sahraouie Démocratique (1986),

[21]L'exemple des discours de la discrimination contre les politiciens mulâtres par le ministre Bidimbu contre Katumbi et le ministre Jean Lucien Busa contre Jean Pierre Bemba qui ont été interpellés par le chef de l'Etat en plein conseil des ministres

République Centre Africaine (1986), République Démocratique du Congo (1987), Sao Tomé et Principe (1986), Sénégal (1982), Seychelles (1992), Sierra Léone (1983), Somalie (1985), Soudan (1986), Swaziland (1995), Tanzanie (1984), Tchad (1986), Togo (1982), Tunisie (1983), Zambie (1984), Zimbabwe (1986).

Le système africain de protection longtemps incarné par la Commission africaine des droits de l'homme a fait l'objet de nombreuses critiques. Le système mis en place par le Protocole s'inscrit donc résolument dans l'optique de remédier aux lacunes de la Charte. Selon l'article 2 du Protocole, « *[l]a Cour [...] complète les fonctions de protection que la Charte [...] a conféré à la Commission [...]* ». L'article 3 précise que « *[l]a Cour a compétence pour connaître de toutes les affaires et de tous les différends dont elle est saisie concernant l'interprétation et l'application de la Charte, du présent Protocole, et de tout autre instrument pertinent relatif aux droits de l'homme et ratifié par les Etats concernés* ». Cette dernière formule qui ouvre un champ de compétence indéterminé est inspirée par le modèle de la Cour interaméricaine des droits de l'homme, alors que plus classiquement la compétence de la Cour européenne ne vise que la Convention et ses protocoles.

Le mandant de la Cour africaine des droits de l'Homme et des peuples a pour mandat de juger le respect par un Etat partie des droits de la Charte africaine des droits de l'Homme et des peuples et de tout autre instrument relatif à la protection des droits de l'Homme ratifié par cet Etat.

Selon Atangana (2003),les personnes physiques et les organisations non-gouvernementales peuvent, sous certaines conditions, porter le cas d'une violation d'un droit de l'Homme directement devant la Cour ou indirectement via la Commission africaine des droits de l'Homme et des peuples. C'est un événement de grande importance pour tous les défenseurs de la lutte contre l'impunité en Afrique et les victimes de violations des droits de l'Homme : le droit à la vie, le droit de s'exprimer, de se réunir, le droit de circuler librement, le droit d'avoir un toit, le droit à un niveau de vie suffisant dans un environnement sain….

La déception des ONGDH est la saisine de la Cour qui constitue sans aucun doute le point sombre de la nouvelle institution africaine de protection des droits de l'homme.

En effet, aux termes de l'article 5 § 3 du Protocole, « ont qualité pour saisir la Cour :

a) la Commission ;

b) l'Etat partie qui a saisi la Commission ;

c) L'Etat partie contre lequel une plainte a été introduite devant la Commission ;

d) l'Etat partie dont le ressortissant est victime d'une violation des droits de l'homme,

e) les organisations inter-gouvernementales africaines ».

Selon l'alinéa 3 de ce même article, « la Cour peut permettre aux individus ainsi qu'aux organisations non gouvernementales dotées du statut d'observateur auprès de la Commission d'introduire des requêtes directement devant elle conformément à l'article 34 § 6 de ce Protocole ». En introduisant la procédure de déclaration supplémentaire de compétence concernant les requêtes individuelles, le Protocole semble donc opérer un recul dans la pratique du système africain. En effet, comme toutes les juridictions internationales, la viabilité et l'efficacité de la Cour africaine dépendront de la volonté des Etats africains d'en faire un instrument efficace de protection des droits de l'homme notamment en lui octroyant les ressources appropriées et surtout en élargissant ses compétences et acceptant de se soumettre à ses décisions.

La RDC n'ayant pas encore introduit la déclaration supplémentaire de compétence sur les requêtes individuelles, les individus et les ONGDH n'ont pas la qualité de saisir directement la Cour.

Par contre, la Cour est compétente pour connaitre les violations des droits de l'homme qui ont été provoqués par les cyberdélits de presse. Exemple d'une catégorie sociale à l'instar des membres d'un parti politique ou d'une confession religieuse qui est victime des messages d'incitation à la haine et à la violence contre cette communauté sociale à travers les médias en ligne et la RTNC a droit de saisir la Cour africaine mais à condition de commencer d'abord par saisir la justice congolaise. C'est ainsi qu'il est spécifié à l'article 2 du Protocole que la Cour « complète les fonctions de protection que la Charte africaine des droits de l'Homme et des peuples a conférées à la Commission africaine des droits de l'Homme et des peuples ». La Commission peut ainsi être un passage vers la Cour dans le cas où l'Etat incriminé n'a pas fait la déclaration au titre de l'Article 34.6 du Protocole qui autorise la saisine directe de la Cour par les individus et ONG.

Comparaison entre la Commission africaine des droits de l'homme et des peuples et la Cour africaine des droits de l'homme et des peuples

	COMMISSION AFRICAINE DES DROITS DE L'HOMME ET DES PEUPLES(dans son rôle de protection au titre communications)	COUR AFRICAINE DES DROITS DE L'HOMME ET DES PEUPLES (dans son rôle contentieux)
Acte fondateur	La charte africaine des droits de l'homme et des peuples adoptée le 27 juin 1981,entrée en vigueur le 21 octobre 1986	Protocole à la charte africaine portant création de la cour africaine des droits de l'homme et des peuples adoptée le 10juin 1998 et entrée en vigueur le 25 janvier 2004
Composition	11commissaires	11 juges
Compétence	-interprétation et adaptation de la charte par les Etats parties ; -règlement à l'amiable ; -avis consultatif	-interprétation et application de la charte et de tout autre instrument pertinent relatif aux droits de l'homme ratifié par les Etats parties -règlement à l'amiable ; -avis consultatif ; -interprétation et révision de ses arrêts
Procédure	communications	Requête
Saisine	-Etats parties -individus et ONG	-commission -Etat partie lequel une plainte a été introduite -l'Etat partie qui a saisi la Commission - l'Etat partie contre lequel une plainte a été introduite - l'Etat partie dont le ressortissant est victime d'une violation des droits de l'Homme - les organisations inter-gouvernementales africaines

		- les individus et les ONG dotées du statut d'observateur auprès de la Commission, conformément à l'article 34(6) du Protocole
Décision	Incitative	Obligatoire

Au niveau national il y a aussi possibilité de recourir devant les juridictions répressives des droits communs.

4.2.2. Au niveau national : possibilité devant les juridictions répressives des droits communs

- Devant les Officiers de Police Judiciaire, OPJ :

L'article 2 de code de procédure pénale dispose que : «Les officiers de police judiciaire constatent les infractions qu'ils ont mission de rechercher; ils reçoivent les dénonciations, plaintes et rapports relatifs à ces infractions. Ils consignent dans leurs procès-verbaux la nature et les circonstances de ces infractions, le temps et le lieu où elles ont été commises, les preuves ou indices à la charge de ceux qui en sont les auteurs présumés ainsi que les dépositions des personnes qui auraient été présentes ou auraient des renseignements à fournir. Ils interrogent les auteurs présumés des infractions et recueillent leurs explications». Cette disposition confère aux OPJ la compétence de rechercher les infractions donc, mêmes les infractions de presse par voie électronique.

C'est ici qu'on se pose la question de l'indifférence des OPJ qui vivent cette cyberdelinquance dans les réseaux sociaux parfois eux-mêmes sont des victimes lâches.

Le décret n°13 /017 du 06 juin 2013 déterminant l'organisation et le fonctionnement du Commissariat Général de la Police nationale congolaise à la section 2 intitulée « De la coordination nationale de la police judiciaire » qui prévoit à l'article 21 la « Direction de télécommunication et nouvelles technologies »parmi les sept directions et un service des statistiques. Et les missions de la direction de télécommunication et nouvelles technologies sont définies à l'article 24en ces termes :« La Direction de télécommunication et nouvelles technologies a pour mission d'organiser la lutte contre les infractions affectant les données informatiques, les systèmes informatiques, les systèmes internet et les infrastructures nationales vitales et contribuer à la lutte contre la criminalité liée aux nouvelles technologies de l'information et de la communication. Cette Direction a un département nouvelles technologies de l'information et de la communication et enquêtes qui comprend :un bureau cybercriminalité, un bureau téléphonies et un bureau documentation et statistique(article 24 alinéa 3).

Ce faisant, les propositions d'adaptation de cette direction suit à la fin de ce point.

➢ Devant le ministère public, OMP

Le droit pénal de forme attribue le pouvoir de rechercher les infractions et interpeller leurs auteurs. L'article 11.du Code de procédure pénale dispose que : « Les officiers du ministère public peuvent exercer eux-mêmes toutes les attributions des officiers de police judiciaire ».

« Les officiers du ministère public peuvent charger les officiers de police judiciaire d'effectuer les devoirs d'enquêtes, de visites de lieux, de perquisitions et de saisies qu'ils déterminent »(article 12). Donc, les OMP qui constatent les infractions de presse par voie électronique devraient interpeller les auteurs mais dans le respect des droits de l'homme conformément à l'article 15 de CPP qui précise que : « L'officier du ministère public peut décerner mandat de comparution contre les auteurs présumés des infractions.

À défaut par l'intéressé de satisfaire à ce mandat, l'officier du ministère public peut décerner contre lui un mandat d'amener.

Indépendamment de tout mandat de comparution antérieur, l'officier du ministère public peut également décerner mandat d'amener, lorsque l'auteur présumé d'une infraction n'est pas présent, ou lorsqu'il existe contre lui des indices graves de culpabilité et que l'infraction est punissable de deux mois de servitude pénale au moins »,Par ailleurs, l'OMP est compétent d'ordonner la saisine des terminaux qui servent des cyberdélits de presse et de placer l'accusé en détention préventive lorsqu'il trouve des preuves suffisantes.

« L'officier du ministère public peut ordonner la saisie des télégrammes, des lettres et objets de toute nature confiés au service des postes et au service des télégraphes, pour autant qu'ils apparaissent indispensables à la manifestation de la vérité. Il peut en ordonner l'arrêt pendant le temps qu'il fixe »(Article 24CPP).

Et l'article 27 compété pour expliquer les conditions de mise en détention préventive par le ministère public « L'inculpé ne peut être mis en état de détention préventive que s'il existe contre lui des indices sérieux de culpabilité et qu'en outre le fait paraisse constituer une infraction que la loi réprime d'une peine de six mois de servitude pénale au moins.

Néanmoins, l'inculpé contre qui il existe des indices sérieux de culpabilité peut être mis en état de détention préventive lorsque le fait paraît constituer une infraction que la loi punit d'une peine inférieure à six mois de servitude pénale, mais supérieure à sept jours, s'il a lieu de craindre la fuite de l'inculpé, ou si son identité est inconnue ou douteuse ou si, eu égard à des circonstances graves et exceptionnelles, la détention préventive est impérieusement réclamée par l'intérêt de la sécurité publique ».A ce niveau, il sied de reconnaitre que le parquet est un organe compétent de recherche des infractions de presse confronté devant le défi technologique pour identifier les auteurs qui souvent fonctionnent dans l'anonymat et dont la localisation pose problème. Par ailleurs, la collecte des preuves électroniques par les OPJ n'est pas si facile vu leur forme virtuelle.

- Possibilité devant les juridictions répressives des droits communs

En droit pénal procédural, ce sont les juridictions qui jugent et condamnent les accusés dans le respect des droits à la défense. Une juridiction peut être un tribunal soit une cour et ne doit être saisi que conformément aux articles 53 et 54 de CPP en ces termes : « Lorsque le ministère public décide d'exercer l'action publique, il communique les pièces au juge compétent pour en connaitre. Celui-ci fixe le jour où l'affaire sera appelée ».

« La juridiction de jugement est saisie par la citation donnée au prévenu, et éventuellement à la personne civilement responsable, à la requête de l'officier du ministère public ou de la partie lésée.

Toutefois, lorsqu'il y a lieu de poursuivre une personne jouissant d'un privilège de juridiction, cette citation ne sera donnée qu'à la requête d'un officier du ministère public ».Donc, une victime de cyberdélit de presse punissable en infraction en RDC peut déposer sa plainte auprès d'un OPJ, d'un magistrat du parquet soit directement au tribunal par une citation directe.

Le législateur a prévu aussi le cas des accusés qui cachent leurs adresses en RDC soit qui vivent en Occident mais qui sont accusés devant une juridiction congolaise : « Si le cité n'a ni résidence ni domicile connus en République du Zaïre, mais a un autre domicile connu, une copie de l'exploit est affichée à la porte principale du tribunal qui doit connaître de l'affaire; une autre copie est immédiatement expédiée à la personne que l'exploit concerne, sous pli fermé mais à découvert recommandé par la poste.

Si le cité n'a ni résidence ni domicile connus, une copie de l'exploit est affichée à la porte principale du tribunal qui doit connaître de l'affairé et un extrait en est envoyé pour publication au Journal officiel, ainsi que, sur décision du juge, dans tel autre journal qu'il déterminera.

La citation peut toujours être signifiée au prévenu ou au civilement responsable en personne, s'il se trouve sur le territoire de la République du Zaïre »(Article 61).La personne victime d'une infraction de presse par voie électronique ne peut plus se décourager du fait que l'adresse de l'internaute n'est pas connue car le cybercriminel sera condamné par un jugement par défaut.

Eu égard, à ce qui précède, il convient de reconnaître qu'au niveau national, la RDC a des organes de répression contre les cyberdélits de presse mais qui ont besoin seulement d'une adaptation d'un cadre légal par rapport à la cybercriminalité d'une part mais aussi les services spécialisés très modernes au niveau de la Police judiciaire dans la Direction de télécommunications et nouvelles technologies. L'Etat congolais devrait renforcer les ressources humaines, matérielles et financières à la Direction de télécommunication et des nouvelles technologies qui fait déjà des bonnes choses dans la recherche des cybercriminels avec ses maigres moyens. Il faut penser à l'adaptation des mécanismes de répression ? C'est l'objet du point suivant.

4.2.3. Adaptation des mécanismes de répression

Mon aperçu général comprend la police contre le cyberdélit de presse, la mutation du rôle de la police (les cyberpoliciers), la coopération judiciaire internationale, l'interdépendance des polices au niveau international.

4.2.3.1.La (les) Police (s) contre le cyberdélit de presse

Toute décision rendue en matière de cybercriminalité suppose qu'il y aurait eu lieu une enquête policière. Pour que cette enquête soit probante, elle doit être menée par des personnes compétentes et disposant de moyens adéquats pour mener à bien leur tâche.

C'est pour cette raison que la police nationale congolaise devrait s'adapter aux spécificités des enquêtes en matière de cyberdélit en particulier et de cybercriminalité en général. Elle devrait acquérir de nouvelles compétences (notamment en matière technologique) et se doter de nouveaux matériels pour ne pas se laisser distancer par les cybercriminels qui eux sont très au point des nouvelles technologies.

Dès le milieu des années quatre-vingt-dix, les polices de plusieurs pays ont créé des unités spécialisées, chargées de traquer la cybercriminalité telle la pédophilie, la cyberattaque, le racisme et l'apologie au crime sur Internet.

Il faut envisager l'instauration des cyberpoliciers.

4.2.3.2.Mutation du rôle de la police : les cyberpoliciers

La RDC devrait s'inspirer de la France, qui a vu en 1994, la création de la Brigade centrale pour la répression de la criminalité informatique (BRCI) chargée de traquer la délinquance cybernétique. Les fonctionnaires qui y travaillent sont aussi bien des policiers que des informaticiens confirmés (Couty, 1999).

La gendarmerie nationale française dispose de deux services chargés de la cybercriminalité contre ou par les mineurs : le service technique de recherche judiciaire et de documentation (STRJD) et l'institut de recherche criminelle de la gendarmerie nationale (IRCGN).

Le STRJD a été créé pour exploiter le fichier d'information judiciaire (à l'origine un fichier manuel) concernant les crimes, délits, recherche de personnes, d'objets et de véhicules. Au sein de ce service, la division Personnes âgées, Mineurs et atteintes aux Mœurs (PANAM) traite spécifiquement des infractions dont sont victimes les mineurs et celles dont ils sont les auteurs.

Parmi les méthodes utilisées par les cyberpoliciers de manière générale, il en est quelques-unes notoirement réputées efficaces :

- La veille technologique : elle permet d'identifier la personne qui a déposé le « nom de domaine » d'un site Internet, ou de repérer l'ordinateur d'une personne téléchargeant fréquemment des contenus illicites. Sur réquisition d'un Magistrat, le matériel peut être saisi et analysé par le département « info-électronique » chargé d'apporter la preuve scientifique de l'infraction.
- La veille du réseau permet également une étude comportementale sur Internet d'un individu suspecté de cybercriminalité, s'ensuit un travail en liaison avec des spécialistes de « l'analyse comportementale ».

La mise en place de la section de cyberpoliciers qui est en charge de la lutte contre la cybercriminalité dont nombreux sont victimes de cyberdélit de presse, serait indispensable non seulement pour les cyber enquêtes mais aussi pour le véritable rôle du droit pénal consistant à dissuader les cybercriminels qui croient que le cyberespace est un monde anomique.

Il faut une coopération judiciaire internationale dans la lutte contre les cyberdélits.

4.2.3.3. Coopération judiciaire internationale

Je suis au point de répondre à la question ci-haut évoquée sur le handicap de poursuite des auteurs des cyberdélits de presse vivant à l'étranger. Depuis l'époque coloniale, l'autorité coloniale a pris des mesures pour réprimer les infractions de presse même si le journal est édité à l'étranger.

Ce faisant, les tribunaux congolais sont compétents pour connaître des infractions de diffamation ou injures, contenues dans un journal publié à l'étranger, si cet organe est distribué dans la colonie (1er inst. Léo., 8 juillet 1931, Rev.Jur.,p.314).

La publicité est réalisée, lorsque l'article contenant l'imputation dommageable est diffusé dans le territoire congolais, même s'il est rédigé à l'étranger, la personne offensée est suffisamment désignée si plusieurs lecteurs sont à même de la reconnaître (Terr.Coq., 29 juin 1906, Jur. Etat,II, p.95 ;-Kibali-Ituri,25 avril 1930,Rev.Jur).

Cette disposition peut servir au juge congolais de sanctionner les cyberdélits de presse publiés à l'étranger mais consommés à travers la toile sur le territoire national par les internautes au nom de théorie de résultat.

Certes, ce n'est pas la règle de droit quelle qu'elle soit qui est défaillante mais les moyens d'appréhender le cybercriminel caché derrière son clavier. Cependant, la banalisation du support ne suffit pas seule sans tenir compte de la difficulté liée à l'instruction de cyberinfraction commise à l'étranger. C'est ainsi que l'adhésion de la RD C à la convention de Budapest sur la lutte contre la cybercriminalité demeure la seule alternative car par cette coopération judiciaire internationale, il existerait une piste pour contourner les différents obstacles rencontrés dans les cyber enquêtes et l'entraide répressive demeurerait mais tendrait de plus en plus à se dématérialiser de la manière suivante :

- ✓ les téléperquisitions : l'article 32 de la convention du Conseil de l'Europe n'admet les perquisitions que lorsqu'elles portent sur des données disponibles en libre accès ou lorsque celles-ci sont remises avec le consentement légal et volontaire de leur titulaire. La loi congolaise doit s'inspirer de la législation française qui a évolué sous l'effet de la Convention relative à la cybercriminalité adoptée à Budapest le 23 novembre 2001 car la perquisition à distance est désormais inscrite dans la loi d'orientation et de programmation pour la sécurité intérieure n°2002-1094 du 29 août 2002.(http://www.foruminternet.org/actualites/lire.phtml?id=489 consulté le 10/10/2016) ;
- ✓ la vidéoconférence prévue par l'article 10 de la convention d'entraide judiciaire de l'Union européenne du 29 mai 2000. Les Etats pourront substituer aux traditionnelles demandes d'entraide judiciaire des demandes d'auditions par webcams.
- ✓ le point 33 des conclusions du Conseil de l'Union européenne de Tampere (15-16 octobre 1999) invite les Etats à permettre aux décisions judiciaires rendues par les Etats membres de produire des effets extraterritoriaux selon le principe de reconnaissance mutuelle (des Etats dont les systèmes juridiques satisfont aux mêmes règles fondamentales en matière de droits de l'Homme).

Il est souhaitable une interdépendances des polices au niveau international.

4.2.3.4.Interdépendance des polices au niveau international

La coopération internationale doit venir au secours des politiques de répression nationales. La coopération des polices nationales peut s'organiser de manière institutionnelle (c'est le cas d'Interpol par exemple) ou de manière ponctuelle pour la nécessité d'une enquête.

Car l'Internet ne connaît pas des frontières matérielles, les enquêteurs nationaux qui ne prennent pas en compte cette caractéristique seront en peine de trouver à long terme des solutions aux enquêtes dont ils ont à connaître.

Cette coopération ne peut agir que sur l'harmonisation des législations pénales contre la cybercriminalité et la rectification des instruments juridiques en matière de coopération.

Quelles sont les limites du droit pénal procédural congolais face aux cyberdélits de presse ?

4.2.4. Limites tenant au droit pénal procédural congolais face aux cyberdélits de presse

L'article 17 de la constitution congolaise prescrit que : « Nul ne peut être poursuivi, arrêté, détenu ou condamné qu'en vertu de la loi et dans les formes qu'elle prescrit ». Cette disposition est bien expliquée par Merle et Vitu (1967), lorsqu'ils affirment qu'en matière de procédure pénale, le délinquant ne doit être jugé et condamné qu'après un procès conduit selon les règles de forme fixées à l'avance par la loi seule.

Ceci revient à dire qu'il ne suffit pas d'être victime soit coupable d'une infraction pour que les sanctions conséquentes soient infligées, encore faut-il que la recherche de la preuve établissant cette culpabilité et les poursuites judiciaires s'opèrent selon les règles procédurales prédéterminées par le code de procédure pénale. Un équilibre satisfaisant entre les droits de l'accusation et de la défense avec la nécessité du respect des règles préétablies relatives au déroulement de l'enquête, de l'instruction criminelle et de la condamnation.

Ainsi, il est important de voir comment les agents compétents à rechercher les preuves infractionnelles se comportent face aux cyberdélits de presse avec ses particularités dont l'immatérialité des preuves et l'identification et la localisation de cyberdélinquant.

Cette section s'articule sur les limites du code de procédure pénale et sur le handicap des poursuites lorsque les auteurs des cyberdélits de presse se trouvent à l'étranger.

4.2.4.1. De la procédure pénale au niveau national

Le Décret du 06 août 1959 portant le code de procédure pénale congolais n'est pas encore adapté à la recherche des cyberinfractions. Les défis restent la révision légale et la formation des professionnels de la justice sur des innovations légales accouplée de la connaissance de l'outil informatique pour mieux se comporter dans l'univers virtuel où le positivisme de la preuve juridique est remise en cause par le caractère immatériel et transnational de cyberdélit de presse.

Quelques dispositions du code de procédure pénale congolais retiennent notre attention et analyse au niveau des enquêtes ainsi que des visites des lieux, perquisitions et saisies:

- Les limités liées aux formes d'enquêtes

Le code de procédure pénale congolais dispose à son article 2 que : « Les officiers de police judiciaire constatent les infractions qu'ils ont mission de rechercher; ils reçoivent les dénonciations, plaintes et rapports relatifs à ces infractions. Ils consignent dans leurs procès-verbaux la nature et les circonstances de ces infractions, le temps et le lieu où elles ont été commises, les preuves ou indices à la charge de ceux qui en sont les auteurs présumés ainsi que les dépositions des personnes qui auraient été présentes ou auraient des renseignements à fournir. Ils interrogent les auteurs présumés des infractions et recueillent leurs explications ».

Après analyse de cette disposition, le constat demeure l'inadaptation de la loi aux réalités de la cyberinfraction. Les officiers de police judiciaire, lorsqu'ils sont saisis en cette matière des cyberdélits de presse, éprouvent les difficultés suivantes :

- sur l'identification de l'auteur et sur la localisation de lieu de la commission de l'infraction pour se conformer au principe de la territorialité qui nécessite un recourt à disposer et à bien utiliser la technologie adéquate ;
- sur la conservation des preuves car il arrive souvent que celui qui diffuse un message de contenu illicite dans son compte Facebook ou autres réseaux sociaux, l'écrase lorsqu'il est averti de risque judiciaire ;
- sur l'accès aux preuves dans la toile, lorsque la victime n'a pas de possibilité de télécharger les preuves numériques alors qu'avec la presse écrite, la victime aurait la facilité d'avoir un journal papier. Les preuves des cyberdélits de presse sont très subtiles ;
- sur le contact avec le suspect car comment un officier de police judiciaire peut interroger et recueillir les explications d'un auteur présumé de cyberdélit de presse sans le localiser ni l'identifier car nombreux d'internautes vicieux adoptent l'anonymat. Il en est de même pour sa convocation à comparaitre qui se complique alors qu'avec le délit de presse, la convocation serait déposée facilement au siège social de l'entreprise de presse.

➢ Limites tenant aux actes d'instruction

L'article 3 du code de procédure pénale congolais dispose que : «Les officiers de police judiciaire peuvent procéder à la saisie, où qu'ils se trouvent, des objets sur lesquels pourrait porter la confiscation prévue par la loi et de tous autres qui pourraient servir à conviction ou à décharge (…) ». Par ailleurs cette disposition est complétée à son article 24 que : « L'officier du ministère public peut ordonner la saisie des télégrammes, des lettres et objets de toute nature confiés au service des postes et au service des télégraphes, pour autant qu'ils apparaissent indispensables à la manifestation de la vérité. Il peut en ordonner l'arrêt pendant le temps qu'il fixe ».

En analysant ces deux dispositions légales, les difficultés sont les suivantes :

- Du point de vue légal, le constat est celui de la prise en compte des réalités sur la cybercriminalité mais heureusement la loi a jeté une expression de sauvetage « *objets de toute nature»* qui permet légalement la saisie des objets susceptibles de servir à la manifestation de la vérité sur le stockage et la transmission des messages illicites. Par ailleurs, la loi n'explique pas les règles de perquisitions dans le cyberespace car la recevabilité de preuves en matière pénale dépend de ce principe que la preuve est libre mais son administration est légale. Donc, la loi devrait encadrer la recherche des preuves de cyberdélits de presse mais en tenant compte du droit à la vie privée du fait que le numéro de téléphone et le mail sont des adresses domiciliaires dans le cyberespace;
- La non connaissance de l'outil informatique par un nombre important des OPJ et des officiers du ministère public car, la saisie des matériels corporels à l'instar des CD, des ordinateurs, des disques durs , des flashes disques et téléphones peuvent donner des informations recherchées lorsqu'il s'agit des fichiers non pas d'informations illicites qui circulent dans le net à l'instar des mails, des blogs et des sites web qui nécessitent la connexion internet, l'énergie de l'appareil et le mot de passe du propriétaire ;
- Les preuves des cyberdélits de presse logent dans la partie intelligente (software) et non à la partie dure (soft hard),ce qui rend la tâche très compliquée à la justice habituée à la vieille méthode sur la saisie des preuves corporelles en matière des délits de presse.
- Les difficultés d'ordre logistique car les matériels techniques(les logiciels) pour traquer la cybercriminalité sont coûteux ; d'une part, ils comportent de la technologie de pointe mais aussi et surtout parce qu'ils nécessitent une mise à jour constante et leur obsolescence est très rapide eu égard à l'évolution continuelle des technologies qui sont souvent très vite assimilées et mises à profit par les cybercriminels.

D'autre part, la traçabilité des paquets d'information sur Internet relève de techniques criminalistiques complexes qu'il faut acquérir. Des logiciels performants mais onéreux peuvent permettre de reconstituer le cheminement (source et destination) des données numériques. Les enquêteurs doivent être à la pointe des évolutions cryptographiques et sténographiques[22] qui sont autant de méthodes utilisées par les cybercriminels pour dissimuler des informations illicites qu'ils font circuler dans le cyberespace.

---

[22] Procédé qui consiste à fondre des données son, texte ou image dans un autre fichier de façon à dissimuler des informations sensibles. Source Actes du colloque, sous la direction de Georges Chatillon Le droit international d'Internet, Paris, 19 et 20 novembre 2001, « Internet et enquête judiciaire » par Jean-Wilfrid Noël (Juge au Tribunal d'instance de Vanves), p. 248.

Il me faut signaler le handicap de poursuites judiciaires des auteurs de cyberdélits de presse qui se trouvent à l'étranger.

4.2.4.2. Handicap de poursuites judiciaires des auteurs de cyberdélits de presse se trouvant à l'étranger

L'impunité des auteurs, co-auteurs des cyberdélits de presse et leurs complices vivant à l'étranger dont la majorité d'eux résident en dehors du territoire national congolais (précisément en France et en Belgique) et qui ne cherchent même plus à se cacher donne l'impression comme si la loi aurait prévu une mesure d'imputabilité de cyberdélits de presse commis en dehors de territoire national congolais.

Tel est le cas des appels aux homicides, des incitations à la désobéissance civile et au découragement des troupes combattantes, aux injures et des imputations dommageables, des propagations de faux bruits, etc, qui sont fréquentes. Par exemple aux élections présidentielle et législatives de 2011, été répertoriées sur Internet et globalement imputés aux sympathisants du candidat Etienne Tshisekedi wa Mulumba.

Un message posté sur le net le 04 mars 2012, intitulé : « Appel patriotique » présente ainsi le contenu suivant : « Les patriotes à Kinshasa ont besoin de s'armer pour agir et appliquer l'article 64 de la Constitution en RDC. 250 fusils avec viseurs (diurnes et nocturnes), quelques grenades et une douzaine de véhicules banalisés suffisent pour exécuter le projet révolutionnaire. Un peuple en légitime défense est couvert par les traités internationaux. Joseph Kabila Kanambe et les collabos ne partiront que par la force » (http://congonetradio.com/appel-patriotique-201203,html consulté le 27 octobre 2016).

Un autre site internet similaire dans l'entreprise de cyberdélits de presse sous l'impunité du fait que les auteurs vivent en France ou en Belgique diffuse les messages suivants: « Assassinat du Révérend Pasteur Albert Lukusa par Kabila. Ecoutez et sachez pourquoi Joseph Kabila a fait tuer le Pasteur et Patriote Lukusa. Joseph Kabila a aussi fait tuer le Patriote Floribert Chebeya, le Journaliste Bapua Mwamba, les adeptes de Bundu dia Kongo,... » (http://www.congonetradio.com/pasteur-Lukusa-tue-par-kabila.html consulté le 11/09/2016).

Ces illustrations de l'impunité des cyberdélits de presse peuvent s'interpréter comme si l'internet devenait une zone de non droit pour les cybercriminels vivant en dehors du pays puisque l'effet dissuasif du droit pénal est bloqué alors que la raison qui explique l'incapacité de travail de l'appareil judiciaire congolais est la difficulté de transposer intégralement le code de procédure pénale dans le cyberespace. Certaines difficultés retenues sont:

- Le principe de territorialité de la loi pénale : il limite la compétence de la justice congolaise sur les cyberdélits de presse commis à l'étranger. La compétence du ministère public soit des officiers de police judiciaire est en effet limitée à leur juridiction, ils ne peuvent intervenir au-delà sans faire appels à leurs homologues de la juridiction concernée.

- La non adhésion de la RD. Congo à la convention de Budapest sur la lutte contre la cybercriminalité : elle ne lui donne pas de possibilité de jouir de l'entraide internationale à travers la commission rogatoire internationale contre les cyberdélits de presse malheureusement à ces jours, les enquêtes sont bloquées en Europe faute de cette adhésion. Notons que la RD. Congo est membre de la Communauté Economique de l'Afrique Centrale (CEAC), de l'Union africaine et de l'Organisation des Nations Unies (ONU) mais on constate l'absence d'un traité en matière de coopération judiciaire sur la lutte contre la cybercriminalité contrairement aux Etats membres de la CEMAC et de l'UEMOA et de l'Union Européenne.
- La condition de double incrimination : elle sert de fondement juridique à un refus d'entraide, lorsque les faits à l'origine de la demande de l'Etat requérant ne sont pas réprimés par le droit pénal de l'Etat requis. Pour le ministère public congolais, cela constitue un handicap insurmontable pour l'enquête voire de la commission rogatoire internationale. La justice belge et française ont opposé un refus direct à la demande d'entraide contre la plupart des auteurs de cyberdélits de presse à travers de sites internet et médias en ligne au nom de droits de l'homme et de promotion de libertés d'expression surtout que les cybercriminels présumés se couvrent sous les statuts d'opposants politique [23] du régime de Kinshasa et que leurs déclarations publiées font partie de la liberté d'expression et d'opinion ;
- La prescription pénale de trois mois prévue pour les infractions de presse : elle bloque les actions publiques alors que la plupart des informations illicites en toile continuent à être consultées en dehors du délai prescrit sans tenir compte de mise à jour ;
- La volatilité des contenus numériques : elle rend difficile les perquisitions électroniques alors que le code de procédure pénale ne prévoyait que les objets corporels sans faire mention aux données informatiques. Ceci rend cette perquisition très encadrée légalement et très limitée techniquement pour des enquêtes internationales. Car, techniquement, en dehors de défi juridique, les enquêteurs sont limités

[23] Certains sont des anciens dignitaires de régime de Mobutu mais la majorité est constituée « des combattants » de parti d'opposition UDPS (Union des Démocrates pour le Progrès Social) et des activistes de la société civile en exil.

et ne peuvent accéder à un ordinateur distant mais à plusieurs conditions :

- l'accès à distance n'est possible que par l'intermédiaire d'un système implanté sur les lieux où se déroule la perquisition physique ;
- l'utilisateur du système perquisitionné à distance doit saisir lui-même son identifiant et son mot de passe pour se connecter au serveur distant ;
- dans le cas où les données sont situées en dehors du territoire national, les autorités compétentes doivent se conformer aux engagements internationaux de coopération et d'entraide. Or, ces accords font défaut, ce qui confirme l'impossibilité à ce jour d'une perquisition électronique transnationale à part de cas rares qui révèlent de l'intérêt de l'INTERPOL tel que le cyberterrorisme.

Il y a des limites qui tiennent au droit pénal de fond face aux cyberdélits de presse.

4.2.5. Limites tenant au droit pénal de fond face aux cyberdélits de presse

Le principe de légalité criminelle est un principe sacro-saint du droit pénal consacré dans l'article 17 de la constitution de la RDC qui dispose que : « Nul ne peut être poursuivi pour une action ou une omission qui ne constitue pas une infraction au moment où elle est commise et au moment des poursuites» et de l'article 1 du code pénal congolais qui dispose aussi que : « Nulle infraction ne peut être punie des peines qui n'étaient pas portées par la loi avant que l'infraction fût commise ».

Pour rappel, pour ce qui est du régime répressif, l'article 73 de la loi de 1996 sur la presse dispose que « sans préjudice des dispositions prévues en la matière par la présente loi, la qualification des infractions, la responsabilité de leurs auteurs, coauteurs et complices sont déterminés conformément au code pénal ».

Pour la suite, l'article 74 de la même loi considère que les infractions de presse ne concernent pas exclusivement les professionnels de médias mais toute personne à travers la publication.

Donc, la compétence matérielle est très déterminante pour établir un délit de presse soit un cyberdélit de presse en cas d'usage d'un support numérique. Plusieurs infractions de droit commun peuvent être commises par l'acte de publication.

Cependant, pour notre étude, seules les infractions de presse commises moyennant les technologies de l'information et de la communication, ont attiré notre attention. C'est dans ce contexte que notre observation est orientée non pas sur la télévision analogique mais sur la télévision numérique ; de même non pas sur la presse écrite du journal papier mais sur la presse en ligne et autres moyens à l'instar des sites, des blogs, les réseaux sociaux et des forums de discussions.

On note que la législation congolaise et la mise en œuvre de la responsabilité pénale comportent des lacunes de nature à leur assurer une relative impunité quant aux cyberdélits de presse.

Pour ce faire, il est utile d'examiner les infractions de presse par T.I.C. récoltées de la législation française et d'autres législations pour vérifier si elles peuvent être punissables en RDC dans le respect du principe de la légalité criminelle et de l'interprétation stricte de la loi en insistant sur le contexte nouveau qui est par « voie électronique ».

La présente étude, après avoir répertorié les infractions de presse par voie électronique de plusieurs pays, examine ces cyberdélits de presse par rapport au droit pénal congolais au regard du principe de l'interprétation stricte de la loi pénale et de la légalité criminelle. Il s'agit de :

➢ En France :

- Refus d'insertion ou de rectification dans un imprimé (article 13 de la loi 29/07/1881 relative à la liberté de la presse) est puni pour une amende de 3 750 € et emprisonnement de 3 mois si refus d'insertion après jugement. La loi congolaise sur la presse de 1996 n'est pas adaptée sur le droit de réponse de la presse en ligne dont le délai est réduit et la peine est doublée en cas de refus. Donc, ce cyberdélit de presse est relativement punissable;
- Contestation par voie électronique de crimes contre l'humanité (tels que définis par l'article 6 du statut du tribunal militaire de Nuremberg annexé à l'accord de Londres du 8/08/1945. art. 24 bis de la loi de 1881) est punie d'une amende de 45 000 € et ou emprisonnement de 1 an. La loi congolaise devrait être actualisée en ajoutant le support électronique sur lequel le cyberdélit prend corps et se développe. Par la banalisation du numérique, la justice congolaise peut relativement sanctionner mais dans le barème de sanction qui ne tient pas compte d'effet amplificateur de l'Internet;
- Provocation par voie électronique aux atteintes volontaires à la vie, à l'intégrité de la personne, aux agressions sexuelles (article 24 al.1-1° de la loi de 1881) est punie d'une amende de 45 000 € et ou emprisonnement de 5 ans. Ce cyberdélit de presse peut être relativement punissable sans une peine doublée ;
- Provocation par voie électronique au vol, extorsion, destructions, dégradations, détériorations volontaires dangereuses pour les personnes (article 24 al.1-2° de la loi de 1881) est punie d'une amende de 45 000 € et emprisonnement de 5 ans. Ce cyberdélit de presse n'est

pas punissable selon le principe d'interprétation stricte de la loi cependant le juge peut étendre sa compréhension dans l'infraction de la provocation à commettre des infractions;

- Provocation par voie électronique aux crimes et délits portant atteinte aux intérêts fondamentaux de la nation (article 24 al. 2 de la loi de 1881) est punie d'une amende de 45 000 € et emprisonnement de 5 ans. Ce cyberdélit de presse est non punissable selon le principe de l'interprétation stricte de la loi pénale ;
- Apologie par voie électronique des crimes portant atteinte volontaire à la vie, à l'intégrité de la personne et agressions sexuelles (article 24 al. 3 de la loi de 1881) est punie d'une amende de 45 000 € et emprisonnement de 5 ans. Ce cyberdélit de presse n'est pas expressément incriminé dans le régime répressif congolais ;
- Apologie par voie électronique des crimes de guerre, crimes contre l'humanité ou des crimes ou délits de collaboration avec l'ennemi (article 24 al. 3 de la loi de 1881) est punie d'une amende de 45 000 € et emprisonnement de 5 ans (relativement punissable) ;
- Provocation ou apologie par voie électronique des actes de terrorisme (article 24 al. 4 de la loi de 1881) est punie d'une amende de 45 000 € et emprisonnement de 5 ans (relativement punissable);
- Provocation par voie électronique à la discrimination, à la haine ou à la violence raciale, à raison de l'origine ou de l'appartenance ou non appartenance à une ethnie, une nation, une race ou une religion (article 24 al. 6 de la loi de 1881) est punie d'une amende de 45 000 € et emprisonnement de 1 an (relativement punissable) ;
- Fausses nouvelles, pièces fabriquées, falsifiées ou mensongèrement attribuées à des tiers par voie électronique (Article 27 de la loi de 1881) sont punie d'une amende de 45 000 € (relativement punissable);
- Diffamation publique par voie électronique commise envers les cours et tribunaux, les armées, les corps constitués et les administrations publiques (article 30 de la loi de 1881) est punie d'une amende de 45 000 €. Ce cyberdélit de presse est non punissable;
- Diffamation publique par voie électronique commise envers les magistrats, jurés, témoins, fonctionnaires publics, envers un parlementaire national, un citoyen chargé d'un mandat public, un ministre (Article 31 de la loi 1881) est punie d'une amende de 45 000 € (relativement punissable);
- Diffamation publique par voie électronique commise envers les particuliers concernant la vie privée (article 32 al. 1er de la loi 1881) est punie d'une amende de 12 000 € (relativement punissable) ;

- Diffamation raciale par voie électronique à raison de l'origine ou de l'appartenance ou non appartenance à une ethnie, une nation, une race ou une religion (article 32 al. 2 de la loi de 1881) est punie d'une amende de 45 000 € et emprisonnement de 1 an (c'est non punissable);
- Injure publique par voie électronique (article 33 al. 1er et 2 de la loi de 1881) est punie d'une amende de 12 000 € (ce cyberdélit de presse est relativement punissable);
- Injure publique par voie électronique à raison de l'origine ou de l'appartenance ou non appartenance à une ethnie, une nation, une race ou une religion (Article 33 de la loi de 1881) est punie d'une amende de 22 500 € et emprisonnement de 6 mois (ce cyberdélit de presse est non punissable);
- Diffusion par voie électronique, sans l'accord de l'intéressé, de l'image d'une personne menottée ou entravée ou placée en détention provisoire (article 35 ter de la loi de 1881) est punie d'une amende 15 000 €(ce cyberdélit est relativement punissable) ;
- Réalisation, publication ou diffusion, ou commentaire de sondage portant sur la culpabilité par voie électronique d'une personne mise en cause ou sur la peine susceptible d'être prononcée à son encontre. Ce cyberdélit est non punissable au nom de principe de légalité criminelle et d'interprétation stricte de la loi pénale;
- Publication d'indications permettant d'avoir accès à de telles sondages (article 35 ter de la loi de 1881) est punie d'une amende 15 000 € ;
- Diffusion de l'image des circonstances d'un crime ou d'un délit, portant gravement atteinte à la dignité d'une victime, sans l'accord de celle-ci (article 35 quater de la loi de 1881) est punie d'une amende 15 000 € (relativement punissable);
- Publication par voie électronique des actes d'accusation et tous autres actes de procédure criminelle ou correctionnelle avant leur lecture en audience publique - sauf demande écrite du juge d'instruction (ex: pour la publication de portraits robots) (article 38 al. 1er (abrogé) de la loi du 29/07/1881) est punie d'une amende de 3.750 €. Ce cyberdélit de presse est relativement punissable) ;
- Publication d'informations par voie électronique relative aux travaux et délibération du Conseil Supérieur de la Magistrature, à l'exception des informations et audiences publiques rendues en matières disciplinaire à l'encontre des magistrats (article 38 al. 2 de la loi du 29/07/1881) est punie d'une amende de 3 750 €. Ce cyberdélit est non punissable au nom de principe de légalité criminelle et d'interprétation stricte de la loi pénale;

- Diffusion des informations relatives à l'identité ou permettant l'identification:
  - d'un mineur ayant quitté ses parents, son tuteur, la personne ou l'institution qui était chargée de sa garde ou à laquelle il était confié ;
  - d'un mineur délaissé ou qui s'est suicidé ;
  - d'un mineur victime d'une infraction.

  Sauf demande des personnes ayant la garde du mineur ou des autorités administratives ou judiciaires (article 39 bis de la loi de 1881art. 227-1 et 227-2 du Code pénal), est punie d'une amende 15 000 €. Ce cyberdélit est non punissable au nom de principe de légalité criminelle et d'interprétation stricte de la loi pénale;
- Diffusion de renseignements concernant l'identité d'une victime d'une agression ou d'une atteinte sexuelles ou l'image de cette victime lorsqu'elle est identifiable, et sans son accord écrit (article 39 quinquies de la loi de1881) est punie d'une amende 15 000 €. Ce cyberdélit est relativement punissable;
- Le fait de relever par voie électronique l'identité des fonctionnaires de la police, de militaires pour des raisons de sécurité et de respect de l'anonymat (article 39 sexies de la loi de 1881) est puni d'une amende de 15 000euros. Ce cyberdélit est non punissable au nom de principe de légalité criminelle et d'interprétation stricte de la loi pénale;
- Publication par voie électronique avant décision judiciaire de toutes informations relative à des constitutions de partie civile ayant mise en mouvement l'action publique (article 2 loi du 2 juillet 1931) est punie d'une amende 18 000 €. Ce cyberdélit est relativement punissable ;
- Publication par voie électronique du compte rendu des débats des tribunaux pour enfants. Ce cyberdélit de presse est relativement punissable ;
- Publication par voie électronique de texte ou illustration concernant l'identité et la personnalité de mineurs délinquants (article 14 al. 4 de l'Ordonnance du 2/02/1945)est punie d'une amende de 6 000 € et emprisonnement de 2 ans, si récidive. Ce cyberdélit est relativement punissable ;
- Publication par voie électronique du jugement des tribunaux pour enfants mentionnant le nom ou l'identité du mineur (Article14 al. 5 de l'ordonnance du 2 février 1945) est punie d'une amende de 3 750 €. Ce cyberdélit est non punissable au nom de principe de légalité criminelle et d'interprétation stricte de la loi pénale;
- Discrédit porté sur une décision de justice, portant atteinte à l'autorité judiciaire ou son indépendance(sauf commentaires techniques visant

à réformer ou réviser la décision) (article 434-25 du Code pénal) est punie d'une amende de 7 500 € et d'emprisonnement de 6 mois. Ce cyberdélit est relativement punissable ;

- Message de menace, par voie électronique, de commettre un crime ou un délit contre les personnes (article 222-18 du nouveau Code pénal français) est punie de 3 ans et 45000 euros, et la peine de 5 ans et 75 000 euros lorsqu'il s'agit des menaces de mort. Ce cyberdélit de presse est relativement punissable ;
- Le fait de capter, d'enregistrer ou transmettre, sans le consentement de leur auteur, les paroles prononcées à titre privé ou confidentiel (article 226-1 du nouveau Code pénal français) est puni d'un an de prison et de 45 000 euros. Ce cyberdélit est non punissable au nom de principe de légalité criminelle et d'interprétation stricte de la loi pénale;
- Le fait de fixer, d'enregistrer ou de transmettre, sans le consentement de celle-ci l'image d'une personne se trouvant dans un lieu privé (article 226-1 du nouveau Code pénal français) est punie d'un an et de 45000 euros. Ce cyberdélit est non punissable au nom de principe de légalité criminelle et d'interprétation stricte de la loi pénale.

➢ En Albanie

- Divulgation des éléments de la vie intime d'une personne et atteinte à sa réputation (article 118 du Code pénal Albane) est punie de maximum de 3 ans de prison. Ce cyberdélit est non punissable au nom de principe de légalité criminelle et d'interprétation stricte de la loi pénale;
- Emploi des appareils d'enregistrement servant à écouter, enregistrer ou transmettre des propos ou images qui concernent la vie privée d'une personne, sans son consentement (article 121 du Code pénal) est puni de deux ans d'emprisonnement maximum. Ce cyberdélit est non punissable au nom de principe de légalité criminelle et d'interprétation stricte de la loi pénale.

➢ En Italie

- Le fait de prendre connaissance, par des moyens frauduleux, la conversation téléphonique d'autrui et de diffuser le contenu(article 617 du Code pénal italien) est puni de la réclusion jusqu'à 3ans. Ce cyberdélit est non punissable au nom de principe de légalité criminelle et d'interprétation stricte de la loi pénale.

➢ Au Pérou

- Le fait d'un agent de révéler l'intimité de la vie d'autrui dans un moyen de communication sociale (article 154 alinéa 2 du Code pénal du Pérou) est puni de 2 à 4ans de prison. Si l'auteur est agent public agissant dans sa fonction sera puni de 3 à 6 ans de prison. Ce cyberdélit est non punissable au nom de principe de légalité criminelle et d'interprétation stricte de la loi pénale.

➢ A Porto Rico

- Usurpation de l'identité d'autrui ou fausse identité en effectuant tout acte non autorisé par lui(article 191 du Code pénal du Porto Rico) est puni d'une peine de réclusion de six mois au plus. Ce cyberdélit est non punissable au nom de principe de légalité criminelle et d'interprétation stricte de la loi pénale.

➢ Au Sénégal

- La diffusion ou la transmission d'une image et une représentation présentant un caractère de pornographique infantile par le biais d'un système informatique(Article 431-34 de la loi sénégalaise portant la cybercriminalité) est punie de 10ans et d'une amende de 5.000.000FCFA à 15.000.000FCFA.Ce cyberdélits est relativement punissable ;
- Le fait de procurer à autrui, d'importer ou faire importer, d'exporter ou faire importer une image pédopornographique, par le biais d'un système informatique ou de posséder une image de pornographie infantile dans un système de stockage des données informatisées (article 431-36 de la loi sur la cybercriminalité) est puni de 5 à 10 ans de prison et d'une amende de 5.000.000FCFA à 15.000.000FCFA. Ce cyberdélit est non punissable au nom de principe de légalité criminelle et d'interprétation stricte de la loi pénale;
- La menace commise par le biais de système informatique envers une personne en raison de sa race, sa couleur, son origine ethnique et religieuse (article 431-40 de la loi sur la cybercriminalité) est punie de 6mois à 7ans de prison et d'une amende de 1.000 000FCFA à10.000 000FCFA. Ce cyberdélit est non punissable au nom de principe de légalité criminelle et d'interprétation stricte de la loi pénale;
- L'insulte commise par le biais d'un système informatique envers une personne en raison de sa race, sa couleur, son origine ethnique et religieuse(article 431-40 de la loi sur la cybercriminalité) est punie de 6mois à7ans de prison et d'une amende de 1.000 000FCFA à10.000 000FCFA. Ce cyberdélit est non punissable au nom de principe de légalité criminelle et d'interprétation stricte de la loi pénale;
- Le refus de publier par un directeur de publication la réponse portant l'exercice de droit de réponse d'un article en ligne (article 431-47 de la loi sur la cybercriminalité) est puni de 200 000FCFA à 20 000 000FCFA. Ce cyberdélit est non punissable au nom de

principe de légalité criminelle et d'interprétation stricte de la loi pénale;

- Le fait de réaliser des publicités, des offres promotionnelles, telles que des rabais, des primes ou des cadeaux, adressées par courrier électronique (article 431-52) est puni de 6mois à 2ans et d'une amende de 100 000FCFA à 500 000FCFA. Ce cyberdélit est non punissable au nom de principe de légalité criminelle et d'interprétation stricte de la loi pénale. Toutefois, le juge peut punir l'acte en se servant d'une manière générale de l'infraction qui rime avec la publicité illicite alors qu'ici l'on précise bien par voie de courrier électronique et le régime de sanction y affèrent.

La RDC devrait adapter sa législation comme d'autres pays du monde, le cas de la législation sénégalaise. Les articles 431-54 et 431-55 qui dispose : « lorsque les infractions ont été commises par le biais de système informatique, il ne pourra être prononcé le sursis à l'exécution des peines » ; « lorsque le délit a été commis par le biais d'un système informatique, les peines prévues à l'alinéa 1er de l'article 379 pourront être portées au double ».

- Atteinte à la représentation de la personne. Le législateur français pour réprimer cette criminalité nouvelle par voie de publication a prévue l'infraction de l'atteinte à la représentation de la personne dans l'article 226-8 du Code pénal français comme: « Est puni d'un an d'emprisonnement et de 15000 euros d'amende le fait de publier par quelque voie que ce soit, le montage réalisé avec les paroles ou l'image d'une personne sans son consentement, s'il n'apparait pas à l'évidence qu'il s'agit d'un montage s'il n'en est pas expressément fait mention ».

Cette infraction n'est pas encore admise dans le corpus juridique répressif congolais et si la justice s'attelait au principe de l'interprétation stricte de la loi pénale, elle est non punissable car le droit pénal français ne le punit pas comme imputation dommageable.

Enfin, l'inventaire des cyberdélits de presse à travers le droit pénal comparé nous amène aux résultats suivants :

Sur quarante-cinq (45) cyberdélits de presse qui sont les infractions punissables dans les autres droits pénaux conformément au principe de légalité criminelle mais en les confrontant au droit pénal congolais, vingt et quatre (24) des cyberdélits de presse ne sont pas punissables et seulement vingt-un (21) sont relativement punissables.

La République Démocratique du Congo a besoin de promouvoir une cyberéducation par la sensibilisation et la formation de la population. Un telle formation contribue dans la lutte contre le cyberdélit.

Chapitre V
De la promotion de la cyberéducation en République Démocratique du Congo

La promotion d'une cyberéducation est indispensable en République Démocratique du Congo pour la formation de la population. Une telle sensibilisation contribution dans la lutte conte le cyberdélit qui pourrait être occasionné par l'ignorance. Je parle du liminaire, de la pédagogie dans le cyberespace, de l'esquisse d'une pédagogie de lutte contre les cyberdélits de presse, la conception d'un modèle pédagogique de formation en droit de l'homme, du modèle allostérique d'apprentissage, des approches pédagogiques innovantes sur la cyberéducation et la cyberéducation dans l'aspect informel et andragogique.

5.1. Liminaire

Selon Kant (2004), l'éducation vise à sortir l'humain de l'animalité pour le destiner à l'humanité. Pour lui, il existe des germes du bien en l'humain à partir desquels il doit se déployer pour « s'améliorer lui-même, se cultiver lui-même, et s'il est mauvais, développer lui-même sa moralité ».

Le plus important chez Kant, c'est son idée de considérer que seule l'éducation peut sortir quelqu'un de l'état animal vers l'état humain. Ce qui revient à dire qu'un individu sans éducation agit comme un animal et une société sans une éducation sociétale est comme une jungle. Que pense-t-il de cyberespace avec ses habitants qui sont les internautes ?

Peut-on affirmer que les enfants qui visitent ce nouveau monde trouvent une société organisée moralement pendant que des acteurs viennent de tous les coins du monde avec leurs valeurs et leurs antivaleurs ?

C'est le rôle de l'Etat de surveiller l'éducation de sa jeunesse dans son évolution à travers ses services conformément à la loi fondamentale qui dispose que : « Les pouvoirs publics ont l'obligation de protéger la jeunesse contre toute atteinte à sa santé, à son éducation et à son développement intégral » (Article 42 de la Constitution).

Ce chapitre vise à proposer un contenu pour une pédagogie susceptible de prévenir des cyberdélits de presse par une éducation de droit en droits de l'homme et de suppléer la justice pénale congolaise réputée inefficace.

A cet effet, à l'école primaire et secondaire, devra se voir dotée d'un curriculum intégrant dans les branches d'Education Civique et Morale(ECM) les notions en rapport avec l'éthique dans le cyberespace. Il en est de même au niveau supérieur et universitaire, dans le cours de Principes, valeurs et symboles de la république (la version actuelle de l'Education à la citoyenneté).

Le but étant de permettre à chaque apprenant, à tous les niveaux de la scolarité, à développer des compétences à adopter des comportements éthiques en vue de ne pas commettre un quelconque cyberdélit de presse, encore moins de tomber dans la cybercriminalité ou dans la cyberattaque.

Le système de l'éducation n'est pas statique ni rigide, mais il doit s'adapter à l'évolution sociétale. La société congolaise subit, comme d'autres, la révolution numérique qui impacte positivement que négativement à l'éducation des enfants, voire des adultes.

Si jadis, le choix d'une commune, d'un quartier soit d'une maison clôturée était une solution contre l'éducation diffuse au motif de protéger les enfants de contact avec les personnes délinquantes, avec les réseaux sociaux, l'enfant mineur enfermé dans sa chambre peut entrer en contact avec l'éducation de la rue, pas seulement de Kinshasa mais du monde entier.

Cette version de l'éducation dans le cyberespace échappe aux parents éducateurs mais aussi aux pédagogues chercheurs qui devraient penser un nouveau paradigme pédagogique adapté au cyberespace dénommée « cyberpédagogie ».

La mutualisation de cyberéducation et de droit pénal congolais pour la dignité humaine est à mettre en exergue pour encadrer la morale des internautes afin d'éviter la cybercriminalité en général et les cyberdélits de presse en particulier.

Ce chapitre, en abordant la question de cyberéducation n'a pas de prétention de proposer un curricula ou une didactique de droit du numérique ou encore une didactique de droit en droits de l'homme, mais est consacré à jeter les bases pour la conception d'une pédagogie dans le cyberespace, c'est que nous qualifions de cyberpédagogie ou de cyberéducation et d'un modèle pédagogique de formation en droits de l'homme.

5.2. Pédagogie dans le cyberespace

Cette section aborde les variables influentes des cyberdélits de presse et l'esquisse d'une pédagogie de lutte contre les cyberdélits de presse.

5.2.1. Variables influentes des cyberdélits de presse

Le comportement de beaucoup d'internautes ne reflète pas leur éducation surtout dans le secteur de communication. L'on observe par exemple la banalisation de publication des cyberdélits de presse contre les personnes. Il y a plusieurs variables qui peuvent influencer les cyberdélits de presse mais nous avons retenu que : l'identité de cybercriminel, localisation de cybercriminel, culture de cyberespace et effets néfastes de l'usage de téléphone.

5.2.2.1. Variable Identité

L'identité cachée des internautes le pousse à croire que c'est un chèque à blanc pour diffuser des messages illicites sans être reconnus. La pratique de cybercriminels est de s'identifier par une identité fausse ou cachée pour se permettre de commettre des forfaits sachant qu'ils ne seront pas repérés.

Il convient, dans la cyberéducation, de proposer un contenu de l'éducation pour n'importe le format de support de sensibilisation aux internautes ce qui suit :

- qu'en cas d'enquête judiciaire spécialisée, l'auteur des cyberdélits de presse peut être reconnu à travers l'adresse IP de terminal ;
- rappeler aux internautes, depuis l'école primaire, secondaire jusqu'à l'université, les valeurs religieuses, civiques et morales doivent être transplantées dans le cyberespace ;
- insister que le cyberespace n'est pas un espace de non droit, tout acte infractionnel est réprimé.

Il y a aussi le rôle de la localisation du cybercriminel qui ne facilite pas toujours la recherche.

5.2.2.2. Variable localisation

Cette variable est le fait qu'un internaute s'assure de difficultés de localisation de cybercriminel qui se cache derrière le clavier de son ordinateur soit de son téléphone ,à savoir:

- ✓ le cybercriminel est conscient que son adresse est non connue : la relation amicale se construit dans les réseaux sociaux sans que les acteurs prennent connaissance sur leurs adresses domiciliaires physiques. Ils se retrouvent tous amis dans un groupe Wattsapps par la volonté de l'administrateur du forum ;
- ✓ le cybercriminel conscient que son adresse est connue mais n'a pas peur parce qu'il vit à l'étranger : les acteurs se connaissent mais le cybercriminel sachant qu'il est situé en Occident, en dehors de la RDC se permet de commettre des cyberdélits de presse à l'égard des autorités publiques du pays à visage découvert, le cas des combattants.

Dans le cadre de la cyberéducation, il est important d'apprendre aux enfants voire aux adultes qu'en cas d'une action judiciaire, il est possible d'être localisé et arrêté. Le contenu de support est ce qui suit :

- ✓ la localisation est difficile mais c'est possible à partir des applications adéquates sur base de IP et champ d'émission ou en identifiant le numéro de téléphone qui diffuse les cyberdélits de presse. Pour celui qui se cache derrière le clavier de l'ordinateur ou smartphone par anonymat, la procédure pour le localiser peut être l'envoie d'un message téléphonique(sms)pour le localiser car en recevant le message ou en émettant un appel, un message par un appareil cellulaire (Protocole) , l'auteur est localisé dans une couverture d'une antenne télécoms qui se subdivise en trois secteurs dont chacun de secteur se subdivise en trois cellules où l'internaute se trouve dans une cellule qui ne couvre qu'un petit endroit comme deux rues, facilement à localiser même si l'auteur à Kinshasa utiliserait la carte Sim de l'étranger ;

✓ le fait de se situer en occident n'épargne pas l'auteur de cyberdélits de presse de poursuites judiciaires internationales au nom de théorie de résultat et de la coopération judiciaire internationale.

Il est important de préciser que la procédure pénale observe aussi les droits à la vie prévue dans l'article 23 de la Constitution et de la loi cadre n°013-2002 du 16 octobre 2002 sur les télécommunications en RDC qui limite au seul Procureur général près la Cour de cassation le droit d'autoriser l'interception, l'écoute, l'enregistrement, la transcription et la divulgation des correspondances privées émises par voie des télécommunications. Les articles 52 et 54 disposent que : « Le secret de correspondances émises par la voie de télécommunications est garanti par la loi. Il ne peut être porté atteinte à ce secret que par l'autorité publique, dans les seuls cas de nécessité d'intérêt public prévus par la loi et dans les limites fixées par celle-ci ».

« Sont interdits:

- l'interception, l'écoute, l'enregistrement, la transcription et la divulgation des correspondances émises par voie des télécommunications, sans autorisation préalable du Procureur Général de la République;

Seules les nécessités de l'information motivées par les besoins de la manifestation ultime de la vérité dans un dossier judiciaire peuvent autoriser le Procureur Général de la République de prescrire l'interception, l'enregistrement et la transcription des correspondances émises par voies de télécommunications ».

Ces dispositions ne couvrent pas le cybercriminel mais limitent l'arbitrage des OPJ et des agents de service de renseignement qui commettent parfois beaucoup d'abus dans l'exercice de leur travail. D'où, une synthèse entre le besoin de répression de la cybercriminalité et les droits de l'homme. Il faut aussi tenir de la variable culture comme élucidée au point suivant.

5.2.2.3. Variable culture

La culture est comprise comme mode de vie dans le cyberespace qui comprend : culture des antivaleurs, d'une part et culture d'impunité ,d'autre part. Dans la culture des antivaleurs, il convient de comprendre que certains internautes dans les réseaux sociaux adoptent par le fait d'imitation des actes immoraux alors qu'ils sont des vertueux dans le monde physique. Exemple des injures publiques, exhibition des parties intimes à travers des photos publiées dans les comptes réseaux sociaux, la culture des mensonges en publiant ses photos en trompant sur la couleur de sa peau.

Par la culture de l'impunité, il sied d'observer la passivité des victimes de saisir la justice contre les auteurs des cyberdélits de presse et la passivité des professionnels de la justice congolaise de rechercher et de poursuivre les auteurs des cyberdélits de presse. Le téléphone a un effet néfaste à ne pas ignorer.

5.2.2.4. Effets néfastes des téléphones

La communication par téléphone augure un apport considérable dans la société moderne surtout qu'elle est à la portée de toutes les classes sociales cependant elle a aussi des inconvénients divers surtout lorsque l'on fait usage aux appareils fabriqués hors normes ISO, pourtant ces téléphones pirates sont à la portée de la majorité de la population compte tenu de la faible bourse.

L'usage de téléphone à l'oreille sans écouteurs impacte aux nerfs de la tête et surtout si l'utilisateur traverse deux ondes car il y a augmentation de puissance dépassant la puissance limite de 2 Watts. Par ailleurs, à noter que la conversation téléphonique qui dépasse 5 minutes sans oreillettes chauffe les nerfs. Ce qui provoque les comportements déviants du genre d'agressions verbales, des attitudes colériques et de l'intolérance.

Une étude présente les inconvénients de l'utilisation des smartphones par les enfants :

- ✓ affectent la motricité fine ;
- ✓ limitent l'apprentissage de l'écriture ;
- ✓ provoquent une forme d'isolement social ;
- ✓ nuisent à la mobilité et augmentent l'obésité infantile ;
- ✓ nuisent à l'intimité (https://amelioretasante.com consulté 2019) ;
- ✓ affecte négativement la productivité car les appels et échanges déconcentrent l'utilisateur dans son travail.

Selon une autre étude réalisée par le docteur Hyung Suk Seo, de l'Université de Corée, à Séoul, réaffirme toujours que le smartphone favorise la dépression, l'anxiété et l'insomnie chez les adolescents.

Cela est provoqué par un taux anormalement élevé de deux neurotransmetteurs : le GABA, qui inhibe ou ralentit les signaux du cerveau, et le glutamate-glutamine, qui provoque l'excitation électrique des neurones.

Docteur Hyung conclut que l'addiction au smartphone provoque un déséquilibre chimique dans le cerveau et les chercheurs préconisent une

« thérapie comportementale ». Il faut même parler de nouveaux troubles liés directement aux mobiles, qui peuvent toucher les adolescents, à savoir :

- *Le syndrome de la sonnerie fantôme* : un phénomène très sérieux, que plusieurs scientifiques étudient. Il s'agit de la sensation que notre téléphone portable vibre, alors que ce n'est pas le cas.
- *La nomophobie* : la peur excessive d'être séparé de son téléphone mobile. Elle se développe chez les utilisateurs les plus accros, qui ne s'imaginent pas sans leur mobile.
- *La peur de manquer quelque chose (FOMO, fear of missing out)* : une peur liée à la multiplication des notifications et autres alertes qui sont légion sur les smartphones. La simple idée de les manquer suscite une angoisse forte pour les plus connectés (https://www.mapa-assurances.fr/Actualites/Sante/smartphone-ennemi-sante-mentale-ados consulté le 22/04/2022).

Par ailleurs, le Laboratoire de Cyberpsychologie de l'UQO, permet d'assurer un contrôle plus complet lors d'études de différents phénomènes psychologiques (phobies, déviances sexuelles, etc.). Du fait que cette technologie s'avère une toute nouvelle avenue de recherche, la liste d'applications possibles est pour le moment incomplète. Certains psychologues utilisent des environnements virtuels pour désensibiliser les gens à leur phobie La technologie Internet, tout comme la vidéoconférence, fait depuis peu partie des moyens utilisés par la psychologie pour traiter certaines pathologies. Par exemple, il est maintenant possible d'offrir, via internet, un type de psychothérapie pour une problématique assez récemment reconnue: la cyberdépendance. Brièvement, des recherches semblent démontrer (Keepers, 1990, cité par Young, 1996) que des comportements reliés à l'utilisation de l'ordinateur sont aussi à même de créer des dépendances (plus spécifiquement le fait de jouer à des jeux vidéo de façon compulsive) que ne peut l'être par exemple la consommation de substances psychoactives. La voie Internet permet donc d'offrir des possibilités pour la psychothérapie, soit via le clavardage ("chat") ou encore l'utilisation de pages web.(http://w3.uqo.ca/ cyberpsy/index.php/historique-de-la-realite-virtuelle/).

Il faut à présent penser une pédagogie de lutte contre les cyberdélits de presse.

5.3. Esquisse d'une pédagogie de lutte contre les cyberdélits de presse

Comme annoncé au début de ce chapitre, cette étude ne vise pas à concevoir un curriculum soit une didactique d'une discipline mais humblement une contribution élémentaire, par une matrice qui peut être développée par d'autres chercheurs. Notre matrice commence par l'introduction, le corps de cours et la conclusion.

Introduction

La révolution numérique touche tous les secteurs de la vie en apportant des solutions mais aussi une autre forme de délinquance informatique dont la « cybercriminalité ». Celle-ci touche tous les domaines dont celui de secteur médiatique qualifiée de « cyberdélit de presse ».

En dépit de l'accroissement des mécanismes de lutte contre les cyberdélits de presse en RDC, parfois en violation des libertés individuelles ; force est de constater que les cas des cyberdélits ne cessent de prendre une allure vertigineuse. Autrement dit, les cas des cyberdélits de presse ne font que se multiplier.

Point n'est besoin de rappeler que la pédagogie est un outil précieux pour développer les compétences d'une citoyenneté responsable. Avoir une pédagogie bien pensée peut contribuer à la réduction sensible des cyberdélits de presse dans la mesure où, la qualité d'un enseignement et la façon dont les apprenants (élèves/étudiants) acquièrent les connaissances, favorisent une compréhension plus approfondie des utilisateurs de l'internet.

A ce sujet, nous renchérissons avec l'idée prônée par Ralph Tyler (1935), initiateur de la pédagogie par Objectifs, en proposant une organisation scientifique et rationnelle de l'éducation. Celle-ci doit adapter l'homme aux besoins et valeurs de la société et les traduire en objectifs.

A cet effet, la pédagogie envisagée ici comme réponse idoine à la cybercriminalité, est destinée à « jouer un rôle préventif » à la problématique de l'inefficacité de la justice pénale.

Cette matière à intégrer dans le curricula procède d'abord par la présentation d'un aperçu des délits de presse fréquemment commis par les usagers de l'internet.

Ensuite, il s'agit de la présentation de quelques sanctions prévues par les instruments juridiques internationaux, régionaux et nationaux en matière de cyberdélits de presse. Enfin, nous proposons les comportements éthiques à adopter en vue de ne pas commettre un quelconque délit de presse.

Quel est l'objectif à poursuivre ?

1 . Objectif poursuivi

L'intention pédagogique de ce cours/module consiste à proposer un contenu pour une pédagogie susceptible de prévenir des cyberdélits de presse et de suppléer la justice pénale.

A cet effet, à l'école primaire et secondaire, ce contenu peut être intégré dans la leçon d'Education Civique et Morale (ECM). Tandis qu'à l'enseignement supérieur et universitaire, il peut constituer la matrice à intégrer dans le cours des Principes, valeurs et symboles de la république ou dans le cours de droits humains qui devrait être intégré dans tout niveau de scolarité.

2. Compétences à développer

Les compétences ci-dessous sont à développer dans ce cours :

- Identifier les délits de presse fréquemment commis par les internautes ;
- Décrire les sanctions prévues par les instruments juridiques internationaux, régionaux et nationaux;
- Expliquer les notions du cyberespace et en déterminer ses limites ;
- Expliquer les comportements éthiques à adopter en vue de ne pas commettre un quelconque délit de presse.
- Sensibiliser d'autres internautes à lutter contre les cyberdélits de presse.

3 Notions du cyberespace

Afin de poser les bases de connaissance de cyberdélits de presse, il importe que chaque apprenant acquière les fondamentaux du cyberespace.

4 Définition du cyberespace

Dans le contexte pédagogique, un cyberespace est un espace de communication créé par l'interconnexion mondiale des ordinateurs (Internet). C'est donc un espace ou un milieu *immatériel* (une représentation abstraite) dans lequel naviguent les internautes.

Le cyberespace comprend les réseaux informatiques, les ressources informatiques et tous les dispositifs fixes et mobiles connectés au réseau mondial (Adem, 2022). C'est un monde virtuel où les échanges sont dématérialisés et se passent entre les acteurs sans frontières physiques.

5 Acteurs et composition du cyberespace

Les acteurs principaux du cyberespace sont les fournisseurs de service d'internet et les utilisateurs appelés internautes. Toutefois, le cyberespace qui est matérialisé par l'Internet est composé de trois éléments majeurs : le centre de données, les réseaux et les points d'interconnexion.

❖ *Le centre de données*

Le centre de données ou data center en anglais, désigne un lieu physique où sont regroupés différents équipements informatiques, tels que des ordinateurs, des serveurs, des routeurs, etc. Sa fonction principale consiste à stocker des informations utiles au bon fonctionnement du réseau internet ou d'une entreprise.

Un centre de données est indispensable au fonctionnement des réseaux : sans ce composant, un site internet ou une messagerie e-mail ne pourrait pas fonctionner. Il est aussi crucial pour les entreprises, quelle que soit leur taille : en cas de dysfonctionnement du centre de données, l'activité des organisations (une entreprise) est paralysée.

❖ *Les réseaux*

Un réseau informatique est un groupement de deux ou plusieurs ordinateurs ou autres appareils électroniques (terminal) permettant l'échange de données et le partage de ressources communes. En d'autre termes, les réseaux sont des dispositifs qui transportent les données du centre de données vers les appareils (ordinateurs, téléphones, tablettes, différentes machines connectées, etc.).

❖ *Les points d'interconnexion*

Les des points d'interconnexion mettent en relation les réseaux et les centre de données.

6 Contrôle du cyberespace

Il sied de retenir que le cyberespace n'est pas un espace incontrôlé. Il est systématiquement surveillé par un nombre restreint d'acteurs. C'est pour cela qu'il est imprudent de poser des actions dans un cyberespace en pensant que l'on ne peut pas être identifié ni localisé.

Au premier plan on retrouve les États-Unis d'Amérique. Il y a également une poignée d'États disposant de moyens technologiques et matériels de pointe, comme la France, la Chine et la Russie.

Actuellement, on compte plus de 4800 centres de données à travers le monde, répartis dans 127 pays dont plus de 1800 aux États-Unis[24].

7 Délimitation du cyberespace

Contrairement au monde physique qui est limité par des frontières géographiques dans l'espace, la terre, la mer, les eaux fluviales et l'air, le cyberespace n'a pas de frontières analogues. L'augmentation de la pénétration d'Internet entraîne la croissance du cyberespace puisque sa taille est proportionnelle aux activités qui y sont menées.

Le cyberespace de la RDC fait partie du cyberespace mondial; il ne peut être isolé pour en définir les limites puisque le cyberespace est sans frontières. Cet aspect rend le cyberespace unique et difficile à maîtriser. En effet, dans la pratique, le cyberespace n'est plus dissociable de l'espace physique.

i. Aperçu sur les cyberdélits de presse

Notions de cyberdélits de presse

Le « cyberdélit de presse », est un comportement déviant ou antisocial dans le domaine de la presse commis dans le cyberespace. C'est également toute déviance commise par une publication destinée au grand public en se servant des technologies de l'information et de la communication.

1. Identification de cyberdélits de presse

---

[24] D'après datacentermap.com

Il y a bien de souligner que les cyberdélits entrainent des responsabilités pénales que civiles à leurs auteurs. Ci-dessous, une liste non exhaustive les cyberdélits de presse que les internautes commettent fréquemment dans le cyberespace (réseaux sociaux) dont à titre illustratif trois à quatre cyberdélits seront définis et les autres seront cités sans commentaires :

- ✓ La provocation, par voie électronique, à commettre une infraction :

La provocation est un fait ou un geste destiné à exciter ou à inciter quelqu'un à poser un acte infractionnel. Par exemple l'acte par lequel un leader d'opinion dans un meeting appelle les militants à aller saccager le bureau ou le siège d'un parti politique adverse ;

- ✓ La provocation, par voie électronique, à la discrimination, à la haine, à la violence :

La provocation à la discrimination consiste au fait d'inciter une personne ou un groupe de personnes à séparer un groupe humain des autres en le traitant plus mal.

La provocation à la haine consiste à susciter chez quelqu'un un sentiment violent qui pousse à vouloir du mal à un membre appartenant à une autre catégorie sociale et à se réjouir du mal qui lui arrive.

La provocation à la violence est le fait d'inciter une personne à l'utilisation intentionnelle de la force physique, de menaces à l'encontre des autres ou de soi-même, contre un groupe ou une communauté, qui entraîne ou risque fortement d'entraîner un traumatisme ou toute sorte de dommages.

- ✓ La provocation, par voie électronique, à une infraction portant atteinte aux personnes. Les atteintes à une personne peuvent être divisées en deux catégories :
  - Les atteintes au corps d'autrui : violences, viol, torture, homicide, harcèlement moral et sexuel, etc.
  - Les atteintes à la dignité et à l'honneur d'autrui : diffamation et autres atteintes à la vie privée, discrimination, etc.
- ✓ La provocation, par voie électronique, à commettre une infraction portant atteinte aux biens.

Une atteinte est un dommage ou un préjudice matériel ou moral. La provocation, par voie électronique, à commettre une infraction portant atteinte aux biens consiste à inciter quelqu'un à commettre l'une des infractions portant sur la propriété des personnes ou de l'État, par un acte d'appropriation frauduleuse telle que le vol ou l'escroquerie, mais aussi par atteinte directe comme la dégradation.

- ✓ La provocation, par voie électronique, à commettre une infraction portant atteinte aux intérêts fondamentaux de la nation.

Il importe de préciser que les intérêts fondamentaux de la nation sont notamment, son indépendance, son intégrité territoriale, sa sécurité, la forme républicaine de ses institutions, les moyens de sa défense et de sa diplomatie, la sauvegarde de sa population en RDC et à l'étranger.

A la lueur de ce qui précède, la provocation, par voie électronique, à commettre une infraction portant atteinte aux intérêts fondamentaux de la nation consiste à inciter une personne à poser des actes visant à porter préjudice auxdits intérêts.

- ✓ L'apologie des infractions, des crimes de guerre, des crimes contre l'humanité ou des infractions de collaboration avec l'ennemi ;
- ✓ L'apologie et la provocation, par voie électronique, aux actes de terrorisme ;
- ✓ La contestation, par voie électronique, des crimes contre l'humanité ;
- ✓ L'offense, par voie électronique, au Chef de l'Etat ;
- ✓ La publication, la diffusion ou la reproduction, par voie électronique, des fausses nouvelles et fausses pièces ;
- ✓ Les diffamations par voie électronique ;
- ✓ Les imputations dommageables par voie électronique ;
- ✓ L'injure par voie électronique ;
- ✓ Les diffamations ou les injures dirigées contre la mémoire des morts par voie électronique ;
- ✓ La diffusion et la publication attentatoire à la présomption d'innocence par voie électronique ;
- ✓ La diffusion par voie électronique, de la production des circonstances d'un crime ou d'un délit attentatoire à la dignité de la victime ;
- ✓ Publication des actes d'accusation, de procédure pénale et les informations relatives aux travaux et délibérations du conseil supérieur de la magistrature ;
- ✓ L'emploi d'appareil permettant d'enregistrer, de fixer ou de transmettre la parole ou l'image à l'audience judiciaire ;
- ✓ Rendre compte de certains procès et pièces sans autorisation préalable;
- ✓ Diffusion de l'identité des mineurs dans certains cas ;
- ✓ Publication d'une information relative à la filiation d'origine d'une personne ayant fait l'objet d'une adoption plénière ;
- ✓ Diffusion de l'identité ou de l'image d'une victime d'une agression ou d'une atteinte sexuelle ;

- ✓ La révélation de l'identité d'un « agent secret » ;
- ✓ Ouvrir ou annoncer publiquement des souscriptions ayant pour objet d'indemniser des amendes, frais et dommages-intérêts en matières pénales ;
- ✓ L'omission de publier les rectifications ;
- ✓ L'omission de publier la réponse portant sur l'exercice de droit de réponse ;
- ✓ La violation de la vie privée et l'atteinte à la réputation ;
- ✓ Les faux bruits ;
- ✓ La violation du droit à la présomption d'innocence ;
- ✓ La présentation à la presse de délinquants ;
- ✓ L'atteinte à la représentation de la personne ;
- ✓ L'interdiction de faire campagne en dehors de la période légale ;
- ✓ L'incitation au vol, au meurtre, au pillage, à l'incendie, à l'une des infractions contre la sûreté extérieure et intérieure de l'Etat ;
- ✓ L'incitation des membres des Forces armées et des services de l'ordre de se détourner de leurs devoirs ;
- ✓ La participation délibérée à une entreprise de démoralisation de l'armée ou de la population dans le but de nuire à la défense nationale ;
- ✓ La livraison, directe ou indirecte, à une puissance étrangère de renseignement, document ou procédé qui doit être tenu secret dans l'intérêt de la défense nationale ;
- ✓ La publication des actes d'accusation et de tous les autres actes de procédure judiciaire avant qu'ils n'aient été lus en audience.

Il convient de proposer un modèle pédagogique de formation en droits de l'homme un point suivant.

5.4.Conception d'un modèle pédagogique de formation en droits de l'homme

Cette section s'articule sur la didactique et notions connexes et sur les modèles de formation pédagogique.

5.4.1. Didactique et notions connexes

5.4.1.1. Notion de la Didactique

Selon Masandi (2021), la didactique désigne une science de la production et de la communication des connaissances. Elle s'intéresse à l'étude des situations d'enseignement du point de vue des savoirs, enjeu d'enseignement pour l'enseignant et l'apprentissage pour l'élève ». Cette définition révèle les étapes suivantes :

- ✓ la production et la communication des connaissances veut dire qu'à cette phase, l'enseignant de cours de droit en droits de l'homme doit se documenter, se cultiver , s'informer sur toutes les notions relatives à la cybercriminalité lors de la préparation de son cours (leçon) d'une part ; et de communiquer cette connaissance sur le droit pénal des droits de l'homme contre la cybercriminalité aux étudiants à travers les méthodes et les procédés qui encouragent le feed back entre l'enseignant et son enseigné, autrement dit, une relation entre l'enseignant-guide et l'apprenant –auto éduquant. Les apprenants participent pendant la formation à donner leurs expériences vécues sur les cyberdélits de presse.
- ✓ Dans cette entreprise de transformer l'apprenant, il y a le risque de réussite et d'échec si l'enseignant n'organise pas les pratiques pédagogiques en tenant compte des activités de l'apprenant. Donc, l'enseignant prépare sa matière de la lutte contre la cybercriminalité et le droit en droits de l'homme sur base des réalités du terrain, du centre d'intérêt.
- ✓ La didactique vise l'optimisation de rendement en se posant des questions suivantes : que dire, comment, quel matériel, quelle méthodologie, comment évaluer.

Pour leur part, De Corte et al. cités par Ndandula (2021) expliquent que, l'action didactique est un processus de l'apprentissage de l'élève guidé par l'enseignement du professeur. Donc, il y a deux processus qui s'influencent mutuellement, notamment l'enseignement et l'apprentissage.

Quant à Lokombe (sd), il trouve que la didactique est une science auxiliaire de la pédagogie, une science relative aux méthodes les plus propres à faire acquérir telle ou telle notion et cela l'acquisition d'un savoir, d'un savoir-faire ou d'un savoir être comme objectif d'apprentissages ».

Cette définition affirme que la didactique est au service de la pédagogie pour que celle-ci atteigne ses objectifs en appliquant les outils indispensables pour la communication des savoirs cognitifs, les savoirs affectifs et les savoirs psychomoteurs.

Sur ce, l'enseignant devrait ajouter d'autres objectifs sur la moralisation par le droit en droits de l'homme, une éducation qui culpabilise la cybercriminalité. Le respect de la dignité de l'homme doit guider le savoir-faire et le savoir-vivre au-delà du savoir cognitif. Car un internaute sans être éduqué sur la cybercriminalité et la dignité humaine est une bombe à retardement. Il en est de même des enfants et des journalistes qui apprennent en état l'usage de l'internet en général et des réseaux sociaux en particulier sans une cyberéducation, deviennent souvent des cybercriminels à la place de bons internautes chercheurs ou des cyberjournalistes.

Mais, la cyberéducation sensibilise les enfants que le cyberespace n'est pas un espace sans droit, c'est utile de se servir de moteur de recherche pour accéder à la bibliothèque virtuelle que passer son temps dans le téléchargement des films pornographiques. Se servir de l'internet ou des réseaux sociaux comme support pour relayer son article ou son information pour le cyberjournaliste que préférer publier les cyberdélits de presse par diffamations, injures publiques, offenses au chef de l'Etat, etc.

Selon Mialaret cité par Masandi (2021), la didactique est un ensemble des méthodes, des techniques et procédés pour l'enseignement. La didactique met l'accent sur les moyens d'enseigner, le « comment enseigner ».L'auteur insiste sur les moyens d'enseigner et comment enseigner. Sa définition est interpellatrice à l'égard de tout enseignant dans ses activités pédagogiques qui doivent atteindre ses objectifs.

L'enseignant à tout niveau de scolarité, voire celui de l'université devrait interroger le niveau de sa qualification en didactique de la discipline qu'il anime surtout que la réforme du système LMD insiste sur « *enseigner autrement et évaluer autrement* ». Cette phrase n'est pas un slogan mais un changement pédagogique substantiel dont d'une part, au niveau de courant pédagogique, il y a mutation de l'approche par objectifs vers l'approche par compétence ; d'une part, sur le plan de la théorie d'apprentissage, on quitte du cognitivisme vers le constructivisme et même le socioconstructivisme.

La didactique se subdivise en deux parties. La didactique générale qui établit des règles et des principes généraux, des normes générales de l'enseignement ainsi que la didactique spéciale, appliquant des règles générales et des principes généraux à chacune des branches scolaires. C'est l'étude des phénomènes d'enseignement qui sont spécifiques de la connaissance enseignée.

Que proposer sur la didactique et la méthodologie ?

5.4.1.2. Didactique et la méthodologie

A côté de concept didactique, il y a aussi le concept méthodologie générale ou spéciale qui est très utilisé dans l'enseignement. La méthodologie est définie selon chaque domaine.

Kalindye (2018) explique que la méthodologie se fonde alors, en dernière analyse, sur une théorie de la connaissance scientifique, dont la tâche est de donner une réponse au problème de la détermination des objectifs de la connaissance scientifique elle-même, en donnant par exemple un sens précis au concept de « progrès scientifique ». En d'autres termes, les présupposés méthodologiques sont de nature épistémologique, c'est-à-dire qu'ils constituent un discours tendant à fournir un modèle de la connaissance scientifique, une image de la science.

Selon l'auteur, la méthodologie fait allusion à la notion de la démarche scientifique contrairement à Corten qui a renvoyé la méthodologie dans l'aspect d'enseignement-apprentissage. Le but de la méthodologie n'est pas d'apporter un enseignement portant sur un fond d'une matière mais vise à favoriser une utilisation rationnelle des connaissances acquises (Corten cité par Kalindye, 2018).

Cette définition répond aux objectifs de l'enseignement car il ne vise pas seulement le savoir cognitif mais le savoir vivre et le savoir être en insistant sur l'utilisation rationnelle des savoirs cognitifs. Et si tout journaliste des médias en ligne ou tout internaute apprenait l'utilisation rationnelle de l'Internet à travers ses publications, les cyberdélits de presse n'auraient pas d'ampleur comme c'est le cas.

Selon Masandi (2021), le concept méthodologie évoque donc des effets de sens qui ne peuvent pas être interprétés de la même manière par un enseignant et par un chercheur. Chacun de ces deux personnages tenterait de mettre dans ce concept un contenu sémantique en rapport avec ses préoccupations professionnelles.

Du côté de la pratique enseignante, au lieu de continuer à employer l'expression « méthodologie générale ou spéciale », l'option levée est de la substituer par le concept « didactique générale ou spéciale », qui semble plus, à plusieurs égards, appropriée. Car, elle met directement l'accent sur le processus enseignement-apprentissage tout en évoquant l'idée d'une science comme c'est le cas de didactique des langues étrangères. Actuellement, la préférence est portée sur la didactique fondamentale, didactique des disciplines scolaires.

Ainsi, nous référant à Masandi (2020), nous comprenons par méthodologie, une science d'un raisonnement approprié à la résolution d'un problème particulier ou de l'ensemble des problèmes distincts. Dans la pratique enseignante, un problème particulier ou spécifique renvoie à l'enseignement d'une discipline scolaire tandis que l'ensemble des problèmes distincts fait allusion à l'enseignement de la communauté des branches ou disciplines scolaires.

Dans le premier cas, il s'agit de la méthodologie spéciale (didactique des disciplines), tandis que dans le second, de la méthodologie générale (didactique générale).

Selon V. De Landsheere (1992), la transposition didactique est le passage d'un savoir de référence à une connaissance à enseigner. Les contenus de l'enseignement ne sont, en effet, pas transmit ou proposés dans leur forme la plus achevée, la plus évoluée, mais adaptés en fonction de l'expérience des élèves, de leur degré de développement intellectuel et moral, du niveau de connaissance atteint.

A cette fin, les contenus sont structurés, simplifiés, traduits dans les formes susceptibles d'aiguiser l'intérêt et de faciliter la compréhension. Un découpage formel aboutit à des chapitres, des sujets de leçon qui se succèdent selon une logique et une progressivité déterminée. Bref, le savoir est « transformé ».

Il faut une didactique des disciplines à envisager.

5413 Didactique des disciplines

Selon Masandi (2020), la didactique d'une discipline est la science qui étudie un domaine particulier, les phénomènes de l'enseignement, les conditions de la transmission de la culture propre à une institution et les conditions de l'acquisition des connaissances en apprenant.

Son objet est de délimiter la nature du savoir en jeu, des relations entre le savoir, l'enseignement et les apprenants, de gérer l'évolution de ce savoir au cours de l'enseignement. Dans la littérature scientifique actuelle, on trouve que les méthodologies spéciales, a commencé à se constituer qu'au cours des deux ou trois dernières décennies.

Comment animer un cours des droits de l'homme ?

5.4.2.Animation d'un cours des droits de l'homme

Animer un cours des droits de l'homme signifie enseigner ce cours. Enseigner est avant tout un acte d'intelligence qui est celui de transmettre aux élèves des connaissances de façon qu'ils les comprennent et les assimilent. Mulier cité par Kalindye (2004). L'acte d'enseignement suppose un certain nombre de préalables, selon Masamba N'kazi Angani (Kalindye, 2004):

- La connaissance des prérequis ;
- La définition des objectifs ;
- La préparation de la séquence de formation ;
- Le choix des méthodes d'enseignement, et ;
- La sélection du matériel didactique ou intuitif.

5.4.2.1. Connaissance des prérequis

Le formateur est appelé à connaître ou doit s'informer d'avance sur le savoir, le savoir-être et le savoir-faire des gens qui doivent subir la formation. Ce qui lui permettra de définir les objectifs et de préparer sa leçon.

Cet exercice est très indispensable mais complexe. C'est pourquoi l'enseignant doit le faire à deux phases : d'abord, chez lui, lors de la préparation des cours en se référant des informations officielles des apprenants ensuite dans la salle il doit s'assurer par le contrôle des prérequis qui se fait habituellement par l'intermédiaire d'une épreuve souvent appelée test d'entrée. Ce qui appelle, selon Kabala (2021), le concept pré acquis qui sont les prés requis dont la maitrise a été vérifiée.

Exemple, une classe des étudiants juristes aura la présomption du pré requis supérieur que celle des étudiants en médecine sur le cours des droits civils et politiques ; de même l'inverse est vrai lorsqu'il s'agit des droits économiques relatifs à la santé. Mais dans la salle, l'enseignant est appelé à vérifier à travers les questions pour confirmer cette présomption. Il faut définir les objectifs.

5.4.2.2. Définition des objectifs

La présentation des objectifs à l'entame du cours/chapitre remplit deux fonctions : une fonction d'orientation car elle permet soit à l'enseignant soit à l'apprenant lui-même de décider si les objectifs de la formation correspondent aux besoins de ce dernier et une fonction d'apprentissage car le fait d'être informé de ce qu'on attend de lui permet à l'apprenant de focaliser son attention sur les points importants et d'organiser son apprentissage en fonction de ceux-ci. Une leçon doit être bien préparée.

5.4.2.3. Préparation de la séquence de formation (la leçon)

Dans la préparation d'une leçon sur l'éducation de droit en droits de l'homme contre les cyberdélits de presse, l'enseignant doit :

- Prévoir ce que l'on va enseigner ;
- Délimiter de façon précise les notions à dispenser ;
- Maitriser la matière à enseigner ;
- Savoir comment l'enseigner ;
- Savoir Comment l'enseigner et la faire assimiler.

Il faut aussi un choix de la méthode.

5.4.2.4. Choix des méthodes d'enseignement

Cette exigence ne peut être possible que si l'enseignant est qualifié en didactique car il aura une liste des méthodes et des procédés à choisir selon la dynamique de la salle pour atteindre ses objectifs. C'est une suite logique des préalables développés ci-haut car il n'y a pas la meilleure méthode que l'autre tout dépend de celle qui vous amène à atteindre les objectifs. Mais la méthode expositive peut intervenir pour expliquer les concepts nouveaux tels que la cybercriminalité, cyberdélits de presse, les traités, la ratification, les droits de l'homme, etc.

Savoir sélectionner le matériel didactique.

5.4.2.5. Sélection du matériel didactique ou intuitif

Le matériel didactique ou intuitif permet de rendre l'enseignement vivant, dynamique et attrayant. Il constitue un support incontournable pour la réussite de l'action de formation.

Mais, le matériel intuitif ne constitue pas une panacée ni une recette toute faite. Quelques recommandations sont obligatoires quant à son utilisation :

- Eviter d'encombrer la leçon de matériel didactique ne constituant pas le but de l'apprentissage ;

- Recourir au matériel didactique disponible, adapté, intéressant et utile à la compréhension de la matière ;
- Préparer d'avance l'exploitation du matériel didactique ;
- Amener le matériel didactique à susciter l'intérêt des élèves et à les motiver à partir des questions ou de l'exposé du formateur pendant l'introduction de la leçon
- Préciser le moment d'utilisation de ce matériel en face des notions concernées pendant le développement de la leçon.

Soulignons que le matériel didactique, en tant que support d'information, contenant un langage doit être bien interprété auprès des élèves (enfants, adolescents et adultes en situation d'apprentissage). Il doit être adapté aux capacités particulières de chaque groupe social. Masamba cité par Kalindye (2004).

En effet, tous les éléments cités ci-haut seront regroupés dans un tableau constituant la fiche de préparation et se présentant de la manière suivante :

- La partie administrative
- La partie pédagogique
    - L'introduction ;
    - Le développement ;
    - La synthèse, et
    - L'application.

Modèle de fiche de préparation

- Partie Administrative
    - Nom et Postnom :
    - Branche :
    - Sujet de Formation :
    - Objectifs :
    - Matériel :
    - Ecole :
    - Classe/Niveau :
    - Date :
    - Heure :

Partie Pédagogique

METHODES ET PROCEDES	MATIERE

INTRODUCTION

a. Réviser/ Rappel b. Motivation c. Annonce du sujet	Notions passées Nouvelle

DEVELOPPEMENT

SYNTHESE

5.5. Modèles pédagogiques de formation

Un modèle pédagogique appelé également modèle d'apprentissage, décrit les processus selon lesquels l'être humain construit ses connaissances et s'approprie les savoirs. Il fournit un ensemble de principes sur lesquels l'apprentissage peut s'appuyer et être mis en œuvre. On peut distinguer cinq principaux modèles pédagogiques : le connexionnisme ou associationnisme, le béhaviorisme, le cognitivisme, le constructivisme et le socioconstructivisme.

La possibilité d'avoir recours à différents modèles d'apprentissage permet la flexibilité et l'ajustement aux changements dans les situations concrètes d'enseignement-apprentissage (Joyce et al. 2004, cités dans Legendre, 2005).

Le concept « Béhaviorisme » est la francisation du terme anglais « behaviorism », provient du mot « behavior » (orthographe américaine) ou « behaviour » (orthographe britannique) qui signifie « comportement ».

5.5.1. Connexionnisme ou associationnisme

Je parle de la théorie de Thorndike, de Skinner, l'apport de Bandura : le modèle S → 0 → R, l'Anti- behaviorisme : la psychologie humaniste.

5.5.1.1. Théorie de Thorndike

Développée par Thorndike au début du XXème siècle, cette théorie behavioriste inspirée du conditionnement Pavlovien décrit le processus d'apprentissage comme la connexion ou l'association entre un stimulus et une réponse (S → R).

La solidité de la connexion (ou apprentissage) dépend de sa fréquence et de sa durée (loi de l'exercice) et de la satisfaction que la réponse procure (loi de l'effet). Une telle théorie évite tout « mentalisme », c'est-à-dire l'explication du comportement par ce qui peut se passer dans l'esprit, dans le système nerveux. Un stimulus donné provoque (comme mécaniquement, automatiquement) une réponse déterminée.

La pédagogie inspirée de cette théorie se soucie essentiellement de renforcer les liens associatifs par l'exercice et la mécanisation. Il est indéniable que ce sont là deux conditions d'une grande habileté, d'une grande rapidité d'exécution. La réponse peut, en effet, devenir à tel point automatique que celui qui la fournit n'a plus besoin d'y penser. Il peut ainsi consacrer son attention à d'autres choses.

Sur le plan psychologique, les associationnistes ne sont malheureusement pas toujours capables d'identifier avec certitude les stimuli auxquels les réponses sont attribuables, ce qui les oblige à supposer l'action de stimuli inconnus.

Sur le plan pédagogique, le reproche majeur concerne le caractère artificiel des exercices auxquels les associationnistes recourent pour susciter les apprentissages désirés. Ils perdent ainsi de vue l'importance de la motivation réelle, de la « fonctionnalité » des actions. L'idéal est, en effet, d'acquérir des automatismes lors de la résolution de problèmes ou d'apprentissages que l'individu souhaite réaliser. Pour celui qui désire vraiment perfectionner son jeu de tennis, l'entraînement systématique d'un seul geste peut prendre valeur fonctionnelle.

Il y a aussi la théorie de de Skinner.

5.5.1.2. Théorie de Skinner

Skinner complète la théorie du connexionnisme en distinguant un second type de conditionnement appelé instrumental ou opérant. Ce n'est plus le stimulus déclencheur du comportement qui retient l'attention, mais les conséquences qui encouragent un découragent sa reproduction (renforcement positif ou négatif). Ce sont les effets que nos actes entrainent sur notre milieu qui vont à leur tour consolider ou modifier ces actes. La théorie de Skinner est une théorie interactionniste qui emprunte à la biologie l'analogie des mécanismes de variation (sélection pour rendre compte de la diversification et de la complexité des conduites (Richelle).

L'apprentissage n'est donc plus conçu comme la réponse directe au stimulus, mais bien comme la stabilisation de cette réponse. Ainsi, si chaque fois que le bébé pleure, sa mère le nourrit, l'enfant découvre peu à peu ce qu'il doit faire pour obtenir cette satisfaction. De surcroît, comme la venue aimable de la mère est associée à cet apport de bien – être, celle-ci prend aussi valeur positive. Le behaviorisme explique ainsi la naissance de l'affection, de l'attitude positive.

Skinner a observé que, pour obtenir un comportement désiré d'un animal, il faut, au début, renforcer tout comportement qui s'approche, si peu que ce soit, de celui que l'on souhaite. Peu à peu, on exige une approximation toujours meilleure pour accorder le renforcement, jusqu'à obtenir l'effort dérivé.

Selon Skinner, le conditionnement opérant s'applique aussi bien aux apprentissages moteurs que cognitifs, affectifs ou sociaux. Contrairement aux premiers behavioristes comme Watson, qui nient l'existence de la pensée et des sentiments, Skinner les considère comme des « actes implicites », non directement observables (l'introspection permet de les approcher).

Passant du dressage animal à l'enseignement, Skinner le programme selon les mêmes principes et tient pour idéal l'apprentissage sans erreur. A cette fin, la matière à apprendre est décomposée en petites unités ordonnées. A propos de chacune, l'élève doit résoudre un problème et toute bonne réponse est immédiatement renforcée par un encouragement matériel ou non. L'élève est continuellement actif et est ainsi conduit vers le succès. L'idée de la pédagogie de la réussite est à la base de la technique de la Pédagogie de la maîtrise développée par Bloom.

La critique la plus sévère adressée aux conceptions pédagogiques de Skinner est leur caractère artificiel. Il fait des élèves des exécutants de programmes standardisés destinés à faire acquérir des connaissances et des habiletés, sans s'occuper des processus mentaux. Or, les situations que l'on rencontre dans la vie ne sont pas aussi épurées et fragmentées. Même longtemps différés, certains renforcements matériels, intellectuels ou affectifs peuvent mobiliser les énergies.

Rejeter en bloc les propositions pédagogiques skinneriennes, comme on l'a maintes fois fait, est, cependant, une erreur. Par exemple, l'observation des situations d'enseignement révèle une grande fréquence de renforcement minuscule de la part de Professeur (regards, crispation du visage, hachements de tête, brèves paroles…) ; pour certains élèves bénéficiant d'un a priori positif, les encouragements se succèdent, tandis que, dans le cas inverse, des signes négatifs sont souvent émis, même avant que la réponse ne soit donnée. On sait aussi combien est démobilisant la longue période qui s'écoule parfois entre le dépôt d'un travail dans lequel l'élève est beaucoup investi et le moment de l'évaluation.

Dans des limites précises et surtout dans un contexte pédagogique favorable, l'enseignement programmé Skinnerien peut rendre d'importants services , qu'il s'agisse de maîtriser une matière complexe dont n'a pas réussi à être maître (d'où l'intérêt pour les activités de rattrapage), de contrôler si l'apprentissage est complet ou d'identifier avec précision des points d'achoppement. En général, cette technique convient mieux à des élèves plus lents que d'autres.

Le conditionnement opérant revêt par ailleurs une grande importance dans les techniques de modification comportementale. Les lignes qui suivent évoquent l'apport de de Bandura : le modèle S → 0 → R.

5.5.1.3. Apport de Bandura : le modèle S → 0 → R

Le 0 que Bandura (1969, 1977) place entre le S et le R représente ce qui se passe dans l'organisme (la pensée, le traitement de l'information) entre le stimulus et la réponse. Bandura ouvre ainsi la porte à la psychologie cognitive.

Il explique, en particulier, l'apparition de certains comportements nouveaux, non plus par conditionnement opérant direct, mais par observation et imitation (modelage). Nous ferons, dans certains cas, l'économie d'une expérience en observant quelqu'un d'autre qui la vit en quelque sorte à notre place (notion d'apprentissage vicariant). On sait notamment combien l'enfant observe et imite.

Bandura (1977) limite aussi le rôle attribué au hasard dans l'apparition d'un comportement nouveau chez l'enfant. Il écrit : « Les observateurs combinent des aspects de différents modèles en nouveaux amalgames qui différent de chacune de sources, considérée isolement (…). A partir de mêmes sources, différents observateurs adoptent des combinaisons différentes ».

Bandura prend, en outre, ses distances par rapport aux behavioristes classiques en soulignant que l'imitation d'un modèle se fait d'abord globalement, et non par reproduction séparée d'éléments du tout observé. Toutefois, comme Skinner, Bandura pose que le modèle imité ne s'installera de façon durable chez l'individu que si des renforcements positifs se produisent. Il ne faut pas oublier l'Anti- behaviorisme : la psychologie humaniste.

5.5.1.4. Anti – behaviorisme : la psychologie humaniste

Les psychologues humanistes (phénoménologistes, existentialistes,…) dont Maslow, estiment qu'en voulant s'en tenir qu'aux comportements directement observables, on néglige de considérer la personne comme un tout. On omet ainsi de tenir compte d'aspects humains capitaux comme les besoins, les valeurs, les sentiments, les aspirations,…Nous en reparlerons au point consacré à la personnalité.

Même si les behavioristes peuvent prétendre que, par exemple les valeurs aussi sont acquises par conditionnement opérant, il n'en reste pas moins qu'elles influencent les conduites de façon déterminante. En outre, chaque personne constitue un tout original dont chaque composante interagit avec les autres et ne prend sa véritable signification que dans ce contexte. Ceci est capital pour l'éducation. Que retenir du Béhaviorisme ?

552 Béhaviorisme

Le béhaviorisme ou comportementalisme, est un paradigme de la psychologie scientifique selon lequel le comportement observable est essentiellement conditionné soit par les mécanismes de réponse réflexe à un stimulus donné, soit par l'histoire des interactions de l'individu avec son environnement, notamment les punitions et renforcements par le passé.

La théorie béhavioriste distingue par la suite trois phases dans le processus qui met en œuvre le comportement : l'environnement qui stimule, l'individu qui est stimulé et le comportement ou la réponse de l'individu par suite de la stimulation. Le schéma classique est donc : S → I → R

- S = le stimulus provenant de l'environnement (des stimuli)
- I = l'individu
- R = le comportement ou réponse de l'individu par suite de la stimulation

5.5.2.1. Présentation

Bien que ce terme soit de la création de Watson, les fondements de cette théorie émanent des philosophes Descartes et Locke (Lebrun 2007). Selon cette théorie, il s'agit de provoquer un changement de comportement par le conditionnement qui peut être de deux types :

- le conditionnement classique dans lequel un réflexe naturel répond involontairement à un stimulus provenant de l'environnement, et
- le conditionnement opérant dans lequel cette réponse est consolidée par une rétroaction.

Sur la base de ce principe, Skinner fît un lien avec les apprentissages des élèves selon quatre mécanismes : renforcements positifs (récompenses), renforcements négatifs (sanctions), extinction (absence des renforcements) et punition (ajout d'un stimulus aversif) qui permettent d'apporter des changements dans le comportement de ces derniers. Pour ce théoricien, l'objectif ici est de faire cesser un comportement inadéquat. Par conséquent, le programme d'enseignement est découpé en différents segments de complexité graduelle jusqu'à ce que l'élève – d'une étape à l'autre – maîtrise la totalité du contenu d'une leçon. Et cela à travers un ajustement graduel entre un stimulus et une réponse appropriée, dans le processus d'apprentissage résultant d'une série d'essais et d'erreurs par l'élève, suivie d'une rétroaction au moment propice par l'enseignant.

Quelles sont les orientations psychopédagogiques retenir ?

5.5.2.2. Orientations psychopédagogiques

A en croire Guimont et Rioux-Dolan (2013), la transmission d'un savoir préétabli en vue d'une participation au marché du travail et de l'intégration sociale des individus demeure la finalité de l'école pour ce courant. La conception de l'enseignement est triple : une conception très interventionniste, basée sur le contrôle des contingences de renforcements, l'organisation d'un environnement éducatif qui vise l'acquisition de comportements observables et mesurables et préconise l'analyse de tâches en morcelant le contenu des programmes et précisant les préalables à la réalisation des résultats d'apprentissages.

Ainsi, la conception de l'apprentissage est-elle mécaniste basée sur les associations stimulus-réponses et réponse-conséquence, l'apprentissage est lié directement aux conséquences fournies par l'environnement et est défini par rapport au produit (bonnes réponses).

L'adaptation et la conformité sociales, la rapidité et l'efficacité du système d'enseignement sont des valeurs véhiculées par le behaviorisme. Par conséquent, le rôle de l'enseignant est central. C'est lui qui parle plus, car il est le responsable de la planification de l'enseignement et de l'administration des contingences de renforcement y relatives (récompenses et punitions). Le rôle de l'apprenant est essentiellement passif. Il réagit aux stimuli fourni par l'environnement et par l'enseignant. Sa motivation est extrinsèque, contrôlée par des renforçateurs de source externe.

Nous voudrons faire quelques considérations utiles à l'objectif de cette recherche. Le contenu à apprendre, l'environnement et le comportement attendu sont mis en évidence au détriment de tous les acteurs du processus apprendre-enseigner. Le projet-visée relève du déterminisme : cause (stimulus) – effet (comportement adéquat). Ce qui se passe entre ces deux moments est carrément ignoré.

Du point de vue de la pratique d'enseignement, c'est ici que l'on peut classer le modèle transmissif d'enseignement. Nous disons qu'il ne suffit pas de créer un environnement propice pour que l'élève apprenne. Etant donné que l'élève n'est pas « un réceptacle vide »autrement dit un studio d'enregistrement à remplir et que c'est lui qui apprend, il faut le considérer autrement, l'impliquer dans le processus, surtout dans des situations complexes. Voilà ce qui fait appel à une théorie complémentaire dont le cognitivisme.

553 Cognitivisme

Le cognitivisme a été développé, entre autres, par Piaget, dès 1923 est le courant de recherche scientifique endossant l'hypothèse selon laquelle la pensée est analogue à un processus de traitement de l'information.

L'approche cognitiviste s'intéresse surtout au développement de l'intelligence et des processus cognitifs tels que la perception, la mémoire et la pensée, ainsi qu'aux comportements qui en résultent. Il fait référence à un ensemble de théories soutenant que la pensée est analogue à un système de traitement symbolique de l'information (comme un ordinateur). Les grandes questions que le cognitivisme pose sont :

- Comment le cerveau transforme l'information entrante ?
- Quel est le rôle des connaissances antérieures ?
- Comment sont stockées les informations ?
- Quelles sont les clés de la performance de l'apprentissage dans notre cerveau ?
- etc.

Il est donc primordial que les enseignants et les apprenants travaillent sérieusement sur l'anatomie et le fonctionnement du cerveau.

1. Présentation

Selon Lebrun (2007), Köhler, Wertheimer et Koffka sont considérés comme les pères fondateurs de cette théorie. L'emphase ici est mise sur l'implication des processus cognitifs internes de l'individu dans le processus de ses apprentissages. Ce courant vient de deux versions de la psychologie cognitive :

- le traitement de l'information issue de l'environnement, et sa transformation en connaissances que l'individu utilise pour agir de nouveau sur l'environnement ;
- l'importance de l'appropriation progressive des stratégies cognitives et métacognitives jugées impératives pour un apprentissage cohérent.

D'après les cognitivistes, c'est dans le cerveau que se fait le traitement de l'information par la mémoire avec ses trois registres différents: le registre de l'information sensorielle, le registre de la mémoire de travail (mémoire à court terme) et le registre de la mémoire à long terme. Toutes les connaissances acquises par l'individu sont stockées dans la mémoire à long terme. Lorsque ce dernier traite de nouvelles informations, il les associe à ses connaissances antérieures et en fait un nouveau montage (Lebrun, 2011). Ce propos dément formellement les behavioristes qui considèrent l'individu comme un réservoir vide.

Ainsi, pour donner du sens à l'information traitée et garantir la profondeur du traitement, il faut mobiliser l'attention de l'individu. Donc, pour que les élèves soient attentifs, il faut impérativement que l'environnement soit propice pour l'apprentissage.

Quant à l'importance de l'appropriation progressive des stratégies cognitives et métacognitives jugées impératives pour un apprentissage cohérent, cela implique l'application des stratégies d'apprentissage par l'enseignant pour que l'enfant puisse intervenir activement dans le processus et ne soit pas qu'un individu passif dans son apprentissage comme indiqué par le courant précédent. Pour ce faire, l'enseignant doit agir en tant que médiateur et favoriser l'évaluation formative des élèves au lieu d'être un simple transmetteur de connaissances.

2. Orientations psychopédagogiques

Pour ce courant, la finalité de l'école est de développer des capacités d'apprentissage de chaque apprenant par un traitement efficace de l'information. La conception de l'enseignement privilégie une intervention basée sur la médiation des processus internes de l'apprentissage, l'organisation d'un environnement éducatif qui vise le développement de stratégies cognitives et métacognitives, préconise un enseignement stratégique tenant compte des connaissances antérieures et favorisant l'organisation des connaissances. Conséquemment, l'apprentissage est d'une conception interactive et individuelle basée sur la capacité à décoder, à organiser et à mémoriser les stimuli offerts par l'environnement.

La dimension cognitive de chaque élève, c'est-à-dire son unicité et le contrôle du processus de l'apprentissage par l'élève sont des valeurs mises en évidence ici. Le rôle de l'enseignant comme facilitateur est très important. Il est responsable de la planification de situations d'apprentissage, il doit favoriser des tâches significatives (rattachées au vécu et aux centres d'intérêt des élèves) et globales.

Le rôle de l'apprenant est essentiellement actif. Il doit développer sa banque de connaissances et enrichir sa structure cognitive, il doit interagir continuellement avec les stimuli fournis par l'environnement et par l'enseignant et être cognitivement engagé dans ses apprentissages. Ainsi, sa motivation est-elle contrôlée par la valeur qu'il attribue à la tâche, par le degré de contrôle qu'il croit exercer et par ses croyances (Guimont et Rioux-Dolan, 2013).

Au regard de l'objet et l'objectif de la présente recherche, la théorie cognitive reste limitée par rapport à la considération de tous les acteurs du processus enseignement-apprentissage-évaluation. Même si l'enseignant structure bien la tâche pour que l'élève soit actif et met en place un environnement favorable à l'apprentissage, il doit tenter de comprendre comment et pourquoi ce dernier apprend.

Que retenir du constructivisme ?

ii. Constructivisme

Le constructivisme est une théorie de l'apprentissage fondée sur l'idée que la connaissance est élaborée par l'apprenant sur la base d'une activité mentale. La démarche d'apprentissage consiste alors à partir de l'action à penser pour aboutir à la résolution du problème rencontré.

L'approche constructiviste s'intéresse à l'activité du sujet pour se construire une représentation de la réalité qui l'entoure. Le constructivisme part de l'idée que les connaissances de chaque sujet ne sont pas spécialement une copie de la réalité, mais un modèle plus ou moins fidèle de celle-ci construit par lui au cours du temps. Le constructivisme s'attache à étudier les mécanismes et processus permettant la construction de ce modèle chez les sujets à partir d'éléments déjà intégrés. On est donc à l'opposé d'une simple approche boîte noire défendue par les béhavioristes.

Le constructivisme part de l'idée que les connaissances de chaque sujet ne sont pas spécialement une « copie » de la réalité, mais un modèle plus ou moins fidèle de celle-ci construit par lui au cours du temps.

1. Présentation

Piaget et Bruner sont souvent identifiés comme les pères fondateurs de cette théorie qui tire son origine des avancées du courant précédent. Mais c'est surtout à partir des travaux de Piaget qui portent plus sur le développement intellectuel des enfants que cette théorie connait son essor. Car, pendant qu'un individu grandit, l'accommodation et l'assimilation sont deux dispositifs auxiliaires qui lui permettent de s'adapter à son environnement en complexifiant ses schèmes (Piaget, 2000).

L'assimilation permet à l'individu d'associer ses connaissances antérieures à des situations nouvelles tandis que l'accommodation lui permet de modifier son système ou son répertoire mental. Cette flexibilité permet donc à l'individu de se développer intellectuellement, car elle met au défi ses connaissances antérieures. Ainsi, les tâches complexes dans l'évaluation permettent de démontrer le transfert des connaissances d'une situation à une autre.

L'approche constructiviste est féconde dans la poursuite des finalités de l'éducation autres que le développement intellectuel et l'acquisition de savoirs, car elle pose un regard critique sur la façon dont l'humain donne un sens à son existence entière pour s'y adapter et survivre. Donc, pour apprendre quoi que ce soit, on commence par y trouver un sens (Papert, 1981).

Pour nous, le sens se laisse donner dans le processus de construction des connaissances (constructivisme) à partir des connaissances antérieures stockées dans la mémoire à long terme (cognitivisme), mais aussi à partir des conceptions de l'apprenant (ses croyances, idées ou façons de penser). Nous y reviendrons après avoir visité l'aspect social dans le processus d'apprendre.

Dans le domaine de l'éducation, la théorie constructiviste marque le passage d'un paradigme qui était basé sur l'enseignement à celui d'un paradigme basé sur l'apprentissage.

2 Orientations psychopédagogiques.

Le développement de la capacité à résoudre les problèmes d'une manière autonome est la finalité de l'école pour les constructivistes. La conception de l'enseignant met en valeur un enseignement conçu comme un moyen de favoriser le développement intellectuel des élèves, l'organisation des situations d'apprentissages ancrées le plus possible dans l'environnement naturel et dans la réalité sociale de ces derniers et préconise l'apprentissage par la découverte et la mise en commun des savoirs et des savoir-faire.

Une conception interactive et sociale de l'apprentissage puisque le savoir se construit par l'interaction avec l'environnement (expériences significatives) et par les interactions entre élèves. L'apprentissage est déterminé par le degré d'engagement cognitif et affectif des élèves. Il est défini en fonction d'habiletés à résoudre des problèmes.

Pour les constructivistes, l'autonomie cognitive, la pensée critique et la coopération demeurent des valeurs fondamentales. Le rôle de l'enseignant doit être celui de médiateur dans la démarche d'apprentissage de l'élève et du groupe. Il est responsable de la planification de situations et d'activités d'apprentissage centrées sur l'apprenant. Il doit favoriser des tâches complexes faisant appel à la zone proximale de développement. Chaque élève et le groupe occupent une place importante.

L'apprenant est responsable de ses propres apprentissages et peut servir de guide aux autres élèves (modelage cognitif). Il interagit avec l'environnement réel et avec ses pairs en apprenant avec et en groupe. Alimentée par son désir d'apprendre de même que par son désir de contribuer aux apprentissages du groupe, sa motivation est essentiellement intrinsèque (Guimont et Rioux-Dolan, 2013).

La capacité d'adaptation et de survie de l'humain est résultante non seulement de son développement cognitif, mais aussi de ses interactions d'avec les autres et le contexte culturel dans lequel il vit. Ce qui implique la prise en compte de la dimension sociale dans l'apprentissage. J'évoque à présent le socioconstructivisme.

iii. Socioconstructivisme

Le socioconstructivisme est un modèle d'apprentissage qui met l'accent sur le contact avec les autres dans la construction des connaissances et le développement des compétences. Il est basé sur le fait que toute connaissance s'inscrit dans un contexte social qui la caractérise de même que dans un cadre historique et culturel.

Le socioconstructivisme défend que l'individu construise ses connaissances par le biais de l'expérimentation et de la découverte.

1. Socioconstructivisme comme modèle pédagogique de formation

Dans le contexte de cette étude, il importe de faire recours au modèle socioconstructiviste. Pour Mukendi cité par Kalindye (2004) le modèle procède par les étapes didactiques ci-après :

- Présentation d'une situation-problème

Une bonne séquence de formulation aux normes de droits de l'homme commence par la présentation d'une situation-problème. Celle-ci porte sur un problème réel de droits de l'homme vécu par les participants dans leur milieu, ou qui peut s'y produire. Il est préférable d'en partir pour assurer la motivation des apprenants, et les faire participer activement à la recherche des solutions idéales.

La situation-problème peut simplement être évoquée, ou encore dramatisée (jeu de rôles). Mais le recours aux auxiliaires visuels ou audiovisuels peut aider à l'illustrer de manière plus profitable.

En effet, grâce aux avantages qu'offre la technologie éducative, le formateur peut insister sur les détails saillants à retenir pour les discussions, il peut revenir sur les points importants lorsque le cas est enregistré, il peut gagner le temps en escamotant les séquences moins intéressantes.

Exemple : Un délinquant menotté, présenté en public et filmé par la police comme violeur ou bandit communément appelé « kuluna » et ses images sont diffusées dans les médias en ligne, les réseaux sociaux.

➢ Identification et analyse du problème

Une fois la situation-problème présentée, le formateur amène les apprenants à identifier le problème et à l'analyser. Les idées pertinentes qui permettent d'apprécier les points névralgiques qui touchent à la dignité humaine, à l'égalité, à l'injustice…sont mises en évidence. C'est à ce stade que les participants peuvent utiliser leurs connaissances et leur expérience pour donner une expression concrète aux idées et aux concepts évoqués.

Partant de l'exemple de la personne accusée de viol ou de banditisme (kuluna) menottée et présentée comme violeuse ou bandite (kuluna) dans les réseaux sociaux par la Police, le formateur demande aux apprenants de critiquer et de commenter la vidéo.

➢ Présentation des normes relatives aux droits de l'homme

Le formateur procède à une brève présentation des normes relatives aux droits de l'homme, et qui se rapportent à la situation-problème, et incite les apprenants à les y appliquer. Le formateur liste les normes :

- ✓ Toute personne accusée d'une infraction est présumée innocente jusqu'à ce que sa culpabilité ait été établie par un jugement définitif (Article 17 alinéa 9 de la Constitution).
- ✓ Nul ne sera soumis à la torture, ni à des peines ou traitements cruels, inhumains ou dégradants (Article 5 de la Déclaration universelle des droits de l'homme)
- ✓ Toute personne accusée d'un acte délictueux est présumée innocente jusqu'à ce que sa culpabilité ait été légalement établie au cours d'un procès public où toutes les garanties nécessaires à sa défense lui

auront été assurées(Article 11 alinéa 1 de la Déclaration universelle de droits de l'homme).

- ✓ Diffusion, sans l'accord de l'intéressé, de l'image d'une personne menottée ou entravée ou placée en détention provisoire est un délit presse punissable 15 jours de servitude pénale et ou d'amende de 200 000 Nouveaux Zaïres.(Article 79 de la loi n° 96-002 du 22 juin 1996 fixant les modalités de l'exercice de la liberté de presse).
- ✓ Diffusion et publication attentatoires au droit à la présomption d'innocence par voie électronique est un cyberdélit de presse punissable de 15 000 Euros en France (Article 35 ter de la loi française de 1881).

- ➢ Analyse des implications pratiques des normes

L'enseignant amène des apprenants à analyser et à discuter des implications pratiques des normes de droit de l'homme dans les situations similaires de leur vie quotidienne. L'enseignant observe le niveau de ces normes selon les prérequis des apprenants d'une part et l'enseignant le soumet en tour de rôle chaque norme aux apprenants pour qu'ils essayent de l'expliquer selon leur compréhension en se focalisant sur l'élément axiologique, donc la valeur sociale protégée qui est la dignité humaine reconnue même lorsqu'on est accusé d'une infraction, d'autre part.

- ➢ Synthèse de la discussion

L'enseignant récapitule et synthétise les idées essentielles des discussions (par le jeu de questions-réponses afin de permettre aux apprenants d'y contribuer). L'enseignant ,après vérification de la maitrise de ces normes de droit des droits de l'homme et de droit pénal des cyberdélits de presse, demande à chaque apprenant de lui présenter d'autres exemples concrets , observés ou vécus qui riment avec le cas de situation-problème.

Si un apprenant a une vidéo de cyberdélit de presse dans son smartphone, il peut le présenter devant ses condisciples en titre d'illustration. De même, il peut illustrer les exemples habituels de l'émission « KIN MAKAMBO » de la chaine MOLIERE TV où souvent les accusés torturés soit menottés et à visage découvert sont présentés par les commandants de la Police.

L'enseignant soumet chaque exemple de l'apprenant à l'appréciation des autres et la correction se fait par les apprenants eux-mêmes, et l'enseignant ne peut intervenir qu'en cas de nécessité.

- ➢ Recommandation et suggestion

L'enseignant amène le groupe à formuler des recommandations et des suggestions pour des mesures positives à prendre, pour des comportements et attitudes positives à promouvoir dans leur société.

L'enseignant pose la question aux apprenants de lister les solutions pour résoudre efficacement les questions des cyberdélits de presse qui mettent en péril la dignité humaine.

La figure emblématique de ce courant issu également du constructivisme est Vygotsky. Le socioconstructivisme ajoute la dimension des interactions sociales dans l'éducation où on postule que les élèves construisent leurs savoirs lorsqu'ils sont mis dans des situations d'apprentissage dans lesquelles ils sont exposés aux idées de leurs enseignants et de leurs pairs.

Contrairement à Piaget, Vygotsky conclut que le développement cognitif ne peut se faire sans la dimension sociale. Bref, l'apprentissage est social, par observation active (Bandura, 1976) et imitation (Winnykamen, 1990) au travers d'un conflit sociocognitif (Doise et Mugny, 1997).

Afin de permettre la progression des élèves, la présence de trois éléments didactiques est primordiale: l'enfant qui représente la dimension constructiviste, les pairs et les enseignants qui eux représentent la dimension sociale et enfin la dimension interactive qui existe entre l'enfant, les pairs, les enseignants et les apprentissages en situation (Kozanitis, 2005).

Pour les socioconstructivistes, lors des discussions entre les pairs et les enseignants, nait un conflit cognitif chez l'enfant qui questionne ses propres réflexions, ses perceptions et ses façons de faire de sorte que ses conflits cognitifs aboutissent à des progrès cognitifs chez lui (Lebrun, 2007). Les connaissances ne sont plus transmises par l'enseignant seul (behaviorisme), mais construites par les élèves à travers des activités (constructivisme) et la mise en interactivités (socioconstructivisme).

La visée de toute mise en interactivité est, selon Durand et Chouinard (2012), la création d'une zone proximale de développement pour que l'élève réussisse à faire seul un jour ce qu'il apprend à faire avec l'aide des autres maintenant. En d'autres mots, il faut que l'enfant développe des habilités métacognitives pour qu'il puisse transférer ce qu'il apprend à l'école dans une situation complexe et réelle de la vie de tous les jours.

Ce qui est dit au point précédent vaut également pour ici dans son volet interactionniste. Nous y ajoutons aussi que si telle est la conception socioconstructiviste de l'apprentissage, l'enseignant doit privilégier des méthodes d'enseignement coopératives dans des situations d'apprentissage coopératif. La situation d'apprentissage coopératif est « une situation dans laquelle chacun des membres ne peut réaliser son but que si les autres peuvent atteindre les leurs. L'apprentissage coopératif s'oppose ainsi à l'apprentissage compétitif.» (Johnson et Johnson, 1997). Malheureusement, notre système d'enseignement favorise plus des méthodes d'enseignement compétitives.

L'apprentissage coopératif permet aux apprenants de trouver soutien et collaboration des autres (enseignants et pairs) au travers le conflit sociocognitif dans une relation symétrique notamment. Ce conflit va générer des conditions susceptibles d'améliorer les conceptions des élèves. En d'autres termes, il s'agit de ses connaissances préscientifiques sur des connaissances qu'on lui transmet (Behaviorisme) et qu'il doit transformer ou améliorer. Ainsi, est-il utile – au regard de l'objectif de la présente dissertation – d'adjoindre aux théories précédentes, le modèle allostérique d'apprentissage.

5.6.Modèle allostérique d'apprentissage

A) Présentation

Ce courant – de perspective constructiviste – a vu le jour avec Giordan (1986 ; 1987 ; 1989) et aborde l'apprentissage dans une approche systémique en utilisant la métaphore d'allostérie (du grec allos : autre et steréos : solide).

C'est une métaphore biochimique qui concerne la structure et le fonctionnement de certaines protéines dites « allostériques ». Plastiques et sensibles à leur environnement, ces molécules enzymatiques, fondamentales pour la vie, changent et adoptent des formes et des fonctions, suivant les conditions de l'environnement dans lequel elles se trouvent. Dans cette analogie, deux aspects complémentaires sont à considérer :

- Ce qui constitue l'originalité de la pensée d'un apprenant (ses conceptions) ce n'est pas la suite des idées qu'il a enregistrées, mais les liens qu'il est capable d'initier et qu'il mobilise, à l'identique de ces protéines dont la spécificité fonctionnelle n'est pas liée à la suite des acides aminés, mais aux liens entre les chaînes qui déterminent le site actif.
- La forme et la fonction de ces protéines sont modifiées uniquement de l'extérieur par l'environnement, ce dernier les rendant ainsi opérationnelles. De même, on ne peut agir directement sur la pensée d'un individu. L'enseignant, le médiateur favorise l'apprentissage en jouant avec un environnement didactique propre à interférer avec les conceptions de l'apprenant.

Ce modèle repose sur quatre piliers fondamentaux :

➢ *La manière dont s'élabore le savoir*

Fondé sur l'héritage de Piaget et les travaux de Bachelard, le modèle allostérique d'apprentissage est lui aussi d'inspiration constructiviste, au sens où il considère qu'un savoir ne s'élabore qu'en références aux connaissances déjà acquises par l'apprenant. Mais au regard des autres théories constructivistes, il récuse la linéarité de l'acquisition des savoirs et insiste bien davantage sur l'idée d'accommodation des conceptions et du changement que cela implique pour l'apprenant.

Ce faisant, étant plus proche du cadre théorique du changement conceptuel on peut le considérer comme un modèle de changement conceptuel (Bêty, 2010), en dépit de son développement indépendant.

Par ces nouveaux éclairages sur l'élaboration des savoirs individuels qu'il propose, le modèle allostérique fournit aux enseignants des clés précieuses pour mieux comprendre leurs élèves, ce qui se passe (réellement) dans leurs têtes, et la façon dont ils perçoivent leurs enseignants. C'est là le rôle de l'évaluation diagnostique et formative qui sera développée au deuxième chapitre de ce travail.

- *L'importance de l'idée de déconstruction des conceptions*

Plus qu'accommoder le savoir, le modèle allostérique formule explicitement la nécessité de « déconstruire » les idées préconçues pour les dépasser, mais en s'appuyant sur elles plutôt qu'en les détruisant (Bachelard, 1938). Les savoirs se font et se défont au gré des expériences vécues par l'individu, mais également sous l'influence forte de ses affects et de ses émotions.

Voilà ce qui fait apparaître la notion de «conception», considérée dans ce modèle comme une véritable brique élémentaire de la pensée. Pour Giordan et Pellaud (2004), la conception n'est pas le produit de la pensée, mais plutôt le processus même de l'activité mentale. Elle devient une stratégie, à la fois comportementale et mentale, que gère l'apprenant pour réguler son environnement. Donc, tout apprentissage réussi provient d'une transformation des conceptions initiales de l'élève.

Ainsi compris, l'apprentissage est défini comme un processus de déconstruction - reconstruction des conceptions, et non plus comme une simple dynamique de construction du savoir (Giordan et Girault, 1996).

C'est ce que précise Eastes (2013), l'apprentissage est un processus dynamique de transformation du savoir, par déconstruction reconstruction des structures de pensée préexistantes, sous l'influence de l'environnement de l'apprenant.

- *Les différents niveaux auxquels l'apprentissage se joue*

Ce processus induit alors une vision systémique qui étend les aspects cognitifs (le savoir lui-même), métacognitifs (le rapport de l'apprenant à ses propres savoirs) et infra cognitifs (les soubassements inconscients de la pensée) aux paramètres intentionnels, perceptifs, émotionnels, motivationnels, et qui prend en compte les aspects paradoxaux de l'apprentissage (Giordan, 2007 ; Golay *et al.*, 2010). Ces niveaux étant superposés et en interactions multiples (Giordan, 1998).

- *L'influence majeure de l'environnement didactique dans lequel se déroule l'apprentissage*

Ce modèle porte une attention explicite au contexte dans lequel se déroule l'apprentissage et balise ainsi le chemin pour un environnement didactique destiné à faciliter l'apprentissage. Pour favoriser l'apprentissage, Bachelard (1938) affirme qu'il faille aussi inquiéter la raison et déranger les habitudes de la connaissance objective. Puisque les conceptions sont les seuls outils que l'élève a à sa disposition pour comprendre le monde qui l'entoure, il s'y accroche fortement.

B) Orientations psychopédagogiques

Pour que l'élève réussisse à transformer ses conceptions et apprenne, il y a des préalables. L'enseignant doit devenir un metteur en scène du savoir. Il doit créer un environnement didactique favorisant l'apprentissage où le sujet-apprenant est à la fois agent, acteur et auteur. Selon ce modèle, l'élève apprend s'il trouve du sens aux savoirs abordés, est motivé.

D'une manière générale, l'élève doit se sentir concerné par le sujet traité pour qu'il soit motivé. Car, la motivation est à la base de l'ensemble du processus d'apprentissage. D'où la pertinence de la phase de « brainstorming », destinée à impliquer dès la situation du départ les apprenants dans le processus d'acquisition des connaissances qui suivra.

Se confronte, c'est-à-dire est perturbé, déstabilisé, confronté à d'autres réalités. L'apprenant doit être mis dans une situation qui lui permette de voir les limites de son propre raisonnement. Ce n'est que dans ces conditions qu'il verra la nécessité d'abandonner ses conceptions pour de nouvelles, plus opératoires.

Pour ce faire, des situations de « confrontation » sont tout à fait favorables. C'est l'idée du conflit sociocognitif qui trouve son apogée ici (Vygotsky, 1933 ; Gilly, 1989, Joshua & Dupin, 1993). Il est suscité par les débats ou des situations dans lesquelles, l'élève est mis en présence de différentes opinions défendues par ses pairs et où il est amené à argumenter pour défendre ses idées :

- a confiance, ose se lâcher, est accompagné. La transformation des conceptions est source d'angoisse. La perturbation peut devenir un obstacle si elle provoque une trop forte déstabilisation ou si l'élève se sent abandonné durant ce moment. Cependant, elle est un outil idéal pour ébranler le système cognitif de l'élève. Pour y parvenir, l'enseignant doit créer un climat de confiance afin que l'élève ne craigne point de lui laisser voir ses défauts et ose se lâcher. La confiance en soi ne peut s'acquérir qu'à travers l'établissement d'une relation éducative saine entre enseignant et enseigné au sein du groupe-classe. Pour ce faire, l'enseignant doit d'abord, laisser à l'élève la possibilité de s'exprimer sans risque de jugement. Ensuite, lui accorder le droit à l'erreur. Si l'erreur est considérée comme un élément important de l'apprentissage et non un échec, elle peut devenir un outil utile dans la construction de la relation entre enseigné et enseignant, surtout si ce dernier sait avouer ses propres limites et reconnaître qu'il peut également apprendre de l'élève. Enfin, l'évaluation doit être utile. L'enseignant doit travailler sur la base d'évaluations formatives, voire d'auto-évaluations, plutôt que de proposer systématiquement des évaluations sommatives, axées principalement sur la mémorisation de notions.

- sait imaginer, ose innover. Plus que toute chose, l'imagination aide à la compréhension du monde réel et scientifique. C'est à travers elle que l'élève peut dépasser le connu et oser s'aventurer dans l'inconnu. C'est l'imagination qui va lui permettre d'émettre des hypothèses et de prendre assez de recul pour trouver des solutions non évidentes à un problème donné.
- peut mobiliser ses savoirs, les articuler autour de concepts organisateurs. Pour qu'un savoir devienne réellement opérationnel, l'apprenant a besoin de l'utiliser. A l'enseignant de lui offrir des situations dans lesquelles il puisse le réinvestir. Ce « réinvestissement » permet souvent à l'apprenant de tisser des liens entre les savoirs préexistants et les disciplines et de comprendre les interactions en jeu, notamment lorsqu'il s'articule autour de concepts organisateurs (Giordan & Pellaud, 2002), intégrateurs ou structurants. Cette mobilisation, au-delà de la simple notion de transfert (Meirieu, 1998 ; Meirieu & Tardif, 1998 ; Develay, 1998) exige d'être capable de reconnaître le similaire dans le différent, de se détacher de la réalité, de prendre du recul et de parvenir à une forme d'abstraction. Différentes approches pédagogiques permettent de mettre l'élève en situation de réinvestissement et l'habituent à décontextualiser puis recontextualiser un savoir de manières différentes. L'on peut citer : l'utilisation de ses compétences spécifiques dans le travail de groupe, la mise en relation et les interdépendances issues de travaux sur des sujets transversaux et interdisciplinaires, l'enseignement à d'autres, la mise en place d'une exposition, d'un jeu de rôle, etc.
- élabore, réfléchit sur ses propres savoirs. Apprendre ne se limite pas à l'acquisition des connaissances bien que ces dernières restent importantes, ne serait-ce que pour développer la curiosité et l'esprit critique, si elles ne sont pas imposées de façon dogmatique. Cependant, les attitudes nécessaires pour développer cet état d'esprit (esprit critique, curiosité, confiance en soi) ne peuvent apparaître sans réflexion et prise de recul issues de savoirs sur le savoir. Elles ne peuvent pas non plus émerger sans certaines compétences, telles que les approches analytiques, systémiques, expérimentales, etc. Ces différents types de savoirs sont totalement interdépendants et ne

peuvent se développer que simultanément. Il incombe donc à l'enseignant de proposer des situations qui permettent à l'élève de tisser des liens entre les savoirs à travers des méthodes et par des outils diversifiés et appropriés.

- s'approprie des aides à penser. Les aides à penser consistent en tout ce que l'enseignant peut proposer, en matière de supports d'informations ou de méthodes, pour rendre l'apprentissage plus accessible (Giordan, 2007). En d'autres termes, tout ce qui est nécessaire pour offrir le maximum de chances à l'apprenant d'accéder aux savoirs et de transformer ses conceptions. Il s'agit pour l'enseignant d'assurer son rôle de médiation à travers : le cours frontal, la démarche expérimentale, le travail de groupe, la visite de musée, l'intervention d'un spécialiste, la recherche d'informations (Internet, ouvrages, médias), le projet, la définition d'objectifs, la création d'un spectacle, l'utilisation de jeux, de simulation, de modèles, l'élaboration de conceptogrammes, les métaphores, les histoires, etc.

Devant ces éclairages, Eastes (2013) fait noter ,toutefois, qu'une limite de ce modèle serait de considérer ou de laisser penser, que tout apprentissage nécessite une déconstruction, en supprimant totalement la dimension behavioriste ou constructiviste traditionnelle de certaines acquisitions de connaissances. A celle-là, nous ajoutons une deuxième limite commune à tout modèle: c'est un modèle construit en laboratoire.

Pour clore cette section concernant les grands courants d'apprentissage, il convient de faire remarquer qu'aucune théorie – à elle seule – ne peut dire *tout* sur le processus d'apprentissage sinon qu'elle n'aborde qu'un aspect. Dépendamment de l'objectif d'apprentissage et du contexte, les principes d'une théorie ou d'une combinaison de toutes les théories seront sollicités.

Fidèle à la démarche entreprise dans cette dissertation qui analyse les pratiques d'évaluation formative susceptibles d'aider les élèves à apprendre, la manière de faire de l'enseignant notamment les stratégies mises en œuvre par ce praticien, doit tenir compte des aspects tant conatifs, cognitifs, affectifs, interactifs, méta – et infra cognitifs que motivationnels des apprenants. Car, si l'élève ne possède pas les motivations intrinsèques (désir et goût) pour apprendre, l'enseignant ne peut pas garantir son succès. Donc, il faut s'intéresser à l'apprenant, notamment à sa motivation et ses émotions pour tenter de comprendre ce qui le pousse à apprendre.

a. *Approches pédagogiques innovantes fondant la cyberéducation*

La présente section interroge un changement relativement récent qui s'opère dans de nombreux systèmes d'éducation et d'enseignement à travers le monde. Il s'agit de la réforme des curriculums selon les approches par compétences (APC) et par situations (APS).

Ces approches mettent l'accent sur la capacité de l'apprenant à utiliser concrètement les savoirs scolaires dans des situations de la vie courante. Elles résultent de la volonté de rendre les apprentissages plus concrets, plus utiles et plus durables. Ce changement est considéré comme un « renouveau pédagogique », un « changement de paradigme » en éducation et en formation.

Les réformes éducatives par ces approches sont devenues une préoccupation mondiale. Dans les pays développés comme dans ceux en développement, les deux approches intègrent les programmes dès l'école primaire et prend de plus en plus de place à tous les niveaux de l'enseignement. Elles trouvent leurs applications dans différentes composantes des systèmes : les curriculums, les manuels scolaires, le système d'évaluation et la formation des enseignants. C'est un véritable chantier de recherche, d'exploration, qui s'ouvre et qui modifie les systèmes éducatifs à tous les degrés.

Les réformes par les approches par compétence et par situation interviennent suite à différents forums mondiaux sur les principaux enjeux de l'éducation dans le développement du monde moderne. L'idée initiale étant que « tous les êtres humains méritent qu'on leur donne une chance d'accomplir leurs potentialités et de contribuer à l'édification de leur société ».

C'est ainsi que se sont succédées deux grandes conférences sur les problèmes de l'éducation dans le monde, plus particulièrement dans les pays en développement (PED). Il s'agit de la conférence de Jomtien en 1990, puis du forum de Dakar en 2000 qui, tous deux, renforcent la nécessité de l'éducation pour tous (EPT) et confirment la détermination des organismes internationaux de financement.

A ce propos, les réformes entreprises par les approches par compétences et par situation auraient servi d'ancrage, de catalyseur pour atteindre les objectifs fixés par les organismes internationaux en matière d'éducation. En d'autres termes, l'introduction de ces deux approches dans les réformes éducatives répondrait au besoin d'assurer l'autonomisation et l'épanouissement de l'individu, de mettre la formation en adéquation avec le marché du travail, de permettre l'égalité des chances.

Ainsi, dans une démarche de réforme par approches par compétence et par situation, l'ambition est de déterminer et d'installer des compétences pour une insertion socioprofessionnelle appropriée ou pour développer des capacités mentales utiles dans différentes situations. Le profil à partir duquel ces compétences sont identifiées est intimement lié à un ensemble de valeurs qui doivent prendre en compte des options à la fois universelles et humanistes et des données spécifiques au contexte dans lequel des tâches variées peuvent être effectuées.

L'engagement et la détermination des autorités de l'enseignement en R.D.Congo a permis l'intégration des approche par Compétences et par situation dans son système éducatif. Cette approche donne l'espoir d'une formation professionnelle de qualité. Ainsi, la réforme qui connait depuis 2014-2015, l'aboutissement par ses premières épreuves à l'échelle nationale au Congo a commencé depuis 2005.

Par ailleurs, le système éducatif de la RDC a évolué de l'Approche par contenu pour l'approche par objectif avant d'en arriver, depuis 17 ans, aux approches par compétences et par situation. Mais jusqu'ici, ces approches n'arrivent pas à être appliquées dans une relative stabilité.

Les curricula se situent au cœur des réformes actuellement en cours dans nombreux systèmes éducatifs à travers le monde. L'implémentation du LMD à l'ESU en RDC en est l'illustration. Tout est bloqué par suite d'une impréparation des acteurs car il s'agit d'un travail ardu qui nécessité ait plus d'expertise, de temps et de préparation.

Ces dernières années, bon nombre de pays ont mené des réformes éducatives visant à l'amélioration des apprentissages des élèves/étudiants. C'est dans cette perspective que la RDC a fait du développement des curricula un des éléments d'amélioration de la qualité des apprentissages et des performances scolaires au niveau de l'école fondamentale (Loi – cadre, 2014: art 9,23).

Disons que, les approches par compétences et par situation ,véhiculent un nouvel espoir : celui de préparer la génération future à mieux affronter le siècle à venir. Mais pour ce faire, il faut avant tout que les enseignants y croient ! Parce que la réussite de ces approches repose avant tout sur l'adhésion au concept de ceux qui les appliquent, c'est-à-dire les enseignants. La réussite sera en grande partie ce que ces derniers en feront et reste donc tributaire de leur engagement. Elle ne se réalisera, quels que soient les moyens mobilisés, que si la façon d'enseigner change dans les classes. Dans le cas contraire, son échec est inévitable. Et les approches par compétences et par situation, ne resteront qu'un feu de paille, une péripétie supplémentaire dans la vie du système éducatif. Mal appliquée, ces approches risquent même d'aggraver l'échec scolaire.

Plus de 15 ans après, en l'absence d'une évaluation du système qui pourrait éclairer les différents acteurs du monde éducatif, tout citoyen soucieux de l'avenir de son système éducatif est en droit de se questionner sur les tenants et les aboutissants de cette réforme.

Effectivement, il est reconnu que les enseignants sont les acteurs incontournables de toute réforme pédagogique (Bagnoud, 2005; Mellouki, 2010; Raulin, 2005). Sans leur implication et leur participation, toute réforme est vouée à l'échec. En ce sens, étant en contact avec la réalité de la mise en œuvre de la réforme, les enseignants ont développé une certaine expérience, un discours en rapport avec ce qui est fait, ce qui est pertinent et ce qui doit être amélioré. Or, dans l'enseignement-apprentissage en RDC, les approches par compétences et par situation présentent beaucoup d'innovations qui constituent autant d'obstacles pour les enseignants qui doivent l'exploiter rationnellement à cause de leur impréparation.

Une question éminemment technique et pédagogique prend des connotations non seulement politiques mais politiciennes. D'où s'observe dans le cadre de la RDC le piétinement, le tâtonnement, le manque d'engagement des acteurs principaux dans l'implémentation et la mise en œuvre des différentes réformes initiées par l'Etat qui est, par essence, le pouvoir organisateur de l'enseignement. Il y a l'approche par compétence, par situation,

5.6.1.Approche par compétences (APC)

L'APC est fondé sur le constructivisme. Pour les constructivistes, l'autonomie cognitive, la pensée critique et la coopération demeurent des valeurs fondamentales. Le rôle de l'enseignant doit être celui de médiateur dans la démarche d'apprentissage de l'apprenant et du groupe. Il est responsable de la planification de situations et d'activités d'apprentissage centrées sur l'apprenant. Il doit favoriser des tâches complexes faisant appel à la zone proximale de développement.

Chaque élève et le groupe occupent une place importante. L'apprenant est responsable de ses propres apprentissages et peut servir de guide aux autres élèves (modelage cognitif). Il interagit avec l'environnement réel et avec ses pairs en apprenant avec et en groupe. Alimentée par son désir d'apprendre de même que par son désir de contribuer aux apprentissages du groupe, sa motivation est essentiellement intrinsèque (Guimont et Rioux-Dolan, 2013).

Dans l'approche par compétences, tous les efforts sont axés sur l'acquisition et le réinvestissement de compétences par l'apprenant. C'est pourquoi, ce dernier est encouragé à agir, même si ses connaissances sont limitées.

L'apparition du terme de « compétence » en pédagogie concrétise sans doute le glissement du paradigme d'une école centrée sur l'acquisition des connaissances vers celui d'une école centrée sur le développement des compétences. Ce glissement serait le signe de trois changements importants (Romainville, 1996) :

- le passage « d'un apprentissage centré sur les matières à un apprentissage centré sur l'apprenant » ;
- le passage «d'un apprentissage centré sur des acquis peu mobilisables à un apprentissage centré sur un potentiel d'action » ;

- le passage « d'un apprentissage de connaissances à un apprentissage de savoir-faire, de savoir-réfléchir ».

Les savoirs sont des connaissances maîtrisées et accessibles en mémoire; « le savoir-faire », est constitué de démarches, de procédures et de stratégies efficientes et efficaces, alors que « le savoir-être» est composé d'attitudes et de comportements adéquats. La somme des connaissances, des attitudes et des stratégies constitue le «savoir- agir », terme qui s'apparente à celui de compétence sans signifier exactement la même chose.

Un apprenant compétent est celui qui sait agir dans des contextes particuliers et semblables car il maîtrise les savoirs nécessaires pour résoudre le problème posé et il a une méthode appropriée qu'il doit appliquer pour contourner la difficulté et réussir l'épreuve.

La compétence ne se réduit pas à un savoir-faire, elle se révèle en situation, dans l'action, en d'autres termes elle n'est pas un comportement observable. La compétence ne se réduit pas aux ressources mais dans la mobilisation adéquate de celles-ci. Ce qui signifie qu'il ne suffit donc pas d'avoir des connaissances et des savoir-faire pour être compétent.

La mobilisation de ressources de manière consciente est toujours située, en action. Plusieurs termes sont souvent utilisés pour parler des situations : tâche complexe, situation-problème, situation sociale complexe, projet.

5.6.1.1. Classification des compétences

De manière générale, les compétences peuvent être classées en des compétences disciplinaires et des compétences transversales.

➢ Compétences disciplinaires

Elles concernent les aptitudes qu'il convient de développer pour résoudre les problèmes de la vie en relation avec une discipline scolaire donnée. Parmi les compétences disciplinaires, on distingue les compétences de base et les compétences de perfectionnement :

- *Compétences de base*

Une compétence de base est une compétence définie en termes de profil minimum à acquérir par l'apprenant pour qu'il puisse suivre avec succès les apprentissages de l'année suivante.

Pour constituer un point de repère efficace, le nombre de compétences doit se situer entre 2 ou 3 par discipline et par année. En français par exemple, on parle de 2 compétences de base, l'une de l'orale et l'autre de l'écrit.

- *Compétences de perfectionnement ou d'extension*

La compétence de perfectionnement vise le dépassement. Elle constitue un plus à ce qui est exigé. Même si elle est nécessaire dans l'enseignement, sa non maitrise n'aboutit pas à l'échec dans l'apprentissage.

- Compétences transversales

Elles peuvent s'appliquer à toutes les situations de la vie, à l'école et en dehors de l'école. Ces compétences ne sont pas liées à une matière scolaire donnée ou à un champ spécifique, mais leur utilisation et leur exercice se dépassent à différents champs et à différentes disciplines.

Quelles sont les caractéristiques d'une approche par compétence ?

5.6.1.2. Quelques caractéristiques fondamentales de l'approche par compétence

Dans le contexte d'un enseignement-apprentissage, selon l'approche par compétences, diverses caractéristiques sont établies afin de déterminer des cadres de mise en œuvre de la compétence qui sont situés du côté des contenus d'enseignement-apprentissage (E-A), de la place de l'apprenant, du rôle de l'enseignant et de l'évaluation.

- Du côté des contenus d'enseignement-apprentissage

L'Approche par compétence opte pour une visée plus large et plus complexe des contenus d'enseignement-apprentissage. Ces derniers doivent dépasser le stade des savoirs et des savoir-faire. Des nouvelles catégories de contenus deviennent ainsi indispensables et des compétences transversales. Le découpage disciplinaire n'est donc plus adapté aux exigences du monde actuel.

Ainsi, les notions introduites en classe se veulent transversales et transposables à d'autres matières et disciplines d'enseignement. Le recours aux situations-problèmes qui permet aux apprenants de démontrer ce dont ils sont capables sert à complexifier les apprentissages. Le savoir-agir en situation occupe une place de choix.

- Du côté de l'apprenant

Avec l'approche par compétences, l'apprenant devient le principal acteur du processus de son apprentissage. Celui-ci évolue dans un environnement stimulant et acquiert ainsi de l'autonomie.

- Du côté de l'enseignant

L'approche par compétences change le rôle de l'enseignant. Celui-ci devient un guide, un accompagnateur, un facilitateur cognitif qui explicite, incite et encourage des activités récurrentes de rétroaction. Elle met fin au cours magistraux et fait place au travail de groupe, aux interactions.

- Du côté de l'évaluation

Dans la conception de l'APC, l'évaluation ne constitue plus une fin en soi « On n'apprend plus pour être évalué. On est évalué pour mieux apprendre ». L'évaluation permet de mieux asseoir les décisions et les actions qui régulent les apprentissages de l'apprenant, dans le quotidien comme à des moments plus stratégiques.

J'éclaircie à présent la notion de compétence.

5.6.1.3. Quelques éclaircissements au sujet de la notion de compétences

La compétence c'est pouvoir réaliser une tâche correcte, par exemple :

- *une institutrice qui fait bien son travail est compétente pour donner un cours ;*
- *le policier qui, le matin, veille à ce que toutes les voitures puissent rapidement passer le carrefour, est compétent pour régler la circulation.*
- La compétence est le résultat de l'interaction ;
- La compétence est l'interaction des connaissances, des habiletés techniques, des comportements appropriés, des attitudes relationnelles, et de l'aptitude de la personne à les mobiliser dans les situations professionnelles ;
- *La compétence, c'est que chacun puisse faire convenablement ce qu'il doit faire.*

Dans cette approche, l'accent est mis avant tout sur ce qui est attendu de l'apprenant à la fin de l'année scolaire, à la fin du cycle d'études, à la fin de la scolarité, et sur la façon d'y arriver notamment à travers des modules d'intégration où l'apprenant est invité à résoudre des situations complexes (Roegiers, 2000).

En effet, l'idée de recourir aux compétences pédagogiques en plus des objectifs dans les programmes scolaires s'est avérée importante surtout à la suite du constat d'échec des programmes scolaires dans la vie pratique et le monde du travail : les apprenants, même très brillants à l'école ne parviennent pas toujours à bien s'intégrer dans la vie courante par manque de compétences de base suffisantes.

Ils ne s'adaptent pas facilement et ne parviennent presque pas à développer toutes les capacités qui sont « en eux » (Jonnaert, 2002). Cette malheureuse situation est due à plusieurs causes dont les plus importantes sont d'ordre pédagogique : les enseignements dispensés n'ont pas de liens solides entre eux d'une part, et avec la vie courante d'autre part. On étudie pour obtenir des points, monter de classe et avoir un diplôme « papier » ; les enseignements sont purement livresques, encyclopédiques et basés sur les « savoirs-savants » sans la possibilité d'exercer et de développer des compétences dans la vie de tous les jours. On forme ainsi des « analphabètes fonctionnels » qui mémorisent beaucoup de notions (choses), mais sont incapables de les prouver concrètement et les traduire en actes.

Cette situation explique la nécessité de finaliser les enseignements en développant « l'intelligence situationnelle » des enfants en vue de les amener à exercer les compétences. La pédagogie de l'intégration (pédagogie par compétences) accorde son importance à cela.

L'APC a des implications pédagogiques pour l'enseignant qui devra aborder les savoirs comme des ressources à mobiliser ; travailler régulièrement sur des situations -problèmes et pratiquer régulièrement l'évaluation formative.

Alors, développer les compétences « à l'école et dès l'école », c'est une bonne chose : on doit former l'apprenant capable de résoudre ses problèmes de la vie quotidienne.

Cette approche est basée sur le principe de la pédagogie de l'intégration des acquis scolaires, notamment sur la mobilisation de toutes les ressources nécessaires, l'exploitation des situations d'intégration et la résolution des tâches complexes (problèmes).

L'intégration consiste à mobiliser de manière conjointe les différentes ressources intériorisées dans une situation significative afin de résoudre un problème, réinvestir ou produire dans la situation. Elle correspond à la compétence recherchée. C'est pourquoi l'on parle de l'Objectif Terminal d'Intégration (OTI).

L'APC donne du sens aux apprentissages en mettant l'accent sur le transfert et l'intégration des acquis scolaires. Voici quelques verbes qui expliquent l'intégration : mobiliser en situation ; résoudre un problème ; réinvestir en situation ; produire en situation.

Pour accepter ces termes, plusieurs éléments doivent être présents : le fait de mobiliser plusieurs ressources ; de se situer au sein d'une situation complexe ; que ce soit finalisé sur une tâche à accomplir. Donc l'intégration implique : coordination, articulation ; interdépendance/lien ; polarisation/buts et sens. Par contre, l'intégration n'est pas une addition (sommation) ; une juxtaposition ; un simple mélange.

L'approche par compétences est une pratique pédagogique qui implique un changement de vision de l'enseignement : l'abandon des cours à caractères magistraux au profit du développement des activités d'apprentissage incitant les apprenants à agir pour s'approprier des connaissances.

L'enseignant sera davantage une « personne-ressource », un « guide » agissant sur la motivation des apprenants. Il est un arbitre orientant les activités vers les hauts niveaux d'apprentissages tels que la schématisation, l'analyse, la synthèse, l'évaluation, l'interprétation, la structuration, etc.

L'enseignement devra être basé sur les besoins des apprenants plutôt que sur le contenu à transmettre. Cette transmission du contenu n'est plus une finalité en soi, elle est davantage un moyen balisant le chemin qui mène à la compétence.

On privilégie l'entrée par compétences, plutôt que par objectifs ou par le contenu-matière. L'enseignant est invité à ne pas perdre son temps à exposer des connaissances, mais devient plus formateur qu'enseignant, plus organisateur des situations que dispensateur de savoirs.

Pour assurer une meilleure intégration des apprentissages, il faut y apporter du sens, par exemple, en ancrant les connaissances dans un contexte significatif ; en créant des liens avec d'autres parties du programme, avec la vie personnelle, avec le devenir en tant que citoyen, avec son utilité, avec les enjeux des événements de l'actualité, etc.

Les lignes suivantes parlent de l'approche par situation.

5.6.2. Approche par situation (APS)

L'APS est fondée sur le socioconstructivisme. Celui-ci ajoute la dimension des interactions sociales dans l'éducation où on postule que les apprenants construisent leurs savoirs lorsqu'ils sont mis dans des situations d'apprentissage dans lesquelles ils sont exposés aux idées de leurs enseignants et de leurs pairs.

Contrairement à Piaget, Vygotsky conclut que le développement cognitif ne peut se faire sans la dimension sociale. Bref, l'apprentissage est social, par observation active (Bandura, 1976) et imitation (Winnykamen, 1990) au travers d'un conflit sociocognitif (Doise et Mugny, 1997).

Afin de permettre la progression des apprenants, la présence de trois éléments didactiques est primordiale: l'apprenant qui représente la dimension constructiviste, les pairs et les enseignants qui eux représentent la dimension sociale et enfin la dimension interactive qui existe entre l'apprenant, les pairs, les enseignants et les apprentissages en situation (Kozanitis, 2005).

Pour les socioconstructivistes, lors des discussions entre les pairs et les enseignants, nait un conflit cognitif chez l'apprenant qui questionne ses propres réflexions, ses perceptions et ses façons de faire de sorte que ses conflits cognitifs aboutissent à des progrès cognitifs chez lui (Lebrun, 2007). Les connaissances ne sont plus transmises par l'enseignant seul (behaviorisme), mais construites par les apprenants à travers des activités (constructivisme) et la mise en interactivités (socioconstructivisme).

5.6.2.1. Notion de situation

La notion de situation est associée étroitement à celle de compétence dans la mesure où celle-ci est appelée à être exercée dans de situation-problème, c'est-à-dire dans le sens d'un ensemble contextualisé d'informations à articuler en vue d'une tâche déterminée.

Le terme de « situation » doit être envisagé dans le sens de « situation significatif » ou de « situation-problème ». Pédagogiquement parlant, il s'agit d'une situation d'intégration, si nous partons du principe que celle-ci nécessite que l'on mobilise plusieurs ressources, savoir-faire, capacités… « On ne peut être compétent que si on est capable d'intégrer un ensemble de choses qu'on a apprises »

Le concept de compétence et le concept de situation sont intimement liés par l'agir. Pour Legendre, la situation, au sens général, constituerait un ensemble d'états, de circonstances et d'évènements inter reliés, déterminant les conditions de vie, ou l'action d'une personne ou d'une collectivité.

Pour Roegiers (2003), la situation est déterminée par rapport à un sujet (représenté par une personne ou un groupe de personnes), et son contexte. Par exemple, la situation en contexte scolaire serait le rapport des interactions entre l'enseignant et ses élèves dans le cadre des apprentissages.

Au plan scolaire, le terme situation est un ensemble contextualisé d'informations qu'un élève ou un groupe d'élèves est invité à articuler en vue d'une tâche déterminée. Lorsque elle est prise sous cet angle, la situation fait référence à la situation-problème, dans laquelle les contraintes à la résolution du problème sont déterminées au regard d'une suite d'apprentissages à réaliser.

Le point de vue socioconstructiviste met en relief l'aspect contextuel de la situation dans son rapport à l'individu.

La compétence ne se développe que lorsqu'une personne est en situation, et c'est à travers cette situation que l'apprenant gère son action. Une situation est fonction des possibilités, des actions et des intentions de la personne étant donné les circonstances (moment, lieu, conjonctures, etc.) dans lesquelles elle se trouve.

La relation, unissant la personne au contexte, est déterminée selon sa compréhension de la situation, et c'est ce qui amène l'individu à agir. Sous cet angle, la situation peut être différente d'une personne à une autre, selon les représentations qu'elle se fait de la situation, selon son bagage de savoirs, de savoir-faire et savoir-être.

En d'autres termes, la situation serait tributaire de ce que la personne interprète, dans un contexte particulier et au regard des interactions présentes. L'action générée par la personne donnerait lieu à la transformation de la situation. Il ne s'agit donc pas seulement de considérer l'agir de la personne compétente, mais également toutes les ressources mises en action, au moment présent dans le contexte de la situation.

- Situation pédagogique

Le point de départ de tout enseignement-apprentissage est la présentation d'une situation nouvelle et motivante pour l'apprenant. La construction des compétences «en situation» a pour but de contextualiser les situations d'apprentissages dans un environnement porteur de significations pour l'élève.

Par conséquent, la situation d'apprentissage influence le développement des compétences dans la mesure où elle est le point de départ de tout enseignement / apprentissage dans l'approche pédagogique par les compétences.

Selon Jonnaert, en République Démocratique du Congo, il s'agit d'élaborer des programmes éducatifs qui tiennent compte du milieu de vie de l'enfant en concevant des situations d'apprentissages en rapport avec l'environnement des élèves. Dans ce sens, le programme éducatif congolais suggère des exemples de situations d'apprentissages. Il fournit à l'enseignant, dans un guide d'exécution, des modèles de situations d'apprentissages qui lui serviront d'exemples dans la salle de classe, selon la discipline.

Aussi, dans le guide d'exécution, la situation d'apprentissage décrite appartient-elle à la même famille de situation que celle présentée en exemple dans le programme éducatif. Cette situation oriente l'apprenant vers des tâches déclinées en termes d'habiletés et de contenus et a pour fonction de vérifier dans quelle mesure l'apprenant peut réaliser les tâches proposées dans le programme éducatif.

Elle présente des consignes orientant directement vers des tâches précises à effectuer et par lesquelles l'élève peut manifester ou non sa maîtrise des habiletés, des connaissances ou compétences. Cette maîtrise des habilités, des compétences sera vérifiée en fin de séance par une situation d'évaluation.

- Situation d'enseignement-apprentissage

Est une situation particulière de communication, qui articule trois composantes : un «formateur » ayant l'intention d'instruire, des «élèves» qui n'ont pas toujours envie d'apprendre, et un « contenu » d'enseignement. Cette situation est conçue par le formateur dans le but de provoquer un apprentissage précis chez l'élève

Dalongeville (2006) compare la situation d'enseignement-apprentissage à une situation de production dans laquelle les élèves seraient le produit à transformer. Suivant ce raisonnement, c'est à travers l'action de la situation pédagogique que les élèves sont transformés, passant de la situation N à l'entrée à la situation N+1 à la sortie, ayant acquis de nouvelles capacités ou compétences en participant au cours. L'objectif de sortie étant défini préalablement, l'enseignant peut prévoir les stratégies nécessaires pour que les élèves apprennent.

- Situation d'évaluation

Elle se distingue de la situation d'apprentissage. Elle permet d'évaluer le degré de maîtrise de la compétence, c'est-à-dire comment l'élève procède, de manière autonome, à la mobilisation et à l'agencement des ressources nécessaires à la réussite de la situation.

La situation d'évaluation vérifie l'intégration des apprentissages déjà entrepris et leur réinvestissement. La situation d'évaluation ne devrait donc jamais faire l'objet de savoirs nouveaux puisque, ce faisant, l'apprenant se trouve placé a priori dans une situation à haut risque d'échec. Les Situations d'Apprentissage et d'Evaluation sont souvent structurées sous forme de situation problème.

➢ Situation problème

C'est une situation pédagogique conçue par le pédagogue dans le but :

- de créer pour les élèves un espace de réflexion et d'analyse autour d'un problème à résoudre...
- de permettre aux élèves de conceptualiser de nouvelles représentations sur un sujet précis à partir de cet espace problème...

Selon Legendre (2005), Scallon (2004) et Roegiers (2003) la situation-problème constitue une tâche complexe, de niveau cognitif élevé, qui pose des défis, notamment celui de la mobilisation des ressources. Elle se distingue donc du « problème à résoudre » qui est souvent amené en dehors de tout contexte, se limitant souvent aux mathématiques et s'apparentant à des situations d'application simples.

La notion de problème est au cœur de la situation-problème. La notion de problème est à comprendre selon trois angles :

- la présence d'un écart entre la situation existante et le but à atteindre, faisant référence à un besoin à combler;
- l'absence de direction à suivre pour mener à sa résolution, impliquant une démarche cognitive active;
- la subjectivité de sa résolution, puisqu'une même solution ne génère pas les mêmes exigences pour une personne ou pour une autre.

La notion de problème est donc « relative » puisque, la situation peut être problématique pour l'un, mais non pour l'autre ou encore, elle peut l'être pour un individu à un moment donné, mais pas dans un autre temps. Roegiers, distingue deux types de situation-problème : la situation-problème didactique et la situation problème cible.

- La situation-problème didactique est une situation complexe, présentée en contexte de classe, qui situe un nouvel apprentissage.
- La situation problème cible (aussi appelée situation de réinvestissement ou situation d'intégration) réfère aussi à une situation complexe permettant à l'élève d'articuler et de combiner plusieurs ressources connues. Cependant, elle est exploitée soit pour apprendre à intégrer les acquis ou pour en évaluer la maîtrise.

La situation problème didactique et la situation problème cible s'apparentent aux tâches sources et aux tâches cibles.

Actuellement, la préparation des apprenants à leur plénitude, ne peut être envisagée en termes de transfert des connaissances d'une personne (enseignant) à l'autre (élève). Encore moins d'une transmission d'un individu à un autre.

Les savoirs du passé doivent servir de référence et d'expériences à prendre en considération dans le présent pour éviter les occasions malheureuses et exploiter les expériences réussies.

Mais la meilleure préparation de l'individu doit tenir compte des exigences du monde de demain pour mieux le préparer à l'affronter sans disqualification sur le vécu quotidien. Ainsi le monde psychopédagogique cesse d'être envisagé en termes de la stabilité qui l'a caractérisé autre fois. Il est plus question de préparer l'homme ouvert aux sollicitations du futur. Aussi, l'intégration devient une approche riche de renseignements pour la vraie expression et configuration des exigences de demain.

Apprendre constitue toujours une aventure personnelle. Celle-ci dépend de l'idée que l'on se fait, des rapports que l'on entretient avec les savoirs et de la relation qui se noue avec la ou les personnes qui nous communiquent ces savoirs.

Et si c'était justement une suite de situations complexe, ouvertes mais cadrées (car construites sur de multiples contraintes), génératrices de désaccords et de conflits, qui permettrait d'aller progressivement vers l'intégration d'une vraie liberté indispensable pour apprendre à être et à devenir ? Certains apprenants y arrivent plus difficilement mais ils en ressortent grandis.

D'où, nous disons en définitive que l'approche par les compétences à attendre de l'apprenant se justifie pleinement. Mais aussi que l'approche par compétence s'appuie énormément sur l'approche par situation-problème pour mieux construire les compétences chez l'apprenant.

Ainsi dans le processus enseignement-apprentissage, la recherche de la construction des compétences chez l'apprenant devient à ces jours, la condition sine qua non pour la réussite de l'action éducative (pédagogique) en milieu de classe. D'où l'atterrissage en douceur sur l'expression «socioconstructivisme » des apprentissages.

Les pages suivantes évoquent la cyberéducation dans l'aspect informel et andragogique.

5.7.La Cyberéducation dans l'aspect informel et andragogique

La cyberéducation contre la cybercriminalité n'est pas exclusivement une affaire des enfants ou des adolescents mais aussi des adultes car eux aussi interviennent dans le cyberespace en étant victimes et auteurs des cyberdélits de presse. Cependant ,la cyberpédagogie est appelé à imaginer un logiciel pédagogique spécifique des adultes du fait que ces derniers vu leur charge, n'ont plus le temps matériel de rentrer à l'école pour apprendre les droits de l'homme tel que nous proposons sa didactisation à travers les contenus curriculaires dans tous les niveaux de scolarité. La capacitation des leaders de tous les milieux éducatifs et les professionnels de la justice dont les OPJ, les magistrats et les avocats sont concernés dans la formation sur la lutte contre la cybercriminalité. Pour avoir accès aux certaines applications ou sites, l'internaute souvent clique sur la mention « valide » sans lire clairement les règles d'éthique exigées en la matière alors qu'il s'agit d'une manière timide de la cyberéducation.

Ce faisant, les techniques et méthodologie de vulgarisation des droits de l'homme de Médard Mamba Ndjila Mpanda qui répondent au contexte de l'environnement congolais, sont admis par notre étude mais avec l'accent sur la lutte contre les cyberdélits de presse soit la campagne de citoyenneté dans le cyberespace(Kalindye,2018).Ce point comprend la généralité sur la vulgarisation et les sortes des techniques de vulgarisation.

5.7.1. Généralité sur la vulgarisation

Selon Mamba Ndjila(2018), le verbe vulgariser consiste à mettre à la portée de tous à répandre et un vulgarisateur est celui qui répand la connaissance, l'usage d'une chose. Selon notre étude, la vulgarisation consiste à démocratiser l'information utile à la société.

Ce n'est pas une tâche facile et non pas aussi compliqué car un vulgarisateur est animateur, il donne la vie à quelque chose, il excite les autres à entreprendre une action quelconque.

De ce fait, un vulgarisateur doit avoir beaucoup de critères, notamment :

- La compétence ;
- La moralité ;
- L'amour du prochain ;
- L'abnégation ;
- L'humilité ;
- La ponctualité.

Un vulgarisateur est différent d'un enseignent qui s'engage d'une manière ou d'une autre dans le processus. Le vulgarisateur utilise les techniques qui dénuent de l'éducation des adultes ou de l'andragogie dans l'école américaine.

L'animateur doit savoir que l'adulte ne part pas d'un zéro. Il est doté d'un bagage intellectuel. Il doit avoir du respect aux apprenants. Il doit tout faire pour séduire son auditoire. L'adulte n'aime pas qu'on le traite comme un ignorant parfois il a honte d'apprendre en public. C'est pourquoi l'on trouve même la formule terminologique : « le renforcement des capacités ».C'est une hypocrisie pédagogique pour attirer les adultes à apprendre sans avoir honte car ils se disent que le formateur reconnait en eux une capacité cognitive soit un niveau des connaissances sur lequel on veut ajouter.

5.7.2. Sortes des techniques de vulgarisation

Certes, il y a plusieurs techniques de vulgarisation selon Mamba mais celles les techniques les mieux appliquées dans nos milieux habituels sont sélectionnées : vulgarisation indirecte par un support médiatique et celle directe ou en présentiel.

5.7.2.1.Vulgarisation indirecte par un support médiatique

Il s'agit de concevoir les messages de sensibilisation à la lutte contre les cyberdélits de presse en faisant allusion à la loi pénale qui prévoit des sanctions et aux droits de l'homme qui prônent le respect de la dignité humaine en servant des supports médiatiques, notamment :

- Techniques de vulgarisation par la presse écrite (journaux, quotidiens, revues, hebdomadaires, mensuels, trimestriel, pancartes, tableaux publicitaires…) ;
- Techniques de vulgarisation par la presse audio-visuelle : des messages radiodiffusées, des émissions télévisées, des messages par bandes cassettes, des disques compacts, des bandes vidéo,
- Techniques de vulgarisation par des messages sur internet comme publicité d'ouverture de la page de compte réseau social.

Il y a aussi une vulgarisation directe ou en présentiel.

5.7.1.2.Vulgarisation directe ou vulgarisation en présentiel

Les techniques de vulgarisation directes mettent l'animateur (trice) en contact direct semi-permanent avec sa population. Les techniques sont matérialisées à travers des tenues de :

- Réunions ;
- Séminaires ;
- Conférences ;
- Campagnes,
- Tribunes populaires
- Par bouche –à-l 'oreille etc.

Dans la vulgarisation directe, le vulgarisateur doit posséder les qualités requises, à savoir : Le vulgarisateur est un <<conducteur des réunions ou de groupe qui emploie >> des méthodes actives dont l'essentiel consiste à remplacer l'information directe de type magistral, par l'éveil et l'utilisation de l'énergie du groupe.

Il joue un rôle de<< catalyseur>> visant à faciliter les prises de décisions collectives.

IL choisira une méthode de travail, un style démocratique en dehors des styles autoritaires et laisser-faire.

Devant motiver les autres sur la démarcher entreprise, il doit structurer le travail du groupe et être en mesure de faire face à diverses situations relationnelles d'agressivité, de passivité ou de sympathie.

Comme il n'existe pas un profil de vulgarisateur type, l'idéal est que l'animateur doive avoir ces qualités indispensables :

- ✓ Se faire violence et avoir la modestie de reconnaître qu'on a des progrès à réaliser
- ✓ S'amender sur ses points faibles en pratiquant la participation à des groupes, l'observation des groupes cibles, etc ;
- ✓ Faire preuve de modestie et d'humilité afin :
- D'être capables de se mettre à l'écoute réelle d'autrui ;
- De faire preuve d'une assurance tant physique que psychologique ;
- De savoir adapter son type d'animation aux besoins du groupe ;

D'être capable de perfectionner des qualités de base.

Ce dernier temps, dans les taxis bus, dans les marchés, dans les coins d'avenue, on voit les passagers être occupés par les prédicateurs de la bonne nouvelle tirée de la Bible qui peuvent intégrer ce massage de lutte contre les cyberdélits de presse en insistant sur le respect de la dignité humaine.

Conclusion de la seconde partie

La seconde partie sur le système de répression et de cyberéducation face aux cyberdélits de presse a abordé au chapitre troisième le régime répressif des cyberdélits de presse, au quatrième chapitre les mécanismes de répression des cyberdélits de presse et au chapitre cinquième la promotion de la cyberéducation en RDC.

L'analyse du cadre normatif sur la répression a procédé à l'inventaire des textes qui organisent la répression des infractions de la presse sur l'approche descriptive des délits de presse et l'approche descriptive des cyberdélits de presse. Après l'examen ,il sied de retenir que trente-deux (32) délits de presse sont inventoriés et regroupés en onze (11) infractions de droit commun, neuf(09) infractions du Code pénal militaire congolais, six (06) infractions qui entravent la justice et six (06) relèvent des infractions spécifiques de la loi de la presse n°96-002 du 22 juin 1996 et la liste n'est pas exhaustive. Par ailleurs, vingt-deux infractions de presse par voie électronique issues de l'Ordonnance-loi portant code du numérique viennent de s'ajoutent dans le régime répressif congolais.

Partant du droit comparé, sur quarante-cinq (45) cyberdélits de presse qui sont les infractions punissables dans les autres droits pénaux étrangers conformément au principe de légalité criminelle mais après les avoir confronté au droit pénal congolais, vingt et quatre (24) cyberdélits de presse ne sont pas punissables et, seulement vingt-un (21) sont relativement punissables. Ce qui confirme l'hypothèse d'inefficacité et adaptation faible du cadre normatif congolais dans la répression des cyberdélits de presse. Le droit pénal congolais n'a pas adapté son régime de sanction lorsqu'une infraction est commise à l'aide de l'informatique alors que plusieurs législations ont aggravé la sanction en doublant la peine.

Le deuxième chapitre sur les mécanismes de répression des cyberdélits de presse a inventorié des mécanismes de protection des droits de l'homme en deux dont les mécanismes non juridictionnels et les mécanismes juridictionnels. Pour les mécanismes de répression non juridictionnels, nous avons retenu l'autorité de règlementation qui est le ministre de tutelle des médias, l'Autorité de régulation qui est le Conseil supérieur de l'audiovisuel et l'Autorité de l'autorégulation dont l'Union nationale de la presse congolaise et l'Observatoire des médias congolais. Tandis que pour les mécanismes juridictionnels, nous les avons reparti sur le plan spatial en commençant au niveau national avec la possibilité devant la Cour pénale internationale, au niveau régional devant la Commission des droits de l'homme et des peuples et la Cour africaine des droits de l'homme et des peuples ,et au niveau national, nous avons analysé la possibilité devant la Police, devant le parquet et devant les juridictions des droits communs.

Après examen de tous ces organes de répression, l'étude a démontré que les mécanismes de répression congolais répriment déjà quelques auteurs des cyberdélits de presse au cas où ces actes déviants sont des faits infractionnels. Cependant, ces infractions de presse en ligne ne sont pas complétement adaptés au principe de légalité criminelle des cyberdélits de presse qui devrait intégrer les particularités de l'ubiquité et de l'immatérialité malgré qu'au niveau de la Police judiciaire, il y a une Direction de télécommunication et nouvelles technologies qui fait déjà un bon travail dans la traque des suspects en matière de la cybercriminalité.

Enfin, au dernier chapitre sur la promotion de cyberéducation en RDC qui a traité la pédagogie dans le cyberespace, les variables influentes des cyberdélits de presse, l'esquisse d'une pédagogie de lutte contre les cyberdélits de presse, la conception d'un modèle pédagogique de formation en droit des droits de l'homme et la cyberéducation dans son aspect de la formation informelle et andragogique.

L'étude fait une revue de la littérature sur la didactique des droits de l'homme et sur les courants pédagogiques pour proposer un nouveau logiciel pédagogique qui ,à partir de la didactisation des droits de l'homme comme éducation au respect de la dignité humaine à tous les niveaux de la scolarité contribuerait à réduire soit à mettre un terme à la cyberdelinquance dans le cyberespace. Le courant socioconstructivisme, la pédagogie active et l'approche par compétence et situation-problème ont été préférés pour atteindre nos objectifs pédagogiques et nous conformer au contexte du système de LMD contrairement au courant béhaviorisme, la pédagogie transmissive et l'approche par contenu et approche par objectif. La communication des savoirs, la découverte des savoirs et la construction des savoirs sont des activités dans l'apprentissage à la place de la transmission des savoirs car l'enseignant n'est plus de seul détenteur des savoirs mais un facilitateur qui admet que le savoir est partout et doit se discuter en tenant compte du collectif et de l'interaction avec le milieu. De manière concrète, ce chapitre a proposé un contenu susceptible d'être enseigné aux différents niveaux de scolarité en vue de prévenir les cyberdélits de presse par une bonne éducation axée sur le respect de la dignité de l'homme.

Par ailleurs, l'approche andragogique à travers la vulgarisation et la sensibilisation sur la lutte contre la cybercriminalité est très indispensable parce que les professionnels de l'éducation et ceux de droit sont concernés par une formation de renforcement des capacités. C'est à travers la vulgarisation de régime répressif des cyberdélits de presse et des textes sur les droits de l'homme mais aussi en sensibilisant les victimes à porter plainte contre les auteurs des cyberdélits de presse. Car, cette attitude passive et lâche des victimes des cyberdélits de presse envers les cybercriminels sur les réseaux sociaux soit sur les forums des discussions, encourage une culture anomique dans le cyberespace.

Enfin, la mutualisation de droit pénal et de la pédagogie contre la cybercriminalité, est complémentaire car après la condamnation d'un cybercriminel, je propose qu'un stage de la cybercitoyenneté lui soit obligatoire. Ce stage consiste à exiger comme devoir au condamné, à publier des messages qui riment avec la dignité humaine ou de commenter positivement les publications des amis dans les réseaux sociaux pendant plus de six mois.

Conclusion générale

La cybercriminalité est un revers de la révolution numérique mais qui n'est pas ignorée par le législateur congolais (Manasi, 2012), qui a pris quelques sanctions dans la loi-cadre sur les télécommunications en RDC, de même le pouvoir exécutif congolais dans son Ordonnance portant réglementation de l'activité informatique et dans l'Arrêté ministériel portant interdiction de la pratique « call back » et récemment dans l'ordonnance-loi n°23/010 du 13 mars 2023 portant code du numérique.

Cependant, la réalité prouve que les innovations numériques évoluent en vitesse en rendant lacunaire le régime en vigueur. C'est le cas du secteur médiatique qui connaît les nouveaux paradigmes avec le passage de la télévision analogique à la télévision numérique, l'émergence de la presse en ligne, des réseaux sociaux, des blogs, des forums avec comme revers, les cyberdélits de presse.

Cette étude a démontré que le cyberespace n'est pas une réalité matérielle mais plus tôt une réalité agissante et surtout n'est pas un espace sans droit et que la dignité humaine doit être préservée à travers les médias en ligne et les réseaux sociaux. L'éducation de droit en droits de l'homme et l'application de droit pénal des droits de l'homme doivent réguler la révolution numérique contre la cybercriminalité. Donc, il s'agit d'une mutualisation entre le traitement pénal et la cyberéducation contre les cyberdélits de presse dans le paradigme de la promotion des droits de l'homme en RDC.

Du point de vue du droit pénal, la répression des infractions de presse par voie électronique, doit se faire dans le respect du principe de légalité criminelle et de l'interprétation stricte de la loi pénale pour éviter l'arbitrage du juge et toute autre forme des violations de droit pénal des droits de l'homme. La publication des messages en ligne est l'une des libertés fondamentales et un droit fondamental garanti mais qui s'affronte aux droits à la vie privée, à la dignité humaine et au respect à l'ordre public et des bonnes mœurs. C'est ainsi que la personne victime des cyberdélits de presse étant un être humain, a aussi les droits de saisir la justice contre tout auteur des cyberdélits de presse qui ne devrait pas se croire dans une jungle où tout cri bestial est permis. L'internet est un espace des libertés mais non de libertinage. C'est pourquoi il est impérieux de recourir à la cyberéducation pour animer la morale des internautes afin que la dignité humaine soit préservée.

Le débat sur la dépénalisation de délit de presse est en actualité en RDC, soutenu par plusieurs associations de défense des droits des journalistes.

Mais, il ne s'agit pas vraiment de chercher à enlever la peine sur les actes infractionnels que poserait un journaliste dans l'exercice de sa profession d'autant que le délit de presse est une infraction matérielle, mais plutôt l'exception de vérité (exceptio veritatis) qui est réclamée pour déroger à l'infraction de diffamation ou d'imputation dommageable, c'est-à-dire, lorsque l'auteur d'une publication est poursuivi devant la justice pour diffamation ou imputation dommageable, le juge doit vérifier la véracité des faits. Donc, la preuve doit être parfaite, complète et absolue. Autrement dit, elle doit être parfaite, complète et corrélative aux imputations. Par ailleurs, s'agissant du bénéfice de la bonne foi, les critères suivants doivent être remplis : la légitimité du but poursuivi, l'absence d'animosité personnelle, la prudence et la mesure dans l'expression ainsi que la qualité de l'enquête.

A l'heure de l'avènement de « cybermonde », « lieu étrange, en tout cas, qui n'est nulle part et partout » exige de la coopération internationale. Papa Assane Touré (2014) affirme que « la cybercriminalité, revêtant souvent un caractère international, la riposte de la communauté des Etats doit également s'organiser au plan international de façon coordonnée et concertée. L'articulation de réponses nationales au phénomène, encouragée par les documents pertinents de la société de l'information, est certes nécessaire. Mais elle serait dépourvue de sens si elle devait être exclusive ».

Partant de ce principe de coopération juridique internationale qui va mettre l'accent sur la cyber-répression, selon l'idée de « souveraineté partagée » de Capus (2005) ; contre les cyberdélits de presse dont les infractions de presse à travers les médias-internet défient, par son caractère d'ubiquité, la territorialité. C'est ainsi que la législation congolaise devrait dépasser, en matière de la cybercriminalité, la théorie du lieu de la commission de l'infraction vers la théorie du résultat, donc la compétence de juge congolais lorsque la cybercriminalité produit ses effets en RDC.

La cybercriminalité qui est immatérielle se présente comme une foudre et si on ne tient pas garde selon la dimension de risque, elle ravagera l'humanité plus que le sida et la bombe atomique. Soyons donc conscients que le mal est transnational. D'où la lutte doit être proportionnelle.

C'est par un acte uniforme ou par coopération judicaire internationale avec la maitrise de la technologie mais surtout par une cyberpédagogie qui peut épargner le cyberespace. L'heure est venue pour que le personnel judicaire puisse être à la page de la révolution numérique. Mais, tout en se concentrant dans la lutte contre la cybercriminalité, nous sommes obligé à observer les droits de l'homme surtout dans la procédure pénale.

Faut-il inventer la roue en RDC en matière de la coopération judiciaire internationale? Non, la convention de Budapest du 23 novembre 2001 de la lutte contre la cybercriminalité s'ouvre à tous les Etats du monde. La RDC en suivant l'exemple du Sénégal, devrait prendre l'option d'adhérer à cette convention. Cette initiative va permettre, à notre pays, de bénéficier des effets de cette convention. Il pourra collaborer avec les autres Etats parties de cette convention pour sanctionner de manière beaucoup plus efficace, les actes cybercriminels transnationaux. La cybercriminalité a la particularité d'être internationale. Elle ignore les Etats et ses frontières physiques, donc pour lutter contre le phénomène, il faut renforcer la coopération internationale.

A noter que l'Afrique dans presque chaque secteur ne décolle que s'il y a la volonté politique car la science elle-même sans les moyens ne peut rien faire. Les dirigeants politiques qui sont les premières victimes des cyberdélits de presse à travers l'internet par les inconnus, sont appelés à s'impliquer car l'Afrique par des réseaux sociaux et des moteurs de recherche, n'est plus en marge. Le passage de la télévision analogique à la télévision numérique nous amène encore à décourager la puissance nationale dans son quotidien de régulation et de fermeture des médias. L'internet étant déjà une réalité et fait partie de la vie quotidienne de congolais, il appartient au législateur et au pouvoir public, de faire diligence pour élaborer des textes légaux pour doter au pays ,un cadre légal en matière de lutte contre les cyberdélits de presse pour éviter de l'arbitrage.

Si l'on pense au recyclage des juristes, une plaidoirie aussi à l'intégration des cours de Cyberdroit dans toutes les filières universitaires à des promotions différentes. Une lutte efficace contre les cyberdélits de presse exige un arsenal juridique adéquat, des moyens technologiques d'investigation et de poursuite adaptés à l'ampleur et à la nature spécifique du cyberespace.

En définitive, nous affirmons que le régime répressif congolais accuse de sérieuses limites dans le traitement pénal des cyberdélits de presse tant sur le droit pénal de fond que sur le droit pénal de forme. Il en est de même tant au niveau institutionnel que normatif. Par ailleurs, l'inaction des victimes des cyberdélits de presse et de l'appareil judiciaire, est aussi une autre manche même dans le domaine où les infractions peuvent être réprimées par le régime existant.

Ce faisant, la mutualisation entre la cyberéducation et le traitement pénal contre les cyberdélits de presse est très indispensable dans le sens de complémentarité car la Pédagogie doit être présente dans le cyberespace au nom de la « théorie de l'ubiquité de l'éducation des droits de l'homme ». La cyberpédagogie dans son rôle moralisateur ,devrait accompagner le droit pénal dans son rôle sanctionnateur à bien assurer la cyberéducation des internautes en tenant compte des variables influentes de la cybercriminalité dont la variable identité, la variable localisation, la variable culture et la variable usage de téléphone.

A la lueur de ce qui précède, notre apport est de proposer la didactisation des droits de l'homme, à travers les contenus curriculaires, à tous les niveaux de la scolarité pour permettre à réduire ou à mettre un terme aux atteintes des droits fondamentaux, commises par la cybercriminalité.

C'est pourquoi, le présent ouvrage sur le « Droit pénal et Droits de l'Homme à l'épreuve de la cybercriminalité :*Analyse des enjeux de la révolution numérique et nouvelles pistes de régulation de l'espace médiatique* » ouvre les horizons pour d'autres études en perspectives sur la cyberpsychologie ,sur la cyberpédagogie, sur la didactique de droit international des droits de l'homme, sur la conception de curriculum de l'enseignement de droit du numérique à tous les niveaux de la scolarité, sur l'étude critique de l'éducation formelle et non formelle des droits de l'homme en République démocratique du Congo étant donné que le cours des droits de l'homme est répertorié comme une spécialisation des sciences juridiques en RDC et penser intégrer un chapitre dans le cours des Principes, valeurs et symboles de la république comme une discipline transversale dans toutes les classes de première Licence dans le système LMD.

Bibliographie

A. TEXTES OFFICIELS

I. Internationaux

- Accord du 28 mai 1987 relatif à l'application entre les Etats membres des Communautés européennes de la Convention du Conseil de l'Europe sur le transfèrement des personnes condamnées, STE, 112, PC-OC/Inf. 5 Rev3.
- Charte africaine des droits de l'homme et des peuples. Adoptée par la dix-huitième Conférence des Chefs d'Etat et de Gouvernement de l'Organisation de l'Unité Africaine, le 27 juin 1981 à Nairobi, Kenya, J.O.Z., n° spécial, juin 1987.
- Convention du Conseil de l'Europe n°108 du 28 janvier 1981 pour la protection des personnes à l'égard du traitement automatisé des données à caractère personnel, Strasbourg, 28/1/1981.
- Convention du conseil de l'Europe sur la cybercriminalité, Budapest, 23.11.2001.
- Convention européenne d'entraide judiciaire en matière en matière pénale, Strasbourg, 20.4.1959.
- Déclaration universelle des droits de l'homme par l'ONU, adoptée par l'Assemblée Générale des Nations Unies le 10 décembre 1948 à Paris de Chaillot par la résolution 217.
- La loi uniforme de l'U.M.O.A relative à la répression des informations en matière de chèque, de carte bancaire et d'autres instruments et procédés électroniques de paiement.
- Directive Communautaire du 8 juin 2000 relative à certains aspects juridiques des services de la société de l'information et notamment du commerce électronique dans le marché intérieur (Directive 2000/31) *(JOCE n°L.178, 17 juillet 2000, p.14 suivi.).*
- Pacte international relatif aux droits civils et politiques .Adopté et ouvert à la signature, à la ratification et à l'adhésion par l'Assemblée générale dans sa résolution 2200 A (XXI) du 16 décembre 1966.
- Protocole additionnel à la Convention sur la Cybercriminalité relatif à l'incrimination d'actes de nature raciste et xénophobe, Strasbourg, 30/01/2003.
- Protocole facultatif à la convention des Nations Unies du 26 juin 2000 relative aux droits de l'enfant, concernant la vente d'enfants, la

prostitution des enfants et la pornographie mettant en scène des enfants.

II. Etrangers

a) France

- Code de la procédure pénale, version consolidée au 05 décembre 2011.
- Code de la propriété intellectuelle de 1992, version consolidée au 11 septembre2011.
- Code n°2004-575 du juin 2004 pour la confiance dans l'économie numérique.
- Décret n°2000-405 du 15 mai 2000 portant création d'un office central de lutte contre la cybercriminalité liée aux technologies et de la communication.
- Loi du 29 juillet 1881 sur la liberté de la presse.
- Nouveau Code Pénal Français de 1992, mis à jour le 12 mars 2010.

b) Sénégal

- Code pénal sénégalais tel que modifié par la loi n°2008-11 du 25 Janvier 2008 portant sur la Cybercriminalité.
- Code sénégalais de la procédure pénale.
- Loi n°2008-10 Janvier 2008 sur les transactions électroniques.
- Loi n°2008-12 du 25 Janvier 2008 sur la protection des données à caractère personnel.

III. Nationaux

- Constitution de la République Démocratique du Congo, J.O.R.D.C,n°spécial,47 è année, Kinshasa,18 février 2006.
- Loi organique n°11/001 du 10 janvier 2011 portant composition, attribution et fonctionnement du CSAC.
- Loi n°06/006 du 09 mars 2006 portant organisation des élections présidentielle, législatives, provinciales, urbaines, municipales et locales.
- Code d'organisation et de compétence judiciaire, J.O.Z, n°7,1er avril 1982.
- Code de procédure pénale, B.O.1959.
- Code pénal congolais, J.O.R.D.C. n° spécial, 47èannée, Kinshasa, 05 octobre 2006.
- Code pénal militaire in Les codes Larcier de la R.D.C, Tome II-Droit pénal, Larcier et Afrique éditions, Bruxelles et Kinshasa, 2003.

- Décret du 12 avril 1986 sur l'extradition, in les Codes Larcier de la R.D.C, TOME I-Droit judiciaire, éd. Larcier et Afrique éditions, Bruxelles et Kinshasa, 2003.
- Loi –cadre n°13-2002 du 06 octobre 2002 sur les télécommunications en République Démocratique du Congo, Les codes Larcier de la R.D.C., TOME III, vol 2-Droit économique, Larcier et Afrique éditions, Bruxelles et Kinshasa, 2003.
- Loi n°09/001 du 10 Janvier 2009 portant protection de l'enfant, J.O.R.D.C, n° spécial, 50 è année, Kinshasa, 25 ami 2009.
- Loi n°74/003 du 05 mars 1974 relative au dépôt obligatoire des publications, J.O.Z., n°6,15 mars 1974.
- Loi n°96-002 du 22 juin 1996 fixant les modalités de l'exercice de la liberté de presse en République Démocratique du Congo, J.O.Z, n° spécial, aout 2001.
- Ordonnance –Loi n°300 du 16 décembre 1963 relative à la répression des offenses envers le chef de l'Etat in Code Larcier de la R.D.C,TOME II, Droit pénal, éd. Larcier et Afrique éditions ,Bruxelles et Kinshasa,2003.
- Ordonnance n°66-342 du 07 juin 1966 portant répression du Racisme et du tribalisme, in les Codes Larcier de la R.D.C, TOME II-Droit pénal, éd. Larcier et Afrique éditions, Bruxelles et Kinshasa, 2003.
- Ordonnance-loi n°23/010 du 13 mars 2023 portant code du numérique.
- Ordonnance-loi n°23/009 du 13 novembre 2023 fixant les modalités d'exercice de la liberté de presse, la liberté d'information et d'émission par la radio et la télévision, la presse écrite ou tout autre moyen de communication en République démocratique du Congo.

B. OUVRAGES

- ACCARDO A., et alii(1995) : *Journalistes au quotidien*, Le Mascaret, Bordeaux.
- AKELE Adau P., (dir).(2008) : *Réformes du code pénal congolais*, T.II., *A la recherche des options fondamentales du Code pénal congolais*, éd. Cepas, Kinshasa.
- BALBASTRE G.(1999) : *Les Journaliste sprécaires*, Liber, Paris.
- BERGER. J. (2001) : *Méthodologie juridique,* PUF, Paris.
- BILGER Ph. (2003) :*Le droit de la presse*, éd. Que sais-je ? PUF, Paris.
- BLOOM B.S.(1972) : *Apprendre pour maîtriser*, Lausanne, Payot.

- BLOOM B.S.(1986) : *Caractéristiques individuelles et apprentissages scolaires*, trad. V. De Landsheere, Nathan ; Bruxelles, Labor.
- BLOOM B.S.(1968): *Learning for mastery*, Evaluation Comment.
- BROCH M-h et CROS F.(1987) : *Méthodes, techniques et outils pour élaborer des projets dans les établissements d'enseignement*, INRP, Paris.
- BROCH M-H. et CROS F.(1990) : *Ils ont voulu un projet d'établissement. Stratégies et méthodes*, INRP,Paris, 2e éd.
- BROCH M-H. et CROS F.(1987) : *Méthodes, techniques et outils pour élaborer des projets dans les établissements d'enseignement*, INRP, Paris.
- BROUSSAL, D. *et al*(2016), *Soigner et former. Contribution des sciences de l'éducation*, Harmattan, Paris.
- BRU M. et NOT L.(1987), *Où va la pédagogie du projet ?,* Editions universitaires du Sud, Toulouse.
- CANIVEZ, P.(1998) : *Éric Weil ou la question du sens*, Paris, Ellipses.
- CHAMPAGNE P.(1990) :*Faire l'opinion. Le nouveau jeu politique,* Minuit, Paris.
- CLANCHE P.(1989) :*Actualité de la pédagogie Freinet*, Presses Universitaires de Bordeaux, Bordeaux.
- CORTEN O.(2010) : *Méthodologie du droit international public,* Editions de l'Université de Bruxelles, Bruxelles.
- COUSINET R.(1950) : *Leçons de pédagogie*, Paris, PUF.
- COUSINET R.(1949) : *Une méthode de travail libre par groupes*, Cerf, 2e édition, Paris.
- DALONGEVILLE A. et HUBER G.(2006) : *Se former par les situations-problèmes. Des déstabilisations constructives*. Chronique sociale, Lyon.
- DALONGEVILLE A. et HUBER M.(2006) :*(Se) former par les situations-problèmes. Des déstabilisations constructives*. Chronique sociale, Lyon.
- DEBBASCH Ch., et HERVE ISAR.(2002), *Droit de la communication*, 1ère éd. Dalloz, Paris.
- DECROLY O. et BOON G.(1974), *Vers l'école rénovée*, Ecole Decroly, Bruxelles.
- DECROLY O.(1979), *La fonction de globalisation et l'enseignement*, Ecole Decroly, Bruxelles.

- DEROUET J.-L. et DUTER, *Consommateurs d'école et modernisation du service public*, INRP, Paris, 1990.
- DESCORDES V., *Le Docteur Decroly. Principes éducatifs*, Ecole Decroly, 3e éd., Bruxelles,1971
- DREYER (2004), *Interrogations sur la responsabilité pénale des fournisseurs d'hébergement,* Légipresse juin, Marseillais.
- FREINET C.(1960), *L'éducation du travail*, Paris, Delachaux & Niestlé.
- FREINET C.(1980), *Les techniques Freinet de l'école moderne*, Paris, A. Colin-Bourrelier.
- FREINET C.(1969), *Naissance d'une pédagogie populaire*, Maspero, Paris.
- FREINET E.(1975), *La pédagogie Freinet par ceux qui la pratiquent*, Maspero, Paris.
- GRAWITZ M(1987), *Méthode de recherche en sciences sociales*, Dalloz, Paris.
- GRAWITZ M(1978), *Méthodes des sciences sociales*, 4ème éd., Dalloz, Paris.
- GUILLOT, G.(2006), *L'autorité en éducation. Sortir de la crise*, Paris, ESF.
- GUISLAIN G. et MAILLEUX P.(1983), *L'écriture des projets éducatifs*, Paris, Nathan ; Bruxelles, Labor.
- HEGEL, G.W.F.(1990) : *Textes pédagogiques*, Paris, Vrin.
- HEURDIER L. et PROST A.(2014), *Les politiques de l'éducation en France, La documentation française,* Paris.
- HOUSSAYE J.(1972), *Les valeurs de l'école,* PUF, Paris.
- JEANNEAU B.(1972), *Droit constitutionnel et institutions publiques*, LGDJ, Paris.
- JONNAERT P. et Vander BORGHT C.(1999), *Créer des conditions d'apprentissage. Un cadre de référence socioconstructiviste pour une formation didactique des enseignants*, De Boeck Université, coll. Perspectives en éducation, Bruxelles.
- KALINDYE Byanjira D. et KAMBALE J.(2015), *Droit international humanitaire*, Paris, Le Harmattan.
- KALINDYE Byanjira D. et KAMBALE Bira'Mbovote J.(2018), *Précis de la méthodologie en droits de l'homme et en droit international humanitaire*, éd. L'Harmattan, Paris.
- KANT, E.(1963), *Fondements de la métaphysique des mœurs*, Paris, Hatier.

- KANT, E.(2004), *Réflexions sur l'éducation*, Paris, Vrin.
- KILPATRICK W. H.(1918):"The project method", Teachers College Records, 19, 319-335.
- KI-ZERBO, J., (1990), *Éduquer ou périr*, UNICEF, L'Harmattan, Paris.
- LAFFAIRE M.-L.(2005), *Protection des données à caractère personnel, Tout sur la nouvelle Loi « Informatique et Libertés »*,éd. d'organisation, coll, Guide pratique, Paris.
- LE BOTERF C.(2004), *De la compétence, Essai sur un attracteur étrange*. Paris ; Les éditions d'organisation.
- LE GOFF, J.-P.(1999), *La barbarie douce. La modernisation aveugle des entreprises et de l'école*, La Découverte, Paris.
- LECLERCQ D.(1985), *Quelques systèmes d'individualisation de l'enseignement*, Liège, Service de technologie de l'éducation de l'Université de Liège.
- LEGRAND L.(1969), *Pour une pédagogie de l'étonnement*, Delachaux et Niestlé, Neuchâtel et Paris.
- LEVINAS, E.(1995), *Altérité et transcendance*, Paris, Fata Morgana.
- LEVINAS, E.(1982), *Éthique et infini*, éd. Fayard, Paris.
- LIBOIS B.(1994), *Ethique de l'information*, ULB, Bruxelles.
- LIKULIA Bolongo(1985), *Droit pénal spécial zaïrois,* Tome I, 2è éd.L.G.G.J, Kinshasa.
- LUZOLO Bambi Lessa et BAYOMA Ba Meya.(2011), *Manuel de procédure pénale*, PUC, Kinshasa.
- MASANDI Milondo A.(2016), *Méthodes quantitatives et recherche scientifique en sciences sociales. Aspects théoriques et pratiques sur le traitement des données*, EUE, Berlin.
- MASCIOTTRA D. et MEDZO F.(2009), *Développer un agir compétent : vers un curriculum pour la vie*. De Boeck université, Bruxelles.
- MAURY L.(1988), *Freinet et la pédagogie*, PUF, Paris.
- MERLE.R. et VITU A.(1967), *Traité de droit criminel*, Cujas, Paris.
- MINEUR G.(1953), *Commentaire du Code Pénal Congolais*, Ed., Larcier, Bruxelles.
- MONTESSORI M.(1958), *Pédagogie scientifique*, Désilée de Brouwer, Paris.
- MOUANGUE Kobila J.(2015), *Exercices corrigés de droit international public*, SOPECAM, Yaoundé.

- MUKENDJI Mbandakulu M F.(2015), *Didactique de l'enseignement et de la recherche en science philosophique,* Feu Torrent, Kinshasa.
- MULIER F.(1981), *Suggestions-Méthodiques par discipline scientifique*, éditions SAMAFOS, Kinshasa.
- MUPILI Kabyuma C.(2016), *Cyberjournalisme, Libertés et Cyberdélits de presse*, éd. EUE, Saarbrücken.
- MUPILI Kabyuma C.(2016), *Guide pénal sur la cybercriminalité et la preuve électronique,* éd. EUE, Saarbrücken.
- MUSHIZI Ch.(2012), *Les infractions de presse*, éd. CERJI, Kinshasa.
- NDUKUMA Adjayi Kodjo.(2009), *Cyberdroit, Télécoms, Internet, Contrats de e-commerce, éd. P.U.C., Kinshasa.*
- NOT L.(1988), *La pédagogie de la connaissance*, Privât, 2e éd, Toulouse.
- NYABIRUNGU mwene Songa(2007), *Traité du droit pénal général congolais,* éd. E.U.A, Kinshasa.
- PAPA ASSANE Toure(2014), *Le traitement de la cybercriminalité devant le juge*, L' Harmattan, Paris.
- PERRENOUD P.(1997), *Construire des compétences dès l'école,* ESF, coll. Pratiques et enjeux pédagogiques, Paris.
- PERRENOUD, P. ALTET, M. et PAQUAY, L.(2001), *Former des enseignants professionnels : quelles stratégies ? Quelles compétences ?* De Boeck.
- PERRENOUD, Ph.(1999), *Dix nouvelles compétences pour enseigner. Invitation au voyage.* ESF, Paris.
- PINTO et GRAWITZ(1997), *Méthode en sciences sociales*, 4ème éd., Dalloz, Paris.
- PLATON(2004), *La république*, Flammarion ,Paris.
- PRADEL J.(1994), *Droit Pénal Général*, 9è éd., Cujas, Paris.
- REUCHELIN. M.(1973), *Les méthodes en psychologie*, 3ème éd., P.U.F., Arnaud, Paris.
- RIVA, G., WIEDERHOLD, B.K., & MOLINARI, E. (1998), *Virtual environments in clinical psychology and neuroscience: Methods and techniques in advanced patient-therapist interaction.* Washington: IOS Press.
- ROEGIERS X.(2003), *Une pédagogie de l'intégration, compétences et intégration des acquis dans l'enseignement*. DE Boeck, Bruxelles.
- ROEGIERS X.(2000), *Une pédagogie de l'intégration*, Extrême-droite, De Boeck, Bruxelles.

- ROGERS C.(1976), *Liberté pour apprendre*. Trad .D. Le Bon, Dunod, Paris.
- ROUSSEAU J.J.(1966), *Emile ou de l'éducation*, éd. Flammarion, Paris.
- ROUSSEAU, J.-J. (2009), *Émile ou de l'éducation*, éd. Flammarion, Paris.
- SCALLON G.(2004), *L'évaluation des apprentissages dans une approche par compétences, Éditions du Renouveau pédagogique,* Saint-Laurent.
- STANNEY, K.M. (2002), *Handbook of virtual environments: Design, implementation and applications*, N.J.: IEA, Mahwah.
- TARDIF J.(1999), *Le transfert des apprentissages*, Les Editions Logiques, Montréal.
- TARDIF J.(2006), *L'évaluation des compétences : documenter le parcours de développement*, Chenelière Education, Montréal.
- TOUPIN L.(2005), *De la formation au métier, savoir transférer ses connaissances dans l'action*. Ed. ESF, Paris.
- TRINQUIER M.-P.(2013), *Enseignement, représentations et pratiques. Confronter le sociocognitif au pragmatique : continuités et ruptures d'une relation*, Education. Université Toulouse le Mirail - Toulouse II.
- VIAL J. (sd).(1975), Pédagogie du projet, INRP, coll. « Pédagogie actuel »,Paris.
- Vivant Michel et al.(2002) : *Droit de l'informatique et des réseaux sociaux : informatique, multimédias, réseaux, internet,* éd. Larmy SA, Paris.

C. THESES DE DOCTORAT ET MEMOIRES

- COULIBALY Malick,(2003), *Le principe de proportionnalité en droit répressif français*, thèse inédite, Université de Montpellier.
- KITETE Kekimba(1990), *Autonomie politique et constitutionnel du Zaïre, Essai de solution d'inadéquation institutionnel,* Thèse de doctorat d'Etat, Paris II Sorbonne.
- MANASI N'Kusu-Kaleba R.(2020), *Etude critique du système congolais de répression de la cybercriminalité au regard du droit comparé*, thèse de doctorat en Droit, éd. Droit et société, Kinshasa.
- MOHAMED CHAWKI(2006), *Essai sur la notion de cybercriminalité*, mémoire de DEA, université de Lyon III.
- NDUKUMA Adjai Kodjo(2017), *Le Droit de l'économie numérique en République Démocratique du Congo à la lumière des expériences*

européennes, françaises, thèse de doctorat en droit comparé, sous dir. M. William Gilles, Univ. Paris I Panthéon Sorbonne.

- NLEND Cécile(2007), *Protection des mineurs dans les cybers espace*, thèse de doctorat, université de Picardie Jules Verne.
- WESSA Bezikyumo F.(2022), *Impact environnement et exploitation minière dans les zones en conflits armés de l'est de la République démocratique du Congo,* inédit, thèse de doctorat à l'UPN, Kinshasa.

D. Articles scientifiques

- AKELE Adau P.(2005), « Le projet informatique et droit, in informatique et Droit », *la Revue de Nouvelles technologies de l'informatique et de la communication* de la Faculté de Droit de l'Université de Kinshasa, n°001, Kinshasa.
- BARBIER G.((2018), *Code expliqué de la presse*, 2è éd, Marchal et Billard, vol1. 528p, spéc.n°243,Paris.
- FIGARI G.(1991) , « Etude sur la démarche du projet »,in *Revue française de Pédagogie*, 94, 44-18,Paris.
- DURAND, G.(2013), « Éduquer et soigner : une éthique commune ? », *Recherches en éducation*, 17, CREN-Université de Nantes, pp. 115-125.
- BAUDOUX C.(1990), « Typologie des analyses de la culture des établissements », *Revue française de Pédagogie*, 92, 41-50.
- BLADE, R.A., & PADGETT, M.L. (2002), "Virtual environments: History and profession", dans K.M. STANNEY (Éds.). *Handbook of virtual environments : Design, implementation and applications* (pp. 1167-1177). Mahwah, N.J.: IEA.
- BLOOM B. S.(1986), « Le problème des deux sigmas : trouver des méthodes d'enseignement aussi efficace qu'un précepteur », in M. CRAHAY et D. LAFONTAINE (éd.), *L'art et la science de l'enseignement*, Bruxelles, Labor.
- DEBBASCH. Ch,(1999), *Droit des médias*, 1 ère éd. Dalloz, spéc.PP.749 à 910.
- Eddie TAMBWE Kitenge(2021), « RD Congo : le tournant numérique », in *revue stratégique et internationale Dunia*, éd. Harmattan, 2021.
- Henri MOVA Sakanyi,(2021), « La révolution numérique : vers un espace public total ? » in *revue stratégique et internationale Dunia*, éd. Harmattan.
- MEIRIEU P.(1987), « Guide méthodologique pour l'élaboration d'une situation-problème », in *Apprendre... oui, mais comment*, ESF, Paris, pp. 165-180.

- MIALARET G., “Cousinet mechod”, in T. HUSÉN et T. N. POSTLETHWAITE (eds), *The Inter¬national Encyclopedïa of Education*, Oxford, Pergamon Press, 1092-1093, 1985.
- NDUKUMA Adjayi Kodjo(2021), « A propos des transformations numériques de la presse sans ou avec délit », in *revue stratégique et internationale Dunia*, éd. Harmattan, 2021.
- Nicolas PELISSIER et Denis RUELLAN(2000), « Le journaliste pris dans la toile : les réseaux numériques, accélérateurs paradoxaux ?», *Actes du 16e Congrès International de l'Association Française de Marketing*, Montréal, Canada, 18-20 mai 2000, pp. 645-655.
- Nicolas PELISSIER (2000), « L'information en guerre : les media français et le conflit du Kosovo », *Annuaire Français des Relations Internationales*, Bruxelles, Bruylant, , volume 1, pp. 206-225.
- PRATT, D.R., ZYDA, M., & KELLEHER, K. (1995), « Virtual reality”, *In the mind of the beholde*r. *IEEE Computer, 28*(7), 17-19.

F.COURS

- AKELE Pierre, SITA-MWILA et Th. NGOY, *Droit pénal spécial,* Cours de 3è graduat, inédit, université protestante du Congo, 2003-2004.
- BAYONA BA MEYA, *Cours de procédure pénale,* UNIKIN, G2/Droit, 1983.
- IMBAMBO-LA-NGAYA, *Cours de droit constitutionnel congolais*, G3 Droit, ULK, 2005-2006.
- KABALA Munyemo, *Cours de socio-économie de l'éducation,* inédit, UPN, 2020.
- KALINA Menga Lionel, *Droit pénal et TIC,* Inédit, cours de M2 en Droit du cyberespace africain, UGB, 2013-2014.
- MASANDI Milondo A., *Cours de Pédagogie expérimentale*, Première licence pédagogie, Université Pédagogique Nationale, 2019-2020.
- MASANDI Milondo A., *Grands courants* pédagogiques *contemporains*, inédit, Licence spéciale en pédagogie, Université Pédagogique Nationale, 2020-2021.
- MASANDI Milondo A., *Théorie sur les approches par compétence et par situation*, Inédit, Licence pédagogie, Université Pédagogique Nationale, 2020-2021.
- MASANDI Milondo A., *Cours de Pédagogie expérimentale*, Inédit, Première licence pédagogie, Université Pédagogique Nationale, 2019-2020.

- MASANDI Milondo A., *Cours de Psychologie de l'éducation*, Inédit, DEA, Université Pédagogique Nationale, 2019-2020.

G. CONFERENCES et AUTRES DOCUMENTS

- Actes du colloque, sous la direction de Georges Chatillon, Le droit international d'Internet, Paris, 19 et 20 novembre 2001, « Internet et enquête judiciaire » par Jean-Wilfrid Noël (Juge au Tribunal d'instance de Vanves).
- BLOOM B. S., *Time and learning, Communication au LXXXIe Congrès annuel de l'American Psychological Association*, 1973.
- CAPUS.N, *« le droit pénal et la souveraineté partagée »,* RSC, 2005.
- PAPA ASSANE Touré, La cyberstratègie de répression de la cybercriminalité au Sénégal :la présentation de la loi n°2008-11 du 25 janvier 2008,portant sur la cybercriminalité, conférence, Dakar, juillet 2008,Inédit.
- PELISSIER, N., RUELLAN, D., « *Le journaliste pris dans la toile, Les réseaux numériques, accélérateurs paradoxaux* ? », Actes du 16e Congrès International de l'Association Française de Marketing, Montréal, Canada, 18-20 mai 2000, p. 645-655.
- Philippe BOURE, *Le droit et Internet. Les enjeux présents et futurs de la société de l'information,* L'Hermès, Saint-Luperce,2002.

E. JURISPRUDENCES

- Jurisprudence de Léopoldville du 18 juillet 1931,in RJCB 1931,page 311 jugement 1ère
- Civil Bruxelles, 21 janvier 1934, R.G. Ar 1593.
- C.A de Lubumbashi, arrêt du 29 juin 1967, R.J.C de 1967.
- Décision de Tribunal de paix de Kinshasa, 7.11.1978, RP577 in RJZ n°3, 1983.
- Arrêt de la CSJ du 01 avril 1980,In Bulletin des arrêts(BA).
- C.S.E, Arrêt du 31 Mai 1992- premier feuillet.
- Cass.crim,6octobre1992,Bull,crim.,n°303 ;Cass.crim.,6juillet1993,Bull.crim.,crim.,n°22;TGI Bobigny,17octobre 2000,in Légipresse 2001,n°178,I.
- Cass. Crim., 8 décembre 1998, Légipresse n° 161-III, p.57.
- Terr.Coq.,29 juin 1906,Jur.Etat,II,p.95 ;-Kibali-Ituri,25 avril 1930,Rev.Jur.,1932,p.223 ;Elis.,10févr.1912,Jur.Congo,1914,P.65 ;1 er inst.Léo.,8 juill.1931,Rev.Jur.,P.308,id.,p.314.
- TGI Paris, réf., 18 février 2002 : Comm. com. électr. Juillet.-août 2002, commentaire. n°102, obs. L. Grynbaum. – Tribunal correctionnel Rennes, 27 mai 2002. – TGI Lyon, 28 mai 2002 :

Comm. com. électr. Décembre 2002, obs. A. Lepage. – TGI Toulouse, réf., 5 juin 2002 : Comm. com. électr. Septembre 2002, obs. L. Grynbaum.

- Décision N°HAM/CVEM/122/2006,du 11 septembre 2006 portant blâme infligé au directeur des programmes TV de la RTNC 1 et à Monsieur Lushima Ndjate.
- Décision n° 2011-131 QPC du 20 mai 2011, Mme Térésa C. et autre (Exception de vérité des faits diffamatoires de plus de dix ans).
- Commentaire de Décision n° 2011-164 QPC du 16 septembre 2011, Conseil constitutionnel , Paris.
- Commentaire de la décision n° 2011-164 QPC du 16 septembre 2011.

H. DICTIONNAIRES

- CORNU Gérard, *Vocabulaire juridique*, 8è éd., PUF, Paris, 2000.
- *Dictionnaire Larousse*, Français-Anglais, Librairie, Larousse, Paris, 1999.

II)WEBOGRAPHIE

- *Décision disponible sur le site http = //www.foruminternet.org.*
- *Décision disponible sur le site http = //www.foruminternet.org.*
- Encarta 2014.
- http://congonetradio.com/appel-patriotique-201203,html.
- http://journaldunet.com/juridique/juridique06719.shtml
- http://www.congonetradio.com/pasteur-Lukusa-tue-par-kabila.html.
- http://www.foruminternet.org/documents/jurisprudence/lire.phtml?id =1082
- Jean Marc GOGLIN, *L'éducation selon Émile Durkheim,*http://www.19eme. fr/articles/durkheimeducation.htm.
- KAOUTAR Aarab, Ahmed BELMOUDENE (2021), *L'enseignement à distance : perceptions des étudiants et usage du numérique en période de confinement Covid-19,* Consulté le 14.05.2022 sur https://www.epi.asso.fr/
- LÉGIPRESSE N° 236 - *Novembre 2006.*
- LUCAS André (professeur à l'Université de Nantes) « La responsabilité des différents intermédiaires d'Internet», Université Paris-I Panthéon-Sorbonne Ecole doctorale de droit public et de droit fiscal, Colloque International :Internet et le Droit sous le patronage du Sénat, du Ministères des Affaires Etrangères, du Ministère de l'Education nationale, du Ministère de la Recherche et de l'Académie

des Sciences Morales et Politiques, http://droit-internet-2000.univ paris1.fr/di2000_19.htm.

- NGOM Mbissane, *La problématique de régulation des cyberjournaux*, *http://www.haacbenin.org/IMG/pdf/PROBLEMES_REGULATION_CYBERJOURNAUX.pdf.*
- SEDALLIAN Valérie, « Responsabilité des prestataires techniques. Le droit français »*Lex Electronica*, vol. 10, n°1, Hiver 2005, http://www.lex-electronica.org/articles/v10-1/sedallian.htm.
- TGI Paris, référé, 13 juin 2005, UEJF, SOS Racisme, AIPJ J'Accuse, MRAP et a. c/ OLM, Global, Planet. com, France Télécom, Free, AOL France, Tiscali, Neuf Télécom et a.http://www.juriscom.net/jpt/visu.php?ID=717.
- *Traitement judiciaire de la cybercriminalité, guide méthodologique*, 2002, directions des affaires criminelles et des grâces de Minijustice, p19.
- Tribunal de grande instance de Lyon, 14e chambre, 21 juillet 2005 Groupe Mace c/ MonsieurGilbertD.,http://www.foruminternet.org/texte/documents/jurisprudence/lire.phtml?id=1027.
- www.wikipedia.org

Annexe

Jurisprudences

1.Un député condamné pour diffamation envers un inspecteur du travail

Le député de la Gironde vient d'être condamné pour avoir envoyé au ministre du Travail une lettre diffamatoire à l'égard d'un inspecteur du travail de sa circonscription, puis l'avoir publiée sur son site internet. Par un jugement du 13 juin 2008, le tribunal a prononcé une peine de 3 000 euros d'amende. Il a constaté que les propos litigieux avaient été retirés du site et il a ordonné la publication de ce jugement sur le site du parlementaire.

L'élu avait pris fait et cause pour le dirigeant d'une entreprise de Libourne en conflit avec une inspection du travail qui avait constaté plusieurs manquements au droit du travail. Sans disposer d'autres éléments que ceux communiqués par ce dirigeant, il avait écrit une lettre à Xavier Darcos l'informant notamment que l'action menée par une déléguée syndicale CGT et l'acharnement d'un inspecteur du travail connu dans la région pour cela avaient provoqué une grave dégradation du climat social au sein de l'entreprise. Les juges qui ont procédé à une analyse précise des termes utilisés dans ce courrier ont conclu qu'il s'agissait d'une imputation de nature à porter atteinte à l'honneur et à la considération de cette fonctionnaire. Dans la même décision, le tribunal a également déclaré coupable de diffamation le directeur de la publication du journal Sud-Ouest qui avait publié un article reproduisant les allégations du député. Il lui a été reproché d'avoir cité sans précaution les propos diffamatoires émis par une personne dont les qualités de magistrat et de député revêtent un caractère de sérieux et de crédibilité propres à impressionner les lecteurs du journal. En conséquence, il est condamné à payer 3 000 euros d'amende.

Contrairement au député qui doit publier en ligne l'entier jugement, le directeur de la publication se voit ordonner la seule publication du dispositif dans son journal.

Le tribunal n'a pas prononcé l'exécution provisoire du jugement, qui est de toute façon frappé d'appel.

2.Kemi Seba condamné pour diffamation sur internet

Le fondateur du mouvement dissous La Tribu KA, connu sous le pseudonyme de Kemi Seba, a été condamné par un jugement du 7 octobre 2008 du TGI de Paris à 4 mois de prison avec sursis et 4 000 euros de publication judiciaire pour diffamation sur internet. Le directeur de la publication du blog qui avait diffusé l'interview n'est pas partie au procès, faute d'avoir pu être identifié.

En novembre 2006, un service de police signalait au parquet une interview de Kemi Seba diffusée sur un blog aujourd'hui inaccessible. Ce représentant du radicalisme noir en France qui avait répondu à un courrier électronique stigmatise dans ce texte ceux qu'il désigne comme les « sionistes » en des termes qualifiés de violents par le tribunal, tels que « la mafia sioniste », « les officines sionistes » ou « la raclure sioniste ». Pour les juges, il ne fait aucun doute que le prévenu vise la communauté juive à laquelle il impute la planification de l'esclavage des Africains ou qu'il accuse d'instrumentaliser la justice. Le tribunal conclut que par ses propos, Kemi Seba s'est rendu coupable de diffamation publique envers un groupe de personnes à raison de leur origine ou de leur appartenance ou de leur non-appartenance à une ethnie, une nation ou une religion déterminée. SOS-Racisme, l'Union des étudiants juifs de France et J'accuse, associations qui s'étaient constituées partie civile, reçoivent chacune un euro de dommages-intérêts.

Ce jugement a fait l'objet d'un appel.

3.Condamnation pour dénigrement par email

Envoyer un courrier électronique dénigrant à des destinataires internes à l'entreprise, mais en les invitant à communiquer l'information auprès de toute personne intéressée (clients, douanes, etc.), constitue un acte de diffusion publique. En conséquence, la cour d'appel de Paris a condamné Universeal International pour avoir commis des actes de dénigrement constitutifs de concurrence déloyale. Par un arrêt du 26 avril 2006 confirmant le jugement du tribunal de commerce Paris du 1er avril 2005, elle doit verser 10 000 euros de dommages-intérêts à Oneseal, ainsi que 7 000 euros au titre des frais de justice.

Un des dirigeants d'Universeal avait envoyé un email à différentes personnes de son groupe affirmant qu'un modèle de scellés de leur concurrent n'était pas conforme à une norme, aux vues d'un test officiel effectué, affirmait-il, par les douanes britanniques. Les juges ont estimé que le contenu du message était dénigrant dans la mesure où il traduisait une pratique contraire aux règles loyales de la concurrence. En effet, indiquent les juges, l'auteur du message *« procède par des affirmations mensongères sur la nature du test et l'autorité qui l'a demandé dans le dessein de lui conférer une portée incontestable ».*

4-Un blogueur amateur un peu moins responsable qu'un blogueur journaliste

Un blog est un site internet qui reste soumis au droit de la presse. A ce titre, l'auteur d'un blog peut être poursuivi pour avoir commis une infraction de presse, en dépassant notamment les limites de la liberté d'expression. Après l'affaire monputeaux.com c'est la seconde fois cependant que la 17ème chambre du TGI de Paris introduit une hiérarchie entre un site d'amateur et un site de journaliste, dans un jugement du 16 octobre 2006. Concernant plus particulièrement la diffusion de propos diffamatoires, le tribunal indique que *« s'il* [l'auteur d'un blog] *n'est pas tenu d'avoir procédé préalablement à une enquête sérieuse empreinte d'un effort d'objectivité, telle qu'elle est attendue d'un journaliste professionnel participant à l'information du public,* [il] *ne saurait se dispenser pour autant de justifier qu'il détenait des éléments sérieux donnant quelque crédit à ses affirmations ».*

Dans cette affaire, le tribunal reconnaît que l'ex-salariée de Nissan, licenciée pour faute grave après son retour de congé de maternité, et qui avait créé un blog « congeparentalnissan.blogspot.com », était de bonne foi en ce qui concerne la partie personnelle de ses allégations et non sur celle relative aux éléments généraux telles que la discrimination des femmes chez Nissan. Elle a été condamnée à retirer certains passages diffamatoires ou injurieux, s'il ne l'avait pas déjà été fait. Nissan reçoit un euro de dommages-intérêts pour ces deux infractions de presse et un autre euro pour la contrefaçon d'une image extraite d'une de ses publicités.

Pour la diffusion des noms, prénoms, adresses et autres données personnelles de certains salariés de Nissan, le jugement rappelle qu'il s'agit d'un traitement de données qui n'a pas été « autorisé » et qui ne répond pas aux conditions posées par loi du 6 janvier 1978 modifiée. La recommandation de la Cnil sur les sites de particuliers du 22 novembre 2005 rappelle, par ailleurs, que *« la diffusion de données à caractère personnel (nom, photographie, etc.) est soumise au consentement préalable des personnes auxquelles elles se rapportent ».* Les personnes dont les coordonnées sont citées sur le blog recevront chacune 100 euros de dommages-intérêts pour l'atteinte aux données nominatives les concernant. Ce qui est refusé à Nissan qui se prétendait propriétaire des données. Le tribunal rappelle que la loi de 1978 ne protège que les personnes physiques et Nissan ne caractérise, par ailleurs, aucune intrusion dans son traitement de données nominatives.

5-Exception de vérité et diffamation : la preuve doit être parfaite, complète et absolue

Les personnes poursuivies pour diffamation bénéficient d'un moyen d'échapper aux sanctions : il s'agit de l'exception de vérité prévue par l'article 35 de la loi du 29 juillet 1881. Mais la preuve de cette vérité doit remplir des critères que vient de rappeler la cour d'appel de Paris : elle doit être « *parfaite, complète et corrélative aux imputations* ».

Suite à la publication d'un article intitulé « *Les galériens de la nouvelle économie, les esclaves du XXIème siècle, Free, La liberté mais pas pour tout le monde* », le directeur de publication de l'hebdomadaire Marianne ainsi qu'une journaliste ont été poursuivis pour diffamation. Ils ont alors tenté de rapporter la preuve de la vérité des faits diffamatoires. Les juges ont considéré que les éléments apportés à l'appui de leurs prétentions n'avaient soit pas de lien direct avec les faits qu'ils dénonçaient, soit une valeur relative en ce qu'il s'agissait de tracts syndicaux. L'exception de vérité n'a donc pas été retenue, à l'exception d'une imputation dont la véracité à été prouvée par des documents de l'inspection du travail.

Les prévenus ont également invoqué leur bonne foi. Là encore, les juges ont rappelé les quatre critères devant être remplis pour que le bénéfice de la bonne foi puisse leur être reconnu : « *la légitimité du but poursuivi, l'absence d'animosité personnelle, la prudence et la mesure dans l'expression ainsi que la qualité de l'enquête* ». Or cette dernière condition semble avoir fait défaut : les documents sur lesquels s'appuyait l'article étaient anciens et n'avaient pas fait l'objet d'enquête contradictoire. Les magistrats ont également retenu l'absence de « la plus élémentaire prudence » dans les termes utilisés par la journaliste.

6-Affaire Yahoo : le tribunal approfondit le débat sur la prescription

Pour bénéficier de la prescription de trois mois sur les infractions de presse, Yahoo Inc. et son président auraient dû faire la preuve que les objets nazis proposés aux enchères sur "yahoo.com" étaient mis en vente, au même prix, et dans les mêmes conditions, trois mois avant que la partie civile ne leur délivre sa citation. Comme cette preuve n'a pas été rapportée, le tribunal correctionnel de Paris a rejeté l'exception de prescription dans son jugement du 26 février dernier. L'Amicale des déportés d'Auschwitz et des camps de Haute Silésie avait cité directement devant ce tribunal Yahoo Inc et son président pour répondre du délit d'apologie de crimes de guerre ou contre l'humanité et de la contravention d'exhibition d'insignes ou d'emblèmes portés par une organisation déclarée criminelle.

Les juges ont, par ailleurs, rejeté une autre exception tirée de l'incompétence territoriale du tribunal correctionnel. Ce dernier a réaffirmé l'application de la loi pénale et rappelle qu'à "l'instar de la décision du juge de première instance du district du nord de la Californie, le juge français demeure libre d'adopter les principes de compétence internationale qui sont les siens, pour sanctionner certaines infractions commises toute ou pour partie à l'étranger et qui sont susceptibles de porter atteinte aux intérêts nationaux, dans la mesure où, comme en l'espèce, les messages ou le contenu du site sont rendus accessibles, par l'internet, sur le territoire français".

Le tribunal qui vient de se prononcer sur les exceptions invoquées par Yahoo et son président ne remet pas en question le principe de la prescription des infractions de presse sur internet. Tout en réaffirmant la position récente de la Cour de Cassation, il détermine les cas de nouvelle diffusion. En matière de ventes aux enchères en ligne, le juge estime que chaque nouvelle mise à disposition d'objets aux internautes fait courir un nouveau délai de prescription. Bien que se fondant sur des faits identiques, cette action au fond est distincte de celle initiée en référé par l'UEJF et la Licra et qui avait fait l'objet des ordonnances de Jean-Jacques Gomez. Une fois les exceptions rejetées, le tribunal a renvoyé l'affaire au 7 mai pour fixer la date de l'audience.

7-Forum de discussion : responsabilité des concepteurs du site Internet

Celui qui a pris l'initiative de créer un service de communication audiovisuelle en vue d'échanger des opinions sur des thèmes définis à l'avance doit répondre des messages litigieux diffusés sur ledit service sans pouvoir opposer un défaut de surveillance, tel en a jugé le TGI de Lyon le 28 mai 2002.En l'espèce, des écrits constitutifs de diffamation, d'injure publique ou constituant une attitude fautive émanant essentiellement de personnes mécontentes par les méthodes commerciales de la société Pere-Noel.fr ont été publiés sur le forum de discussion du site defense-consommateur.org. Le titulaire du nom de domaine et le webmaster (qualifié de "responsable" du site dans la base de données Internic) se sont vus interdire, "en qualité notamment d'auteur, producteur, éditeur, directeur de publication, webmaster ou hébergeur", la publication de tels propos sous astreinte de 800 € par infraction constatée. En outre, le tribunal a condamné les créateurs du forum à payer à Pere-Noel.fr 80 000 € de dommages-intérêts et a ordonné la publication du présent jugement sur le site defense-consommateur.org ainsi que la publication du dispositif dans deux quotidiens nationaux aux frais des défendeurs. Les responsables du site defense-consommateur.fr ont fait appel de cette décision.

Les juges n'ont pas voulu tenir compte du contexte dans lequel se situe cette affaire, estimant qu'il ne peut justifier la commission d'infractions telles que la diffamation ou l'injure. Depuis plus d'un an, des internautes dénoncent régulièrement les pratiques commerciales de ce site marchand. Face au nombre de plaintes déposées auprès de ses services, la direction générale de la concurrence, de la consommation et de la répression des fraudes a transmis le dossier au parquet. En mai dernier, l'antenne de Créteil (94) de l'association de consommateurs UFC Que Choisir s'est constituée partie civile dans le cadre de cette affaire d'escroquerie.

8-La prescription des délits de presse applicable à internet

La Cour de cassation vient de trancher définitivement la question de l'application à internet de la prescription par trois mois des délits de presse. Dans un arrêt du 16 octobre 2001, la cour suprême a confirmé la décision de la chambre d'accusation de la cour d'appel de Paris du 23juin 2000 qui avait reconnue prescrite l'action en diffamation portant sur un article publié sur le site "www.marianne.enligne.fr", en prenant comme point de départ du délai de prescription le jour du premier acte de publication, comme le prévoit l'article 65 de la loi du 29juillet 1881. Concernant internet, l'arrêt de cassation pose le principe que "cette date est celle à laquelle le message a été mis pour la première fois à la disposition des utilisateurs du réseau". Pour déterminer le moment à partir duquel on fait courir le délai de prescription, il ne s'agit donc pas seulement de prouver la première mise en ligne des articles incriminés mais aussi de pouvoir s'assurer de leur réception par le public. Même si cet arrêt lève l'incertitude qui pesait sur l'application des principes du droit de la presse à internet, il ne résout pas toutes les questions soulevées par la prescription en ligne. Subsistent notamment deux interrogations : quel est le point de départ du délai quand la mise en ligne est momentanément interrompue et comment déterminer techniquement le moment de la première mise en ligne ? Reste maintenant aux éditeurs à mettre en place des procédures qui apporteraient la preuve de la date de la première diffusion sur le réseau.

9-La Cour de cassation reconnaît implicitement la prescription des délits de presse pour internet

Contrairement à ce que l'on a pu lire dans la presse quotidienne, l'arrêt du 30 janvier dernier ne pose pas le principe général de la prescription de trois mois de l'action en diffamation sur internet. La question n'était d'ailleurs pas soumise à la Cour. Même si elle admet implicitement cette prescription dérogatoire dans cette affaire, elle ne se prononce que sur la question de la date de la première mise en ligne du texte incriminé, point de départ du délai de trois mois. Elle casse l'arrêt du 9 mars 2000 de la cour d'appel de Papeete qui avait jugé prescrite l'action soumise par une femme diffamée sur le net. La cour d'appel n'avait pas établi avec certitude la date de la première mise à disposition des internautes de l'article incriminé. Reste désormais à mettre en place des solutions permettant d'authentifier la date de première publication.

Le débat relatif à la prescription des délits de presse sur Internet est toujours d'actualité TV a interrogé Maître Jésus sur cette question qui divise les Tribunaux. En effet, la chambre d'accusation de la cour d'appel de Paris dans un arrêt du 23 juin 2000 a jugé que l'action en diffamation sur Internet se prescrivait par trois mois, alors que les décisions dites "Costes" et "Carl Lang" ont posé le principe de l'imprescriptibilité des délits de presse sur Internet. Un article du 22 septembre 1997, portant atteinte à l'honneur et à la considération d'un homme politique, avait été mis à disposition du public sur un site Internet. Le politique avait alors déposé plainte avec constitution de partie civile pour diffamation publique envers un particulier, violation du secret de l'instruction et recel. Les juges ont fait application de la loi de 1881 sur la liberté de la presse en considérant la prescription de l'action acquise : "Considérant que la prescription de l'action en diffamation, fixée à trois mois par l'article 65 de la loi du 29 juillet 1881, avec pour point de départ non le jour où les faits ont été constatés mais le jour du premier acte de publication, est en l'espèce acquise dès lors que les pièces du dossier établissent que l'information en cause a été diffusée sur internet le 22 septembre 1997 et que le premier acte de poursuite, constitué par la plainte en diffamation avec constitution de partie civile, n'est intervenu que le 12 janvier 1999". Il convient dès lors d'attendre les autres décisions jurisprudentielles sur cette question.

10-Photos en ligne : le droit à l'image prime sur la liberté de création artistique

Dans une ordonnance de référé du 10 janvier 2013, le TGI de Paris a indemnisé une femme dont des photos la représentant de manière intime prises par son ex amant, avec son consentement, avaient été diffusées sur 24 sites internet sans son autorisation. Les clichés avaient été pris pendant la période où ils vivaient ensemble. Au moment de leur rupture, la femme aurait obtenu la promesse de l'artiste de ne pas en faire usage. Or, il les a reproduits, utilisant une technique destinée à donner à l'image un effet « photoréaliste ». Cet artiste reconnu dans le monde de l'art contemporain avait obtenu un prix remis par le ministre de la Culture espagnol, en présence de la femme photographiée.

L'artiste estimait que la défenderesse avait donné son accord pour l'utilisation de ces clichés pris avec son consentement. En l'absence d'écrit, le juge des référés a considéré que la présence à la cérémonie de remise des prix valait consentement. En revanche, cet accord de diffusion pour le cliché primé ne saurait valoir autorisation générale de reproduction et d'exposition publique de toutes les photos, même prises avec son consentement. Le tribunal rappelle que la liberté de création artistique n'abolit pas le droit à la vie privée et le droit à l'image des tiers.

Vu la nature des images et des relations entre les parties mais aussi du fait que l'artiste a accepté de les supprimer de ses sites internet, le tribunal a alloué à la femme 5 000 € de provision indemnitaire et 2 000 € au titre des frais de justice.

11-Vie privée d'une star : condamnation pour un lien vers une photo publiée sur un autre site

Newsdestars.com a porté atteinte à la vie privée d'une actrice française en donnant accès, via un lien, à une photo la représentant avec son jeune fils, publiée sur un site américain. Dans son jugement du 6 septembre 2012, le TGI de Nanterre a estimé que le site français avait participé à la diffusion du cliché, *« qui, fixé sans le consentement de l'intéressée, viole son droit à l'image, et la saisissant dans un moment de vie personnelle avec son bébé, porte atteinte à sa vie privée, peu important le caractère public du lieu de fixation de l'image »*. Il ajoute que le fait que cette photo ait déjà été publiée est indifférent à la caractérisation de l'atteinte à la vie privée. Et le site ne peut davantage arguer de la notoriété de la comédienne pour minimiser le caractère illicite de la publication. Faute d'éléments chiffrés fournis par cette dernière pour justifier l'indemnisation qu'elle réclame, le tribunal l'a fixé à 1 500 € tenant compte de la faiblesse de l'audience du site.

12-Un disque dur « données personnelles » n'est pas personnel

Par un arrêt du 4 juillet 2012, la Cour de cassation a considéré que la dénomination « données personnelles » attribuée par un salarié au disque dur de l'ordinateur mis à disposition par l'employeur ne suffit pas à conférer un caractère personnel à l'intégralité des données qu'il contient. Par conséquent, ce dernier peut avoir accès aux fichiers qui n'étaient pas identifiés comme étant privés, selon les préconisations de la charte informatique. Dans cette affaire, un employé de la SNCF avait stocké pas moins de 1 562 fichiers à caractère pornographique représentant 787 mégaoctets sur une période de quatre ans. Pour la Cour, il s'agit d'un usage abusif et contraire aux règles de la SNCF de son instrument de travail, constituant ainsi un manquement à ses obligations contractuelles.

13-Dénigrer son supérieur sur sa messagerie personnelle ne constitue pas une faute grave

Selon un arrêt de la Cour de cassation du 26 janvier 2012, un salarié qui envoie, en dehors du temps et du lieu de travail, un message dénigrant son supérieur hiérarchique à l'adresse personnelle d'un collègue, depuis sa messagerie personnelle, ne commet pas de faute grave constituant un manquement à son obligation de loyauté envers son employeur.
 Un cadre intermédiaire du GIE PMU avait envoyé à son collègue un faux curriculum vitae d'une personne fictive ressemblant fortement à sa supérieure hiérarchique. Cette dernière était mise en scène de manière très négative dans sa façon d'être à l'égard de son travail. Cet email adressé à une seule personne, à laquelle la discrétion n'était pas demandée, a circulé et s'est retrouvé entre les mains de la personne visée qui l'a porté à la connaissance de la direction des ressources humaines. L'employeur a licencié pour faute grave l'auteur du message, après mise à pied conservatoire, pour avoir dénigré sa supérieure hiérarchique. La cour d'appel de Paris a donné gain de cause au PMU considérant que le courriel n'était pas étranger à l'activité professionnelle du salarié et que le ton des propos excédait largement ce qu'autorise la liberté d'expression et caractérisait un manquement à l'obligation professionnelle de loyauté. Mais, rappelle la Cour de cassation « un motif tiré de la vie personnelle du salarié ne peut justifier un licenciement disciplinaire que s'il constitue un manquement de l'intéressé à une obligation découlant de son contrat de travail ». Or, selon elle, le message incriminé avait un caractère privé. Elle casse donc la décision d'appel et renvoie devant la cour de Paris autrement formée.</br>

15-Affaire Bettencourt : les enregistrements clandestins de conversations validés en cassation

Dans un arrêt du 31 janvier 2012, la chambre criminelle de la Cour de cassation a validé les enregistrements clandestins de conversations téléphoniques de Liliane Bettencourt avec ses interlocuteurs, dont des avocats, effectués par son maître d'hôtel, et produits en tant que preuve. La Cour dispose « qu'en se déterminant ainsi, la chambre de l'instruction a justifié sa décision, dès lors que les enregistrements contestés ne sont pas en eux-mêmes des actes ou des pièces de l'information, au sens de l'article 170 du code de procédure pénale, et comme tels, susceptibles d'être annulés, mais des moyens

de preuve qui peuvent être discutés contradictoirement, et que la transcription de ces enregistrements, qui a pour seul objet d'en matérialiser le contenu, ne peut davantage donner lieu à annulation ". La cour suprême a donc admis comme moyen de preuve la transcription de conversations privées entre un avocat et sa cliente. Elle considère ainsi que les dispositions de l'article 66-5 de la loi de 1971, relatives au secret professionnel, ne sont pas applicables en l'espèce.
La Cour rappelle qu'un particulier peut se prévaloir d'une preuve susceptible d'être illicite, notamment de porter atteinte à la vie privée d'une personne, dans la mesure où elle peut être discutée de manière contradictoire pendant la procédure. Ces enregistrements effectués par un particulier et non par l'autorité publique à l'insu de la personne constituent des pièces à conviction. L'arrêt de la cour d'appel de Bordeaux qui avait validé ces enregistrements et la procédure qui en a résulté sont réguliers. Les enquêtes diligentées à Bordeaux peuvent donc se poursuivre.

16-Faux profils Facebook : atteinte à la vie privée d'Omar

Un internaute qui avait créé un faux profil de l'artiste comique Omar sur Facebook a été condamné à 4 000 euros dont 2 500 euros à titre de réparation, par une ordonnance de référé du 24 novembre 2010 du TGI de Paris. Pour créer cette page, il avait utilisé l'identité du comédien et il avait mis en ligne des clichés le représentant seul ou avec son partenaire de scène. Elle contenait également des commentaires que l'artiste était censé avoir écrits ainsi que les réponses de ses « amis » qui y avaient accédé pensant s'adresser à lui. Estimant qu'il s'agit d'une atteinte à sa vie privée, il a voulu faire cesser la représentation de son profil. Il n'a pas pas choisi de s'adresser à Facebook pour faire retirer le contenu prétendu illicite, mais à l'auteur du profil. Encore fallait-il pouvoir l'identifier. Sur requête, Facebook a fourni l'adresse IP de la machine à partir auquel la page avait été mise en ligne ainsi que l'adresse email de la personne y ayant procédé. Toujours sur requête, le fournisseur d'accès à laquelle correspondait l'adresse IP a donné l'identité de son abonné. Et ce dernier a été assigné en référé sur le fondement de l'atteinte à la vie privée et au droit à l'image de l'artiste.

Le tribunal rappelle que quelle que soit sa notoriété, toute personne a droit au respect de sa vie privée. Il relève cependant que « s'il est exact que les prénom et nom du demandeur ainsi que sa date de naissance sont des éléments d'identité ne relevant pas de la vie privée, en revanche aucun élément ne justifie que les informations concernant ses goûts ainsi que le nom de certains de ses amis soient portés à la connaissance du public ». Il ne pouvait pas davantage publier des photos du comédien, sans son consentement pour illustrer un site portant atteinte à la vie privée.

17-Presse en ligne et presse papier : mêmes obligations au regard du respect de la vie privée

La mise en ligne d'un rapport permettant de reconstituer sur une période de deux ans les déplacements et les habitudes de consommation d'une personne publique et des personnes privées qui l'accompagnaient ne répond pas aux exigences légitimes d'information du public. Le quotidien régional qui a donc publié ce document sur son site internet a été condamné à 1 euro de dommages et intérêts pour atteinte au respect de la vie privée de cette personnalité par le TGI de Paris, dans un jugement du 27 avril 2009. En l'espèce, l'Est Républicain avait publié, dans son édition papier et sur son site internet, plusieurs articles relatifs à une enquête ouverte pour abus de confiance à l'encontre d'un homme politique. Le quotidien y exposait les faits reprochés à cette personne publique et les illustrait avec des exemples provenant d'un rapport rédigé par la cellule Tracfin (Traitement du renseignement et action contre les circuits financiers clandestins). Le tribunal a considéré que ces articles contenaient des informations relatives certes à la vie privée de cet individu, mais dont la connaissance permettait aux lecteurs de mieux comprendre les mécanismes de l'affaire et son ampleur. Les juges en ont déduit que ces révélations répondaient à l'exigence d'information légitime du public, d'autant plus que les exemples avaient été « *choisis parmi les moins intimes* ». Ce qui n'était pas le cas de la mise en ligne de l'intégralité du rapport Tracfin sur le site internet du quotidien. Sa lecture permettait de reconstituer l'emploi du temps de cet homme politique sur deux ans et de connaître, outre ses coordonnées, celles de certaines personnes qui l'accompagnaient ainsi que leur identité. Les juges ont noté que le quotidien avait dissimulé de manière imparfaite, et parfois vaine, ces informations.

Cette décision illustre l'approche différente que peuvent avoir certains journaux vis-à-vis de leur édition papier et internet. Certains accepteront de mettre en ligne leurs sources alors qu'ils ne l'auraient pas fait dans la version papier. A cet égard, le tribunal indique que la possibilité offerte par internet de livrer, au public, de façon brute des éléments qui ne sont pas indispensables à sa compréhension n'entre pas dans la mission de la presse, à savoir « *délivrer une information complète, exacte et pertinente* ».

18-Le journal « Le Matin » condamné pour atteinte à la vie privée de Nicolas Sarkozy

Le fait que Nicolas Sarkozy occupe des fonctions officielles n'autorise pas la presse à révéler des informations qui relèvent de sa vie privée. Le TGI de Thonon-les-bains a donc condamné le journal « Le Matin » pour atteinte à la vie privée de l'actuel ministre de l'Intérieur. Le quotidien suisse avait publié plusieurs unes révélant l'intimité du couple formé par Nicolas et Cécilia Sarkozy. Le candidat à l'élection présidentielle a donc assigné le quotidien sur le fondement de l'article 9 du code civil qui protège la vie privée des personnes qu'elles soient anonymes ou qu'elles aient un statut public.

Le tribunal a distingué les articles annonçant la séparation du couple de ceux relatant des détails plus intimes. Ainsi, le fait que le journal titre sur la rupture de Nicolas et Cécilia Sarkozy ne porte pas atteinte à leur vie privée car cette information constituait un événement d'actualité au regard du caractère public de leur couple. Mais les juges ont estimé que ce caractère ne justifiait aucunement que d'autres articles évoquent « *des faits réels ou supposés* » plus personnels qui n'étaient ni « *notoires ni anodins à l'appui d'un débat d'intérêt général* ». Les magistrats ont donc condamné le quotidien suisse à un euro de dommages et intérêts. Nicolas Sarkozy demandait également la publication de cette décision sur la version papier du journal et sur son site internet. Les juges n'ont pas accédé à cette demande au motif que la diffusion du quotidien n'avait lieu qu'en Suisse. Or c'est la publication des articles litigieux sur le site internet du Matin qui est à l'origine de cette affaire, ces derniers étant alors accessibles en France. Pour les personnes désirant approfondir leurs recherches sur cette affaire, les articles litigieux sont disponibles sur un site (payant) suisse.

19-Vie privée : condamnation pour diffusion de photos en ligne sans l'autorisation du modèle

Pour diffuser des photos de femmes nues sur un site internet, il ne suffit pas de détenir les droits de propriété intellectuelle, il faut en outre s'assurer que les modèles ont autorisé une telle publication. Faute d'avoir pu fournir la preuve d'une telle autorisation, la société Montorgueil a été condamnée par le TGI de Paris à verser 7 500 euros de dommages-intérêts à la jeune femme qui avait été photographiée, somme à laquelle s'ajoutent 2 500 euros au titre des frais de justice.

Pour établir le montant du préjudice causé par la violation du droit à l'image du modèle, les juges ont pris en considération les spécificités du support internet. Dans leur jugement du 23 janvier 2006, les juges de la 17ème chambre tiennent compte de la très large diffusion offerte par le réseau que la jeune femme n'avait pas été à même d'anticiper en 1996, date des clichés. Ils constatent par ailleurs que ces images étaient diffusées sur un site dédié à un public d'adultes et auquel des sites pornographiques donnent accès. Enfin, ils s'appuient sur les attestations relatives aux conséquences négatives sur la vie sociale et privée de l'intéressée.

Table des matières

Structures éditoriales du groupe L'Harmattan

L'Harmattan Italie
Via degli Artisti, 15
10124 Torino
harmattan.italia@gmail.com

L'Harmattan Hongrie
Kossuth l. u. 14-16.
1053 Budapest
harmattan@harmattan.hu

L'Harmattan Sénégal
10 VDN en face Mermoz
BP 45034 Dakar-Fann
senharmattan@gmail.com

L'Harmattan Cameroun
TSINGA/FECAFOOT
BP 11486 Yaoundé
inkoukam@gmail.com

L'Harmattan Burkina Faso
Achille Somé – tengnule@hotmail.fr

L'Harmattan Guinée
Almamya, rue KA 028 OKB Agency
BP 3470 Conakry
harmattanguinee@yahoo.fr

L'Harmattan RDC
185, avenue Nyangwe
Commune de Lingwala – Kinshasa
matangilamusadila@yahoo.fr

L'Harmattan Congo
219, avenue Nelson Mandela
BP 2874 Brazzaville
harmattan.congo@yahoo.fr

L'Harmattan Mali
ACI 2000 - Immeuble Mgr Jean Marie Cisse
Bureau 10
BP 145 Bamako-Mali
mali@harmattan.fr

L'Harmattan Togo
Djidjole – Lomé
Maison Amela
face EPP BATOME
ddamela@aol.com

L'Harmattan Côte d'Ivoire
Résidence Karl – Cité des Arts
Abidjan-Cocody
03 BP 1588 Abidjan
espace_harmattan.ci@hotmail.fr

Nos librairies en France

Librairie internationale
16, rue des Écoles
75005 Paris
librairie.internationale@harmattan.fr
01 40 46 79 11
www.librairieharmattan.com

Librairie des savoirs
21, rue des Écoles
75005 Paris
librairie.sh@harmattan.fr
01 46 34 13 71
www.librairieharmattansh.com

Librairie Le Lucernaire
53, rue Notre-Dame-des-Champs
75006 Paris
librairie@lucernaire.fr
01 42 22 67 13

www.ingramcontent.com/pod-product-compliance
Lightning Source LLC
LaVergne TN
LVHW011305061026
849535LV00005B/1409
* 9 7 8 2 3 3 6 4 8 8 8 9 9 *